Umsturz in München

Herbert Kapfer / Carl-Ludwig Reichert

UMSTURZ IN MÜNCHEN

Schriftsteller erzählen die Räterepublik

Weismann Verlag

INHALT

VORWORT
Seite 7

Erstes Buch
CHAOS
Seite 9

Zweites Buch
FÖHN
Seite 103

Drittes Buch
JUSTIZ
Seite 195

APPARAT
Seite 241

VORWORT

Ich ändere Dein Waidsprüchlein vom ›Studium
der letzten 200 Jahre‹ mal dahin ab:
die letzten 70 tun's a u c h ! Für Alles,
was da v o rliegt, bitt' ich mir
meinen ›historischen Roman‹ aus.

ARNO SCHMIDT,
 . . . denn 'wallflower' heißt ›Goldlack‹, S. 96

München, November 1918 bis sagen wir mal Mai 1919: Räterepublik, s' ist 70 Jahre her . . . Wie zu jedem Jahrestag — wir erinnern uns an 1968/69 und 1978/79 — stehen Dokumentationen, Untersuchungen an. An offenen Fragen mangelt es nicht: Revolution oder Kasperltheater? Frühling der Anarchie oder Schwabinger Schlawinerei? Was sollte, was wollte der Aufruhr, und was war schlimmer — der ›Rote Föhn‹ oder der ›Weiße Terror‹? Taten und Tatsachen, soweit aktenkundig, bewahren die Archive. Es gibt Augenzeugenberichte und die Schriften der aktiven und passiven Teilnehmer. Wie es wirklich gewesen ist, darüber geben diese Materialien einigermaßen Auskunft.
Darüber, wie die damaligen Ereignisse auf die Menschen gewirkt haben, über ihre Gefühle und Wahrnehmungen, steht wenig in den Quellen. Hier greift die Literatur der Zeit, Erzählungen und Romane zumeist, die in den Jahren danach geschrieben worden sind. Bekannt und unverzichtbar Oskar Maria Graf. Doch da sind noch andere, deren Bücher und deren Leben lang vergessen sind und die damals auch dabei waren.
Da findet, wer lange genug sucht, einzelne Passagen in Memoiren, Stellen in Briefen, in Bemerkungen, die von eigenen Erlebnissen berichten oder auch nur vom Hörensagen. Solche Darstellungen sind meist subjektiv oder ideologisch gefärbt, wahr oder verlogen, häufig

in sich selbst oder im Vergleich zu anderen widersprüchlich, mit einem Wort höchst einseitig.

> Vielleicht, daß man der einseitigen Betrachtungsweise e i n e s historischen Roman-Schreibers, durch die Einseitigkeit eines anderen begegnen könnte.
> ARNO SCHMIDT, ebenda S. 97

Niemand hat ohne Grund über die Räterepublik geschrieben und kaum einer wohlwollend oder auch nur fair. Namen, Daten und Fakten werden absichtsvoll oder unabsichtlich verbogen und verzerrt, historische Personen offen oder verschlüsselt in die Handlung eingebaut, dabei karikiert, verspottet oder denunziert — mit historischer Treue hat das selten zu tun.
Dokumente aber einer Bewußtseinsgeschichte wirklicher Personen — der Autoren nämlich — sind sie allemal, die literarischen Erzeugnisse der Teilnehmer und Beobachter von allen Seiten, die die Herausgeber zusammengetragen und in der Reihenfolge der tatsächlichen Ereignisse zu einem neuen Text montiert haben. Sie haben damit ein Bedürfnis zu befriedigen versucht, das aus exzessiver Lektüre entlegener und oft umfänglicher Schriften entstanden ist, denn:

> Ich, für meine kleine Portion, b r a u c h e
> den historischen Roman!
> ARNO SCHMIDT, ebenda S. 96

Indem sie das Ergebnis ihrer Montage vorlegen, behaupten die Herausgeber etwas vorher nicht Dagewesenes hergestellt zu haben — einen, nämlich i h r e n historischen Roman mit dem Titel:

UMSTURZ IN MÜNCHEN

Dafür übernehmen sie die Verantwortung der Urheberschaft, ansonsten liegt Recht und Unrecht bei den Autoren von damals.

Herbert Kapfer
Carl-Ludwig Reichert

Erstes Buch

CHAOS

Emil Rasmussen

Doktor Falkenfels kam in tiefen Gedanken von der Sonnenstraße durch das »Karlstor« gewandert, als er durch ein helles, freudiges »Grüß Gott« erwachte.

Vor ihm stand der junge Herr Hahn in niedrigen Spangenschuhen, schwarzen Kniehosen und einem kurzen, spanischen Mantel von schwarzem Samt. Im übrigen ging er natürlich barhaupt, damit die Sonne seine strohgelbe Haarpracht küssen konnte. Sie gingen zusammen durch die Neuhauserstraße. Alle starrten Hahn an, und jeder zweite drehte sich nach ihm um.

Es kamen zwei kichernde Backfische. Der eine puffte den andern in die Seite und sagte ganz laut im Vorübergehen:

»Sahst du den Schwabinger Malör?«

Indessen erzählte Hahn, dem all das Aufsehen sichtlich schmeichelte, von einem eben erhaltenen Brief von Kuno Grüner, der sich augenblicklich oben in Thüringen aufhielt.

In zwei Städten hatte die Polizei ihn wegen unberechtigten Handelns mit Gedichtsammlungen mit Strafen verfolgt.

»Das wirkt ganz wie ein Ausweisungsbefehl, denn Herrgott, wovon soll der Mann denn leben!« sagte Hahn. »Aber Grüner ist ein Held! Er trägt die Verfolgungen mit einem bewunderungswürdigen Humor und verliert nie den Mut. Er meint, die ganze Verfolgung rühre von einem satirischen Gedicht her, das er gegen den Militarismus geschrieben habe, und es macht ihm Spaß, daß sie so kräftig auf seine Einspritzungen reagieren. Hier ist das Gedicht! Hören Sie nur!«

Hahn ging mitten im dichten Strom nachmittäglicher Spaziergänger und deklamierte laut:

Du teutsches Volk der Denker und Kanonen,
Verstehst du nicht: du hast zuviel gedacht,
Dem Pulver-Gaso-Geist zu wenig Opferblut gebracht!
Begreif es doch, du armer Wicht:
Die Welt-Probleme löst der Denker nicht!
Die lösen, ja die löschen — — die Kanonen!

»Ein echter Grüner!« sagte Falkenfels nachdenklich.

»Ja, nicht wahr! Prachtvoll! Eine Handgranate mitten hinein in eine Pulvertonne! Kein Wunder, daß sie winseln und sich mit Strafen rächen!«

»Er entwickelt sich jedoch in etwas gefährlicher Richtung. In einer Zeit wie dieser liegt zuviel Sprengstoff im Volke, um leichtsinnig mit Funken umzugehen. Grüner ist trotz aller äußeren Gutmütigkeit ein Brandstifter aufs Geratewohl. Er weiß selbst nicht, wo, wie und wozu er Feuer anlegt. Ich denke oft mit Besorgnis an Frau Elisabeth und die Kinder.«

»Die helfen sich schon selbst! Er ist ein prächtiger Typ! Ein Mann der Zukunft!«

Sie waren auf den Marienplatz gelangt und wunderten sich darüber, daß er schwarz von Menschen war.

Drüben vom Rathaus her erklang schallendes Weibergeschrei.

Sie bahnten sich einen Weg durch die Menschenmassen und sahen nun eine Schar erregter, armer Frauen, viele mit einem Kind auf dem Arm, viele mit bittern Tränen die Wangen herab und alle aus vollem Halse schreiend: Gebt uns Brotkarten! Gebt uns Brot und Kartoffeln! Wir hungern! Unsere kleinen Kinder sterben vor Hunger!

Die Umstehenden sagten: »Sie haben recht! Es gibt ja jetzt keine Kartoffeln. Da reichen die Brotkarten nicht aus!«

Eine Anzahl Polizisten gingen unter sie und sprachen ruhig mit ihnen.

»Ihr habt recht! Doch laßt nur das Schreien! Wenn euch Kartoffeln fehlen, bekommt ihr mehr Brotkarten! Niemand soll hungern! Es wird für euch gesorgt werden! Verlaßt euch darauf! Aber schreit nur nicht!«

Die einzige Wirkung dieser Ermahnungen war nur, daß sie jetzt schrien: Wir wollen mit dem Polizeipräsidenten reden! Der Polizeipräsident soll herunterkommen!

Der Doktor schlug Hahn vor, mit in das Rathauscafé zu gehen, von dessen großen Fenstern aus man bequem der weiteren Entwickelung folgen konnte.

Herr Hahn wollte nichts genießen. Er erklärte dem Doktor, daß er mitten in seinem großen »Frühjahrsreinemachen« sei, bereits vier Tage gefastet hätte und beabsichtige, noch weitere vier zu fasten. Er schilderte sehr umständlich, wie er sich dazu vorbereitet hatte, indem er am Tage vorher nur gekochte Zwetschgen und Sauerkraut genossen habe. Dadurch werde der Körper von allem Schleim befreit. Und der Schleim sei nicht nur der schlimmste Feind des Körpers und der Gesundheit, sondern auch des emporstrebenden Geistes.

Der Doktor, der ohne ein Wort zu äußern, behaglich dasaß und diese neuen medizinischen Entdeckungen genoß, fragte interessiert, ob er sich nicht entkräftet fühle.

»Nein, im Gegenteil! Der erste Tag sei ein wenig schwer. Da kann man mitunter ein wenig schwindlig werden. Sonst aber befinde ich mich glänzend — leicht und frei von Schleim. Es gilt nur, sich viel zu bewegen und möglichst viel in freier Luft zu sein.«

»Sonderbar! Ich hätte das entgegengesetzte gedacht! Sie sind doch Theosoph?«

»Nein, Antroposoph.«

»Ist das nicht ungefähr dasselbe?«

»Wir sind von der Theosophie ausgegangen. Doch wir sind eine neuere Richtung. Wir sind die Religion der Zukunft. Das Christentum hat ja schon Bankrott gemacht.«

»Ich gebe zu, daß der Weltkrieg nicht nur die Ohnmacht des Christentums, sondern aller Religion auf so eklatante

Weise enthüllt hat, wie es sich freilich vorher niemand hätte träumen lassen. Dieser fürchterlichsten Katastrophe der Geschichte gegenüber hat das Christentum völlig versagt, hat überhaupt keine Rolle gespielt. So tief in den Hintergrund des Bewußtseins der Kulturvölker also ist es getreten. — Aber sehen Sie dort: Jetzt spricht der Polizeipräsident selbst zu den Frauen draußen!«

»Ja, richtig! Das ist der Polizeipräsident! Und sehen Sie, nun werden Sonder-Brotkarten verteilt!«

»Gott sei Dank! Man sah den Gesichtern an, daß ehrlicher Hunger aus ihnen schrie.«

»Ja, sicher! — Nein, die Menschheit kann religiöse Ideale nicht entbehren. Die Anthroposophie wird den Menschen alles das geben, was das Christentum ihnen nicht gab.«

»Es gab eine Zeit, wo die Religion alles umfaßte, und über alles verfügte: über das geistige Leben, Wissenschaft und Kunst, Heilkunst und Unterhalt in diesem Leben und Seligkeit im künftigen. Jetzt ist die Domäne des Christentums in eine lange Reihe bürgerlicher Institutionen und Einrichtungen zerstückelt: Die Sozialdemokratie, das rote Kreuz, den Ärztestand, die Polizei, die Krankenversicherung, Altersversicherung, Armenwesen, Literatur, Presse, Wissenschaft, Kunst, Spiritismus —«

»Und Anthroposophie!«

»Ja, auch Anthroposophie — neben vielem andern. Denken Sie an diese hungernden Frauen! In Süditalien oder Spanien, wo die Religion noch heute eine reelle Lebensmacht ist, hätten sie sich mit einem energischen Verlangen nach Brot — das sie nicht bekommen hätten — an den Ortsheiligen oder die Wundermadonna ihres Ortes gewendet.

Hier in München wendet man sich praktischer an den Polizeipräsidenten — und bekommt es sofort. Hieran ermißt man am besten —«

Herr Hahn sollte nie erfahren, was man am besten ermißt; denn im selben Augenblick flog ein Stein durch die große Spiegelglasscheibe herein und zerschmetterte sie, daß die Scherben ihnen um die Ohren stoben wie Granatsplitter.

Es war ein Juchheien und Winseln, ein Rufen, Schimpfen und Lärmen drinnen und draußen. Alle sprangen von ihren Plätzen auf und liefen verwirrt umher, um ihre Sachen zu finden.

Doch es blieb nicht bei dem ersten Stein. Jede einzige Scheibe im ganzen Café wurde eine nach der anderen zertrümmert, und die Steine sausten durch das Lokal, flogen zwischen die Kuchen auf dem Büfett, in die Garderobe, auf die Musiktribüne, auf die Treppen oder klatschten hart an die Wände. Ein unbarmherziges, rasendes Bombardement!

Viele suchten Zuflucht im Keller oder oben in der Beletage, wo man vor den Steinen besser geschützt war. Andere, darunter Falkenfels und Hahn, begaben sich auf den Platz hinaus, um wenigstens zu erfahren, was eigentlich vorging.

Die Polizei war bereits zur Stelle, aber noch nicht zahlreich genug.

Es hieß, es seien Brötchen von den obersten Fenstern des Cafés heruntergeworfen worden. Die Absicht war die beste gewesen, aber bei der allgemeinen Erregung hatte man es als Verhöhnung aufgefaßt und mit Steinwürfen geantwortet.

Es waren nicht mehr die hungernden Frauen, die den Platz beherrschten, die Stammgäste einer benachbarten Verbrecherkneipe hatten gewittert, daß dort im Trüben zu fischen war, und waren herbeigeeilt, um eine so glänzende Gelegenheit zum Gaudium nicht zu versäumen. Diese Elemente waren es, die das Verheerungswerk begannen, doch mit unglaublicher Geschwindigkeit steckte das Beispiel an und riß alle lichtscheuen Existenzen der Gassen und Häuser mit. Nicht nur auf dem Platze selbst, sondern auch in allen anstoßenden Straßen ging es über die großen Spiegelscheiben her. In einem Teil eines Stadtviertels allein war außer dem, was gestohlen und geplündert wurde, für Hunderttausende ruiniert. Die Armut hatte sich an Luxus und Reichtum rasend gesehen.

Im Gedränge war Falkenfels von Hahn getrennt und zu den ursprünglichen Demonstranten, den armen Frauen, hingewirbelt worden.

Und mitten in der Tragödie wurde er Zeuge einer kleinen erheiternden Komödie.

Unter den vielen Neugierigen war auch ein junger Leutnant in preußischer Uniform. Er stand mit einer kleinen feschen Kellnerin am Arm und betrachtete das wechselnde Schauspiel durch sein Monokel. Eine der Demonstrantinnen war wütend über das Paar. Rot wie ein Ofen ergriff sie das Mädchen beim Arm und riß es von dem verdutzten Krieger fort. »Du dreckiges Malefizluder! Schämst du dich nicht, Arm in Arm mit solch einem Saupreußen zu gehen!« schrie sie in schallendem Diskant.

Der Offizier, der ja einer desperaten Frau gegenüber nicht vom Leder ziehen konnte, machte sich schleunigst aus dem Staube.

Die Polizei begann Herrin der Situation zu werden und den Platz und die nächsten Straßen zu räumen.

Erich Mühsam an Carl Georg von Massen

Mein lieber C.G., München, den 1. Novemb. 1918 diesen Brief bekommst Du außer der Reihe. Er soll Dir den Empfang Deiner Kriegsanleihe-Postkarte bestätigen und Dir zugleich meine entgiltige Befreiung mitteilen. Du kannst Dir denken, daß ich jetzt kolossal zu tun habe — nicht so sehr mit Kneipereien und ähnlichen Veranstaltungen geselliger Betriebsamkeit als mit Vorbereitungen zur Arbeit. Ich sehe die Dinge der Welt sehr anders an als Du, und was Dich jetzt deprimiert und Dich aus allen Hoffnungen, Wünschen, Vorstellungen aufschreckt, ist mir Bestätigung und Zeichen neuen und besseren Werdens. Der Krieg ist nur noch eine Frage von Tagen. Er wird de facto zu Ende sein, wenn W² [Wilhelm II.] gutwillig oder gezwungen die Konsequenz aus der Niederlage gezogen haben wird. Sollten wirklich die wahnwitzigen Prestigeretter die »nationale Verteidigung« proklamieren, um die paar gesunden Knochen, die sich noch finden mögen, auch noch zusammenschießen zu lassen und dann einen Schluß anzunehmen, der die Ententeimperialisten zu Brest-Litowsker Schindludereien befähigte (vorläufig verhindert Wilsons eminent starke Ideologie diese Gefahr), dann ist die selbstverständliche Folge die offene Rebellion an den Fronten und im Hinterlande, — die dann viel blutiger in Erscheinung treten wird als jetzt. Zu verhindern ist die Revolution ohnehin nicht mehr, und der Versuch, ihr vorzubeugen, indem man den alten Hohenzollernvorspann Payer-Scheidemann als »Volksregierung« ausschreit, kann nur sehr kurzen Aufschub bringen. — Ich persönlich betreibe jetzt mit äußerster Energie die Neuherausgabe des »Kain« — und ich hoffe bestimmt, am 15. November schon die erste Nummer der neuen Folge vorlegen zu können. Das Blatt soll in der alten Weise erscheinen, aber unter Weglassung aller Münchner Lokalangelegenheiten und politisch aufs äußerste radikalisiert, da es mir dringend nötig scheint, den Halbheiten und Konzessiönchen der »Unabhängigen« [Sozialdemokraten] eine entschlossene Gesinnung entgegenzustellen. Der Weg vom Weltkrieg zum Weltfrieden führt durch das Fegefeuer der Weltrevolution. In Österreich und Ungarn sind Anfänge, in Rußland wird die Konsolidierung der Zustände sehr schnell vor sich gehn, wenn dem scheußlichen Bürgerkrieg, der nur eine Übertragung des großen Konflikts auf die speziellen Verhältnisse ist (mit vertauschten Rollen), durch den europäischen Frieden die Voraussetzung genommen ist. Die Revolution bei uns wird umso unblutiger sein, je radikaler die Forderungen sind, mit denen sie gleich anfangs auftritt. Die allmähliche Radikalisierung schafft erst die Erbitterung der Kämpfe. — Eben ertönt Fliegeralarm: wahrscheinlich schon die Konsequenz der Halsstarrigkeit unsrer Patrioteska.

Für heute Schluß. Schreibe bald Deinem alten   E.M.

Oskar Maria Graf

Überall brach die deutsche Front ein. Unaufhaltsam wichen die erschöpften, aufgelösten Armeen zurück. Immer näher und näher rückte der Krieg und flutete ins Hinterland. Über München tauchten die ersten italienischen Bombenflugzeuge auf, und über den rheinischen Städten kreisten französische, amerikanische und englische. Ein lähmendes Grauen erfaßte die Volksmassen. Bis jetzt hatten sie gemurrt, geschimpft und verwünscht, aber außer einem geringen Teil immer noch mehr oder weniger an die Unüberwindlichkeit des deutschen Feldheeres geglaubt. Nun wich diese Illusion jäh der hilflosen Angst und dem Entsetzen, denn auch Ludendorff und seine Generale verloren den Kopf und wandten sich in ihrer Auswegslosigkeit auf einmal an dieses jahrelang niedergehaltene, gehorsame Volk.

»Sofortige Aufnahme der Waffenstillstandsverhandlungen mit den Feinden!« verlangten *sie* jetzt! Der alte christlich-konservative Kanzler Hertling mußte weg. Der als Demokrat bekannte Prinz Max von Baden kam an seinen Platz. Überstürzt befahl die Oberste Heeresleitung schleunige Parlamentarisierung und verlangte Wahlen! Sie forderte sozusagen von oben herab auf der Stelle die Demokratisierung, um jede Verantwortung am Zusammenbruch von sich abzuwälzen. Ludendorff trat zurück. Der bei allen Parteien beliebte General Gröner ersetzte ihn und nahm sogleich Verhandlungen mit den staatstreuen Sozialdemokraten auf. Jeder rätselte, riet und versuchte. Die ganze, gewaltige, uhrwerkähnliche deutsche Kriegsmaschine schnurrte auseinander. Das Tägliche verlor die Richtung und wurde unsicher.

»Schluß machen! Schluß!! An den Galgen mit Ludendorff! Nieder mit dem Krieg!« brüllten die dichtgedrängten schwarzen Massen, die jeden Tag die Straßen und Versammlungslokale überfüllten. Ludendorff, der Kaiser und viele Prinzen waren aber schon außer Landes geflüchtet. Irgendwo — so fühlte ungefähr jeder Mensch — führten noch irgendwelche Leute die Regierungsgeschäfte, doch das schien auf einmal ziemlich überflüssig geworden zu sein. Gleich einem aus dem Bette getretenen, haltlosen Strom floß das Volk durch die Städte. Es marschierte unentwegt und wußte nicht, wo aus und wohin.

Bauet Narrenhäuser, Ihr Lieben! Bauet Irrenhäuser, Ihr Lieben! Ihr werdet sie bald nötiger gebrauchen als die Windeln, weil die Säuglinge ausbleiben. Denn die Säuglinge wollen diese Welt, in der man sie meuchlings mordet, um Länder zu gewinnen und neue Absatzgebiete zu erschließen, durch ihr Fernbleiben zu Grunde gehen lassen, wie sie es verdient. Bauet rechtzeitig Irrenhäuser; denn drei Monate nach Friedensschluß werden die Hirne zu Brei werden, weil sie die Fragen nicht zu lösen vermochten: Wozu ist das nun alles gewesen? Warum ist das alles geschehen? Diese Fragen werden die Köpfe verwirren, weil keine Antwort folgen wird. Darum: Bauet rechtzeitig Narrenhäuser, Ihr Lieben! Denn da die schlichteste, einfachste und deutlichste Frage ohne Antwort bleiben wird, muß die Menschheit zu der Überzeugung gelangen, daß die Vernunft zu den Narren ging und der Verstand die Irren zu weisen Männern machte. Dann werdet Ihr tauschen wollen. Aber es wird Euch und Eurem Tausch-Versuche zuvor kommen der Entsetzens-Schrei: Gebt die Toten heraus! Gebt die Toten heraus! Wohl Euch, liebe Menschen, wenn dieser Schrei Euch Erlösung bringt und er die Narren närrisch und die Gesunden gesund bleiben läßt. Gebt uns die Toten heraus! Gebt uns die Toten heraus!

Ret Marut

Auf den Straßen sah ich große gelbe Anschläge mit fetten Lettern, die vor Ausschreitungen warnten. Verfügungen waren es gegen die zu erwartenden Demonstrationen. Sozialdemokraten und Unabhängige forderten die Massen auf, heute nachmittag um drei Uhr auf der Theresienwiese zu erscheinen.

»Ja, ich muß jetzt gehen«, sagte ich zum Alten und

Oskar Maria Graf

ließ ihn in die Straßenbahn steigen. Eilsam suchte ich Schorsch auf.

»Heut' kann sich was entscheiden«, meinte mein Freund, als wir uns auf den Weg machten. Wir trafen etliche Bekannte. Eine Arbeiterin riß jeden Verfügungsanschlag herunter. Ab und zu schrie sie: »Hoch die Revolution!« Schutzmann war keiner zu sehen. Je näher wir der Wiese kamen, desto mehr Menschen wurden es. Alle hatten es eilig. Vor der Bavaria waren dichte Massen und wuchsen von Minute zu Minute. Auf den Hängen und von den Treppen des Denkmals herab redeten Männer. Da und dort sah man eine rote Fahne aufragen. »Hoch!« schrie es, dann wieder »Nieder!« Die Menge schob sich unruhig ineinander, Gedränge entstand. Wir fanden endlich Eisner, der weither von einem Seitenhang herunterschrie . . . Wenn er einen Augenblick Atem holte, klangen die Stimmen der anderen Redner auf. Immer mehr und immer mehr Leute kamen. Unabsehbar war die Schar der Zusammengeströmten, wie ein Ameisenhaufen, schwarz und bewegt. »Herrgott, heut' ist ja ganz München da . . . Da wär' doch was zu machen! Hoffentlich gehen sie heut' nicht wieder heim und tun nichts«, sagte ich zu Schorsch. Ein bärtiger Hüne in Militäruniform hatte es gehört, lächelte überlegen und meinte superklug: »Nana, heut' gehn wir net hoam . . . Heut' geht's ganz woanders hin . . . Gleich werd's losgehn.«

»Es lebe der Friede!« schrien in diesem Augenblick um mich herum die Leute. »Frie-ie-iede!« pflanzte sich fort und scholl weithin. Und brausend riefen alle: »Hoch Eisner! Hoch die Weltrevolution!« Ungefähr eine Minute war es still. Von der Bavaria herüber drangen Beifallsrufe. Wir drängten uns über den Hang hinauf. Plötzlich schrie Felix Fechenbach in Feldgrau laut und beinahe kommandomäßig in die bewegte Menge: »Genossen! Unser Führer Kurt Eisner hat gesprochen. Es hat keinen Zweck mehr, viele Worte zu verlieren! Wer für die Revolution ist, uns nach! Mir nach! Marsch!« Und mit einem Schlage gerieten die johlenden Massen ins Vorwärtsdrängen. Wie eine kribbelige, schwarze Welle wälzten sich die tausend und aber tausend Menschen hangaufwärts auf die Straße; weiter ging es im Schnellschritt, an geschlossenen Häusern und herabgezogenen Rolläden vorbei, den Kasernen zu. Wir marschierten, eingekeilt von einer dahinstürmenden Menge, fast ganz an der Spitze, kaum fünf Schritt weit entfernt von Eisner, den ich unablässig betrachtete. Er war blaß und schaute todernst drein; nichts redete er. Fast sah es aus, als hätte ihn das jähe Ereignis selber überfallen. Ab und zu starrte er gerade vor sich hin, halb ängstlich und halb verstört. Arm in Arm mit dem breitschulterigen, wuchtig ausschreitenden blinden Bauernführer Gandorfer ging er. Diese Gestalt bewegte sich viel freier, derb auftretend, fest, und so eben wie ein bayrischer Bauer dahingeht. Um die beiden herum war der Stoßtrupp der Getreuesten.

Der Marsch hatte begonnen und war unaufhaltsam. Keine Gegenwehr kam. Alle Schutzleute waren wie verschwunden. Aus den vielen offenen Fenstern der Häuser schauten neugierige Menschen auf uns herunter. Überall gesellten sich neue Trupps zu uns, nun auch schon einige Bewaffnete. Die meisten Menschen lachten und schwatzten, als ging's zu einem Fest. Hin und wieder drehte ich mich um schaute nach rückwärts. Die ganze Stadt schien zu marschieren. Wir erfuhren auch schon, daß Matrosen die Residenz genommen hatten.

»Da, da! Geht's schneller! Da geht's los!« schrie wer hinter uns und alles fing zu laufen an. Ein wüstes Gedränge entstand. In die aufgerissene Tür der Guldeinschule stürmten wir. Auf einmal standen wir festgestaut in einem dunklen Gang.

»Halt!« brüllte wer. »Ha-a-alt!« wiederholte sich brüchig und ging unter.

»Da, Hund!« plärrte es vorne, und ein ungeheurer Tumult entstand. Ich stemmte mich mit beiden Ellenbogen und wollte weiter. Aber schon schoben sich die Vorderen wieder zurück und drückten uns auf die Straße. Jäh knallte ein Schuß und riß für eine Sekunde eine Stille auf, die gleich wieder im Geheul und Schrittgemeng unterging. Wie auf ein Signal stürmten jetzt die Rotten in den Gang, auch Bewaffnete sah ich jetzt. Durcheinandergerede, Schreie, und plötzlich riß einer oben das Fenster auf, schwenkte eine rote Fahne heraus und schrie: »Die Mannschaft hat sich für die Revolution erklärt! Alles ist übergegangen! Weitergehen, marsch, marsch! Weiter!«

»Bravo! Hoch! Hoch die Revolution!« johlten alle auf der Straße, und aus der Guldeinschule kamen Soldaten mit und ohne Gewehr, an den Läufen rote Sacktücher. Im Sturmschritt bewegte sich der Zug durch die Stadt. Da und dort zweigten Trupps mit bewaffneten Soldaten ab und verschwanden in einem Haus. Beim Übergang, an der Donnersbergerbrücke, geriet zum erstenmal ein Zahlmeister in Uniform in die Menge. Die Epauletten wurden ihm heruntergerissen, einige zerrten ihn hin und her. Der Mann begann zu weinen und hob bittend die Hände. Der Hüne wollte über ihn herfallen, ich stieß alle weg und hielt ihn auf.

»Laß ihn laufen! Der kann auch nichts dafür!« brüllte ich aus Leibeskräften. Der Hüne glotzte erst erstaunt und nahm eine drohende Haltung gegen mich ein. Andere gesellten sich zu ihm.

»Geh, Mensch!« schrie ich dem verdatterten Zahlmeister zu. Er war aber so verwirrt, daß er stehen blieb.

»Bürscherl!« knurrte der Hüne mich an und packte meinen Arm. Seine Augen funkelten. Da schrie wer ganz in der Nähe: »Raufts nicht! Das ist der Graf! Weitergehn!« Und als ich aufsah, stand ein Syndikalist zwischen mir und dem Hünen, schimpfte wie ein Rohrspatz, und der Zwischenfall war vorüber.

»I hätt glei gor gmoant, du bist oana vo dö andern!« lachte der Hüne und schlug mir fest auf die Schultern: »Nana, du host scho recht . . . Dö Klona konn ma ruahi laafa lossn! Nix für unguat, Kamerad!« Wir faßten einander gemütlich unter und marschierten weiter. Der Zahlmeister war verschwunden.

»Aba, woaßt ös, gor a so menschli derf ma net sei!« sagte mein Begleiter manchmal.

Die meisten Kasernen übergaben sich kampflos. Es kam auch schon ein wenig System in dieses Erobern: Eine Abordnung stürmte hinein, die Masse wartete. In wenigen Minuten hing bei irgendeinem Fenster eine rote Fahne heraus, und ein mächtiger Jubel erscholl, wenn die Abordnung zurückkam.

Jetzt zerteilte sich der Zug auch, eine Menge zog dahin, die andere dorthin. »In der Max-II-Kaserne wollen sie schießen«, raunte es von Ohr zu Ohr. Das trieb uns erst recht an.

Aber es kam anders. Der Posten warf sofort sein Gewehr weg und ging mit uns. Durch das große Tor liefen wir, geradewegs in den weiten Hof. Merkwürdig, da stand ein Offizier älteren Jahrgangs vor gradlinig aufgestellten Soldaten und kommandierte Übungen. Er kam nicht einmal dazu, sich umzudrehen. Einer schlug mit aller Gewalt von hinten auf seinen Kopf und trieb ihm den Helm bis tief unter die Ohren. Lautlos sank der Getroffene um, und schon in der nächsten Sekunde schlugen die Soldaten wie auf Befehl ihre Gewehre auf den Boden, daß sie krachend auseinanderbrachen. Lachend liefen sie über. »Aus ist's! Revolution! Marsch!« hörte ich im Tumult. Ein Älpler juchzte wie beim Schuhplatteln. Seitlich in einem Menschenhaufen hielt einer eine Rede und forderte auf zur Gründung eines Soldatenrates. Der Zug marschierte ins Freie, gegen die Militärarrestanstalt. Die war rundum verschlossen und lag still da. Leitern und Wagendeichseln wurden herbeigeschleppt, Steine flogen gegen die vergitterten Fenster, Drohrufe erschollen, einige Soldaten schlugen mit Gewehren und Beilen auf die verschlossene Tür, und schon wollte alles Sturm laufen. Da tat sich die Tür auf, und alles jagte in den Gang. Ich wurde förmlich mitgeschleift und fand mich erst oben in den kalten, dumpfriechenden, lärmerfüllten Gängen wieder. Noch heute sehe ich, wie sich die Zellentüren öffnen und die Häftlinge herauskommen. Einer schaute uns groß und fremd an, zuckte und fing plötzlich herzzerreißend zu schluchzen an. Dann fiel er matt einem kleinen Mann an die Brust und klammerte sich an ihn. In einem fort heulte er: »Da-ankschön! Dankschön!... Ver-vergelt's Gott!«

»Rache!« gellte es und wiederholte sich: »Rache den Schindern!« Sofort fingen Leute an, die Wärter und Beamten zu suchen. Drunten hörten wir einen Höllenlärm und Niederschlagen von Stöcken und Gewehrkolben. Dann wieder schrie wer: »Ruhe! Ruhe!«

Anscheinend lynchte man wen. Sehen konnte ich nichts. Bloß so nebenbei sagten Leute: »Die sind schon hin!«

Über allen Lärm hinweg schrie es dröhnend: »Alles raus! Truppen rücken an!« Kopflos, in wildem Galopp stürzte alles ins Freie, und erst drunten erfuhr man, daß gar nichts sei. Da und dort standen Rotten mit je einem Redner, der sofortige Bildung von Soldatenräten forderte. Endlich ging es der Stadt zu. Die Straßen schienen zu eng, alles und jeder flutete mit. Ab und zu kam ein Offizier ins Gemenge, Stöße gab es, die Epauletten wurden ihm heruntergerissen, die Kokarde. Keiner setzte sich zur Wehr. Die meisten waren verstört und totenblaß. Einige gingen sogar gleich mit dem Zug.

Am Isartorplatz rannte ich in den Friseurladen, zu Nanndl. »Revolution! Revolution! Wir sind Sieger!« schrie ich Nanndl triumphierend an. Sie ließ die Brennschere fallen und strahlte. Ich war schon wieder weg.

Josef Benno Sailer

Am Vormittag des 7. November hatte Exzellenz von Dandl dem König eingehend über die Sachlage Bericht erstattet, auf das Bedenkliche der Demonstration hingewiesen und ihm geraten, auf den gewohnten Nachmittagsspaziergang in der Stadt zu verzichten.

Trotz dieser Warnung hatte sich Ludwig nicht davon abhalten lassen. So hatte er es sich selbst zuzuschreiben, daß er von Gruppen erregter Menschen, die sich nach der Demonstration überall gebildet hatten, zwar nicht direkt bedroht, aber immerhin da und dort unfreundlich genug angestarrt wurde und manches böse Wort zu hören bekam. Als schließlich ein Arbeiter auf ihn zutrat und sagte: »Majestät, schaug'n 'S daß hoamkumma, sunst is's g'fehlt aa!« beeilte sich der König, die Residenz zu erreichen; selbe war aber bereits von einer Menschenmenge umlagert, so daß er einen Umweg durch den Hofgarten machen mußte und erst rückwärts beim Apothekertor eingelassen werden konnte.

Die nächtliche Neuhauserstraße. Menschen, Menschen! Große und kleine Gruppen. Alles in fiebernder Erregung. — Einem Soldaten wird die Kokarde abgerissen. Ein Dutzend Leute schiebt im Trab irgendwohin. Ein Auto rast vorbei. Mit Soldaten und Waffen gespickt. Soldaten, den Gewehrlauf nach unten, ziehen straßauf, straßab.

Julius Kreis

Ein Zivilist jagt nach Kokarden. Er ist achtzehn Jahre alt, hat das Hemd auf, Locken in der Stirn, flucht meterlange Flüche und trägt ein Militärgewehr in der Hand. Hält unbewaffnete Soldaten an, Mannschaften und Offiziere. D'Kokarden abi! Hält ihnen den Schießprügel vors Gesicht. Ist überall dabei, wo eine Gruppe steht, trägt das Gewehr bald unterm Arm, bald geschultert wie eine Keule, bald im Anschlag. Ein paar Buben, fünfzehn-, sechzehnjährige, sind bei ihm. Johlen, pfeifen, schreien, mit Kinderstimmen noch: Hoch die Revolution! Nieder mit'm Kaiser!! — Einmal kommen sie an den Unrechten. Ein baumlanger Landwehrmann. Holzknechtfigur oder Maurer bei Heil- und Littmann. — Dem hält der Bursch auch das Gewehr vors Gesicht. — Aber der Landwehrmann schiebt blitzschnell den Lauf weg, zieht aus und haut dem Schießfrohen eine runter, daß es kracht.

Josef Benno Sailer

Gegen 7 Uhr schon hatte sich die Residenzwache aufgelöst, die Soldaten hatten sich den Aufständischen angeschlossen.

Um halb acht Uhr machte der Leibarzt Geheimrat von Hößlin seinen Besuch bei der damals schon schwer leidenden Königin. Kurz nach Weggang des Arztes erschienen beim König Ministerpräsident von Dandl und Minister des Innern von Brettreich. In gedrängter Kürze berichtete Dandl von den Vorgängen, die schon so weit gediehen waren, daß keine Truppen mehr vorhanden waren, die eine Änderung hätten herbeiführen können; Dandl mußte erkennen, daß die Lage tatsächlich unhaltbar geworden sei. Man erklärte dem König, daß man es für das beste halte, wenn er sofort München verlasse.

Der so von den Tatsachen überrumpelte König nahm diese schwerwiegende Eröffnung ohne große Erregung entgegen, erklärte sich willenlos mit dem Vorschlag einverstanden, wollte aber natürlich wissen, wo er zunächst seinen Zufluchtsort nehmen solle. Nach einigem Hin und Her entschied man sich für Schloß Wildenwarth bei Prien, worauf sich die Minister gegen 9 Uhr empfahlen.

Nach Weggang der beiden Herren rüstete die königliche Familie sofort zur Flucht. Schon kurz nach 9 Uhr bestiegen die Prinzessinnen Hildegard, Wiltrude und Gundelinde unter Führung von Baron Bodmann im kgl. Marstall ein vom Hofbediensteten Chauffeur Meier gesteuertes Automobil und fuhren Richtung Rosenheim. Doch mag das Ankleiden der kranken Königin geraume Zeit in Anspruch genommen haben, denn erst um ¾ 10 Uhr war die Gruppe der übrigen Flüchtigen — 9 Personen, der König, die Königin, Prinzessin Helmtrud, der Erbprinz Albrecht, sein Erzieher, der Lehrer Breg, Graf Holnstein, Baronin Kesling, Baronin von Speidel und der Leibwachtmeister; Hofstallmeister von Stetten war ebenfalls anwesend — im Hofe hinter der Reitschule versammelt. Alle hatten lediglich mitgenommen, was sie am Leibe trugen, nur der König hatte sich rasch mit Zigarren versorgt, die er mitnahm, und Prinzessin Helmtrud trug eine in ein Tuch eingeschlagene Schatulle oder Handtasche, die vermutlich Geld und Juwelen barg, weil sie das Paket unter keinen Umständen aus der Hand gab.

Da die Bahnhöfe besetzt waren, konnte nur die Flucht im Automobil in Frage kommen. Gegen 10 Uhr kam der königliche Oberinspektor Hofbauer atemlos in die in der Hofgartenstraße 3 befindliche Wohnung des Betriebsleiters Tiefenthaler und weckte diesen mit der Bitte, sich so schnell wie möglich fertig zu machen, es handle sich um eine äußerst dringliche Fahrt.

Um diese Zeit wurde im Landtagsgebäude die neue bayerische Republik proklamiert.

In aller Eile zog Tiefenthaler an, was er am nächsten zur Hand hatte und lief in seinem Werkstättengewand mit rasch errafftem Mantel und Mütze zur Wagenhalle des Marstalls hinüber. Am Eingang erwartete ihn schon Oberinspektor Hofbauer und teilte ihm mit, daß der König mit seiner ganzen Familie zur sofortigen Abreise gezwungen sei. Tiefenthaler eilte in die Garage, wo die königliche Familie mit Graf Holnstein, Baron Bodmann und Hofstallmeister von Stetten versammelt war. Die Königin hatte man eines Schwäche-Anfalls wegen in einen Wagen setzen müssen. Leider waren, da die Wagen seit längerer Zeit nicht mehr benutzt worden waren, keine Autos zur sofortigen Abfahrt bereit, da sie alle aufgebockt, d. h. auf Ständern waren und erst heruntergelassen werden mußten.

Der König äußerte des öftern zu seiner Umgebung: »Daß man mir aber davon gar nichts gesagt hat, wie es steht; daß man mich gar nicht über die Lage unterrichtet hat! Hab ich denn gar Niemand, der sich um mich hätte annehmen können?«

Als die Maschine des ersten Wagens in Gang gesetzt war, entdeckte der Betriebsleiter zu seinem Leidwesen, daß in keinem Reifen Luft vorhanden war. Nun mußten alle wieder aussteigen, und es wurde ein anderer Wagen fahrbereit gemacht, was natürlich die Aufregung noch erheblich steigerte. Dann wurde wieder Platz genommen, und zwar befanden sich in diesem Wagen, da nunmehr für 9 Personen nur noch 2 Wagen zur Verfügung standen, der König, die Königin, Prinzessin Helmtrud, der dem königlichen Dienst unterstellte Polizeiwachtmeister und Graf Holnstein; letzterer saß am Boden. Bevor der König einstieg, sagte er zum Führer: »Das kann unter Umständen eine gefährliche Fahrt werden, ham'S a Schneid, Tiefenthaler?« — »Jawohl, Majestät«, sagte der Führer, »ich fürcht nix!«

Um halb elf Uhr fuhr das Auto vom Marstall ab, durch die Christoph- und Liebigstraße, in der einige Schüsse nachknallten, und über den Friedensengel nach der Rosenheimerlandstraße zu. Da sich aber in der dortigen Gegend mehrfach große Menschenansammlungen zeigten, hielt Tiefenthaler es für angezeigt, wieder umzukehren, um auf Umwegen nach Steinhausen zu gelangen. Obwohl in Haidhausen sehr gut bekannt, gelang es ihm bei dem herrschenden starken Nebel und, weil er ohne Licht fahren mußte, erst nach mehrfachen Irrfahrten bei Steinhausen, die Truderinger Landstraße zu erreichen. Auf dieser ging es dann in langsamem Tempo weiter. Ein schnelles Fahren war vollkommen ausgeschlossen, da Straße und Gelände im Nebel in Eins zerflossen. Über Grafing, Aßling, Ostermünchen und Deutelhausen ging es Rosenheim zu. Einige Kilometer vor Rosenheim kam der Wagen im undurchdringlichen Nebel von der Straße ab und fuhr in einen Kartoffelacker hinein. Versuche, ihn mit voller Maschinenkraft wieder herauszubringen, führten nur dazu, ihn noch tiefer in das Erdreich einsinken zu lassen. Dem Führer blieb nichts anderes übrig, als die Insassen einstweilen ihrem Schicksal zu überlassen und sich auf den Weg zu machen, um irgendwo Hilfe zu suchen. Nach kurzer Wanderung gelangte er an einen zu Westerndorf gehörigen Bauernhof. Erst nach längerem dringlichen Bitten wurde geöffnet, leider aber der Bescheid erteilt, daß Hilfe nicht geleistet werden könne, weil die Bäuerin schwer krank darniederliege. Zum Glück übernachteten jedoch im Stadel des Anwesens zufällig einige Soldaten mit Pferden, die geweckt wurden und sich schließlich bereit fanden, mit den Pferden zu Hilfe zu kommen. Noch brauchte man aber das notwendigste, nämlich Licht. Es bedurfte der ganzen Überredungskunst des Chauffeurs, um die auf einem Kanapee liegende kranke Bäuerin zu bewegen, daß sie ihm eine Petroleumlaterne um den Preis von 20 Mark überließ. So ausgerüstet, begab sich die Hilfsexpedition zum königlichen Wagen zurück. Die Herrschaften mußten aussteigen und in Nebel und Regen auf der Landstraße warten; die Pferde wurden hinten an das Auto gespannt, die Maschine mit aller Kraft nach rückwärts eingesetzt und die Pferde angetrieben. Nun war überraschender Weise der Wagen so schnell aus dem Acker herausgezogen, daß er beinahe auf der anderen Seite wieder hinabgeglitten wäre. Tiefenthaler bremste so stark, daß die Pferde rückwärts niederbrachen. Dann brachte er den Wagen in die Fahrtrichtung, befestigte die Laterne vorn am Kühler, man stieg wieder ein und steuerte weiter, nach Rosenheim hinein.

Bei den für die Weiterfahrt von Rosenheim bis Prien zu erwartenden Straßenverhältnissen war es dem Führer des Wagens klar, daß ohne genügende Beleuchtung an eine Fortsetzung der Fahrt bei dem undurchdringlichen Nebel nicht zu denken war. Er beschloß deshalb, einen ihm bekannten Autobesitzer, den Bezirkstierarzt von Rosenheim, aufzusuchen und ihn um Hilfe anzugehen. Zu diesem Zwecke fuhr er das abgeschlossene Automobil auf den Rosenheimer Viehmarktplatz, ließ es dort samt Insassen stehen und suchte den Arzt auf. Bereitwilligst willfahrte der Herr, obwohl es bereits halb zwei Uhr nachts war, der dringenden Bitte um leihweise Überlassung eines Gasentwicklers mit Gummischlauchleitung und ließ durch seine Tochter Tiefenthaler in die Garage führen, wo dieser den Apparat vom Wagen des Arztes abmontierte und mit Carbid füllte. Nach einer halben Stunde zum Viehmarkt zurückgekehrt, befestigte er den Carbidapparat mittels Riemen seitlich am Wagen, worauf bei guter Beleuchtung die Fahrt ohne weitere Zwischenfälle fortgesetzt werden konnte. Erst nach 4 Uhr traf man in Wildenwarth ein.

Der König atmete tief auf und dankte vor allem herzlichst dem Führer für seine große Umsicht und Opferwilligkeit; die Königin war beim Verlassen des Wagens ganz gebrochen und mußte ins Schloß fast hineingetragen werden.

Im Schloß befanden sich bereits Baron Bodmann und drei Prinzessinnen, die in dem ersten vom Hofbediensteten Chauffeur Meier geführten Auto über Perlach, Aying nach Rosenheim und weiter nach Wildenwarth gefahren und ohne Unfall um halb zwei Uhr eingetroffen waren.

Dagegen fehlte jede Nachricht vom dritten Auto, geführt von den Chauffeuren Kagerer und Helmer, mit dem Erbprinzen Albrecht, seinem Lehrer Breg, der Schlüsseldame Baronin Kesling und der Kammerfrau der Königin, Baronin von Speidel. Da dieser Wagen hinter dem ersten die gleiche Strecke gefahren war, mußte ihm ebenfalls und zwar weiter zurück schon ein Unfall zugestoßen sein. Die Königin war über die Ungewißheit außer sich und weinte unaufhörlich.

Da fuhr Tiefenthaler sofort die Strecke wieder zurück, um das verschollene Auto aufzusuchen. Er traf denn auch morgens 7 Uhr den Wagen, der im Nebel gleichfalls von der Straße abgekommen war und mangels jeglicher Hilfe nicht mehr flott gemacht werden konnte, in einem Acker in unbesiedelter Gegend zwischen Aßling und Ostermünchen an.

Die Insassen wanderten nach Aussage des Chauffeurs bei Nacht und Nebel über Ostermünchen, Tuntenhausen und Beiharting 12 Kilometer weit nach Schloß Maxlrain, wo sie bereitwillig Aufnahme für die Nacht fanden, um am anderen Morgen mit dem ersten Personenzug nach Prien zu fahren und von dort nach Wildenwarth zu gehen.

Schweinshaxen

Gegen acht Uhr abends ungefähr landeten wir über der Isar, im *Franziskanerkeller*. Dort erfuhren wir, daß die Mehrheitssozialdemokraten unter Auers Führung mit Musik, ganz züchtig und geordnet, durch die Stadt gezogen waren und sich am Maxmonument zerstreut hatten. Ein wüstes, bellendes Gelächter erscholl bei dieser Kunde. »Scheißkerle! Schulbuben!« spottete jeder.

»Das ist die Armee der Reaktion!« schrie wer, und »Jawohl! Jawohl!« antwortete es von allen Seiten. Unschlüssig stand die gestaute Masse da. Es hieß, Eisner würde im Saal sprechen. Die Revolution hatte gesiegt. Alles war in ihren Händen, Post und Telegraph, Bahnhof und Residenz, Landtag und Ministerium.

Ich hatte Hunger.

»Gehn wir in die Wirtsstube und essen und trinken was«, sagte ich zu Schorsch. Wir drängten uns durch und traten in das rauchige Lokal. Da saßen breit und uninteressiert Gäste mit echt münchnerischen Gesichtern. Hierher war nichts gedrungen. »Wally, an Schweinshaxn!« rief ein beleibter, rundgesichtiger Mann der Kellnerin zu. Dort aß einer, dort spielten sie Tarock wie immer. Niemand kümmerte sich um uns.

»Mensch! So was!« konnte ich nur herausbringen, so verblüfft war ich. Wir bestellten Bier und Wurst und schlangen alles hastig hinunter. Ich horchte aufmerksam, ob nicht doch irgend jemand wenigstens *ein* Wort über die Geschehnisse sagen würde. Nichts, gar nichts davon!

»Wally, an Schweinshaxn!« *Dies* schien hier die einzige Situation zu sein. —

Als wir aus dem Lokal kamen, waren die Massen weg. Wir eilten in die Stadt. Dort erfuhren wir, im *Mathäserbräu* sei Arbeiter- und Soldatenratswahl.

Überall auf den Straßen herrschte regstes Leben. Trupps und Rotten standen da und dort. Gerüchte flogen durch die Luft. Keine Trambahn fuhr.

Oskar Maria Graf

Julius Kreis

Ein Zug für sich. Durch die dunkle Kaufingerstraße vom Tal her. Arm in Arm zu vieren, fünfen, sechsen: »Bürscherl«, streunende Mädel, »Luckis« und Buben. Rote, primitive Fahnen, Stöcke, Johlen, Pfiffe. Hoch — Nieder — Hoch — Nieder — ganz im Takt. Und nebenher geht einer, die Stimme ist bellend und heiser vom vielen Schreien: Wer Freiheit will, immer rechts anschließen! —

Josef Benno Sailer

Bei der Rückkehr von seiner Erkundungsfahrt wurde Tiefenthaler von Graf Holnstein erwartet, der ihm mitteilte, daß die kgl. Familie unmöglich in Wildenwarth bleiben könne, weil man erfahren habe, daß man verfolgt werde. Der König wolle deshalb so bald wie möglich nach seinem Jagdhaus Hintersee in der Ramsau fahren. Für alle Fälle versteckte Helmtrude ihr geheimnisvolles Paket in einem Stadel.

Nun war aber für die lange Fahrt weder Öl noch Benzin in genügender Menge vorhanden. Tiefenthaler fuhr deshalb mit Holnstein nach Traunstein, wo es mit Hilfe von dessen Schwager gelang, das Gewünschte zu bekommen. Abends kamen sie wieder zurück. Tiefenthaler richtete sofort zwei Autos fahrtbereit. Im ersten Wagen nahmen Platz das Königspaar, die Prinzessin Helmtrude mit dem wieder gehobenen Schatz, Graf Holnstein und der inzwischen von Berchtesgaden eingetroffene Freiherr von Leonrod. Am Trittbrett stand noch der Wachtmeister.

Der zweite Wagen nahm auf den Prinzen Albrecht, Lehrer Breg, Baronin Keßling und von Speidel und die anderen Prinzessinnen.

Um halb acht Uhr abends ging die Fahrt bei Nebel und Regen nach Prien (hier traf man mit dem Auto des telephonisch herbeigebetenen Fürsten Cramer-Klett zusammen, der die Prinzessinnen Hildegard, Wiltrud und Gundelinde mit sich nach seinem Gutshof Gschwend am Fuße des Haindorfer Berges nahm), dann über Grassau, Bergen, Siegsdorf, Inzell, Mauthäusl, Reichenhall, Berchtesgaden und Ramsau die ganze Nacht durch in ununterbrochener Fahrt nach Hintersee, wo man Samstag, den 9. November früh halb sechs Uhr im Jagdhaus eintraf.

Kein Mensch war benachrichtigt, niemand hatte eine Ahnung von der Ankunft, das Haus war verschlossen. Es mußte erst der Förster geweckt werden, der den Schlüssel hatte. Dann wurden die Zimmer einigermaßen für den Aufenthalt in Stand gesetzt, wobei Leonrod, Holnstein, der Wachtmeister und der Betriebsleiter einträchtig zusammenhalfen. An Lichtern waren nur einige Kerzen aus den Autos zur Verfügung.

Tiefenthaler, der seit Donnerstag nachts 10 Uhr kein Auge zugemacht und mit einer zweistündigen Ausnahme ununterbrochen an der Maschine gesessen hatte, konnte nicht mehr gerade stehen und mußte endlich Ruhe haben. Im Wirtshaus zu Hintersee war eine Abteilung der Grenzschutzwache einquartiert, und es gelang erst auf wiederholte Bitten und Vorstellungen, für Tiefenthaler, den Wachtmeister und die andern Chauffeure ein Zimmer zu bekommen.

An Lebensmitteln war so viel wie nichts da. Durch Leonrods telephonische Vermittlung bei einem ihm bekannten Hauptmann in Berchtesgaden erhielt man Büchsenfleisch und einige Kommisbrote; damit mußte die königliche Familie vorlieb nehmen.

Sofort nach Ankunft der geheimnisvollen beiden Automobile hatte der Wachthabende in Hintersee beim Hauptmann der Schutztruppe in Berchtesgaden Meldung gemacht, daß das Jagdhaus bezogen sei, man wisse nicht von wem.

Um halb acht Uhr früh ritt der Hauptmann von Berchtesgaden ab, er konnte sich wohl denken, daß als der geheimnisvolle Besuch nur der König in Frage käme.

Inzwischen hatten aber auch die Soldaten in Hintersee den König schon entdeckt, als dieser unvorsichtiger Weise auf die Veranda hinausgetreten war. Ihnen war ja bereits bekannt, daß in München die Republik proklamiert war, und so unterhielten sie sich in wenig respektvoller Weise über die große Neuigkeit. Einer rief laut seinen Kameraden zu: »Wißts ös schon, da Millibauer is da mit seiner Dopfa-Resl!«

Das wurde dem König gemeldet; dieser befürchtete hierauf von den Soldaten belästigt zu werden und ersuchte den Forstmeister, den Hauptmann der Schutztruppe zu ihm zu bitten. Bei Ramsau traf der Forstmeister mit dem Hauptmann zusammen und trug ihm das Anliegen des Königs vor.

Graf Holnstein und Baron Bodmann empfingen den Hauptmann und führten ihn sofort zum König.

Dieser — bislang ohne alle Nachrichten aus München — ließ sich eingehend Bericht erstatten über alle Vorkommnisse in München seit seiner unfreiwilligen Abreise von dort und erkundigte sich auch nach den neuen leitenden Persönlichkeiten.

Mit der Person Eisners als Präsident war der König ganz und gar nicht einverstanden: »Wenn es noch ein Anderer wäre«, meinte er, »dann würde ich gar nichts sagen, aber das kann doch auf die Dauer nicht gehen«, und wiederholt sprach er die Befürchtung aus, daß es zum Bürgerkrieg kommen könne.

Plötzlich fragte er: »Nicht wahr, die Mannschaft hier gehört zu Ihnen? Was für Leute sind das? Ich habe die Besorgnis, daß ich belästigt und verhöhnt werde, wenn ich das Haus verlasse, dem möchte ich mich nicht aussetzen. Aber ich kann doch nicht immer auf dem Zimmer bleiben!«

Der Hauptmann beruhigte den König mit dem Hinweis, daß die Soldaten lauter verlässige Leute seien, meist junge Bauern oder Bauernsöhne aus der Umgebung. Aber Ludwig III. fuhr fort: »Ich fürchte auch, daß bewaffnete Bolschewicki-Banden kommen; glauben Sie in der Lage zu sein, mich schützen zu können?«

Es wurde ihm der gleiche Schutz zugesagt, wie er ja jedem Andern auch gewährt würde, weitere Maßnahmen seien aber von der Genehmigung der Vorgesetzten abhängig. Schließlich äußerte der König noch einige Wünsche, da man bei der überhasteten Abreise gar kein Gepäck habe mitnehmen können und allerlei benötigen würde. Vor allem habe man gar nichts zu essen, dann brauche er einen Hemdkragen, weiters Hemdknöpfeln, Wäsche, Taschentücher und ein Spitzenkrägerl für die Königin; er bitte ihm das alles in Berchtesgaden besorgen zu lassen.

»Aber Kragen für mich werden Sie dort wohl kaum bekommen«, meinte der König, »denn ich habe ja Nr. 46. Aber wenn Sie zum Bezirksamtmann von Berchtesgaden, dem Baron Feilitzsch, schicken wollten, der hat meine Halsweite und würde mir schon aushelfen.«

Da die neue Regierung über keine Truppen gebot, denn die Haufen unausgebildeten verhetzten Großstadtgesindels, das die Garnison repräsentiert, konnte man nicht so nennen, wäre von ein paar entschlossenen Offizierskompagnien die Revolution glatt niedergeworfen worden. Das beweist ein Vorfall am zweiten Tage nach der Revolution. Ein Mann hatte am Bahnhofsplatz ein paar »Probeschüsse« aus einem Maschinengewehr abgegeben, worauf sich die Mär verbreitete »die Preißn kimma«. Ich begegnete in der Theresienstraße, einen Kilometer vom Bahnhof entfernt, ganzen Trupps Soldaten mit umgehängten Gewehren, die riefen: »Gehts hoam, die Preißn san schon da« und sich in den Kasernen oder in Privathäusern verkrochen; die Rolläden flogen herunter, der Straßenbahnverkehr wurde eingestellt, kurz, es herrschte eine tödliche Panik unter all den Helden der Revolution.

Alfred Steinitzer

Als Marie Gabriele von Stetten mit ihrer Jungfer in die Neuhauser Straße kam, wunderte sie sich über die außergewöhnliche Menschenmenge, welche die Straße füllte. Selbst auf dem Fahrsteig drängten sich die Leute, so daß die Droschkenkutscher mit den durch den langen Krieg und seinem Mangel an Erneuerungsmöglichkeiten besonders schäbig gewordenen Zylinderhüten in einem fort

Marie Amelie von Godin

»Ho, ho« rufen mußten, um ihren klapperdürren, bresthaften Gäulen vor den reduzierten Wagen Platz zu schaffen.

Marie Gabriele fiel auf, daß diese ganze Menge den untersten Volksschichten anzugehören schien.

Ein Mann in verblichenem und speckigem Rock strich ganz nahe an ihr vorüber, und sie fühlte, daß er wie gebannt auf die Brillanten in ihren Ohren sah.

Als sie durch das Geschrei auf einen der Wagen aufmerksam wurde und dann auch die folgenden Fiaker betrachtete, bemerkte sie, daß selbst die Wageninsassen Proletarier waren, die mit einem sonderbar gespannten Ausdruck durch die Kutschenfenster blickten, als wünschten sie um jeden Preis den Gaul, ja die gesamte Menge zu größerer Eile anzutreiben. Der haßerfüllte Atem der Menge streifte Marie Gabriele, und stärker, als je zuvor, empfand sie in diesen Menschen eine ihr völlig fremde und unbekannte Waffe, von der sie nichts wußte als den Lärm, die vernunftwidrige Unbotmäßigkeit und das junge Herrenspielen der letzten Zeit. Nichts verstand sie von dem Wesen, den Lebenszielen des Volkes, das zu Füßen ihrer Kaste grollte. Alles an diesen in Aufruhr geratenen Schichten war der jungen Frau unbegreiflich, völlig undurchsichtig und abschreckend.

Wie stets wurde ihr überstarkes Empfinden auch jetzt zum Bilde. Sie sah das deutsche Volk als ein Meer, dessen Oberfläche von der ihr fremden Unruhe der Grundgewässer wie bei toter See toll erschüttert wurde. Diese Fremdheit quälte sie wie etwas, das ganz zu Unrecht besteht. Das entsetzliche Kriegsende war ihr und diesem Volke doch ein gemeinsames Unglück. Es wäre ohne den trennenden Widerwillen zwischen der Menge und den oberen Schichten vielleicht besser zu tragen gewesen.

»Was mag hier los sein?« fragte die junge Frau das Mädchen, das seit sieben Jahren in ihren Diensten stand. Sie hatte es heute mit sich genommen, damit es bei der Ankunft ihres Mannes die Koffer versorge, und sie beide selbst sich ungestört des Wiedersehens freuen könnten.

Berührung 37

»Sie demonstrieren für ihr Programm«, gab das Mädchen rasch zurück und schien durch das Gedränge nicht im mindesten erstaunt.

Marie Gabriele fragt nicht weiter, denn diese flinke Antwort verblüffte sie und trennte sie noch völliger von ihrer Umgebung. So war denn ihr Mädchen schon mit den Schlagworten der Menge vertraut; ein Beweis, wie sich der Umsturz in die behütetsten Häuser fraß, und wie unmittelbar alles, was sie liebte, von ihm bedroht wurde. Der Wintertag, dessen strahlende Klarheit die junge Frau veranlaßt hatte, den Weg bis zum Bahnhof zu Fuß zurückzulegen, ging zur Neige. Da nun der Grund der Straße sich in Dämmerung hüllte, wuchs in Marie Gabrieles Seele Müdigkeit und Trauer. Sie dachte an das Wiedersehen, dem sie entgegen schritt, und versuchte die Trauer abzuschütteln; als aber die ärmlichen, weil wegen der ehemaligen Fliegergefahr noch abgeblendeten Bogenlampen aufblitzten, sah das Gedränge der Menschen immer düsterer aus.

»Frau Baronin sollten umkehren«, meinte das Mädchen. »Nein, Johanna«, entgegnete Marie Gabriele kurz und ging weiter. Um sich aufzuraffen, wäre sie gerne frisch und frei ausgeschritten, aber das Gedränge hinderte sie daran; wenn sie sich trotzdem energisch Bahn brechen wollte, mußte sie mit diesen verwahrlosten Demonstranten in körperliche Berührung kommen, was ihr widerstrebte. Sie hatte Arme oftmals aufgesucht und mit Untergebenen gerne und ohne Scheu verkehrt. Diese Armen und Untergebenen waren aber Menschen, welche sie kannte und ihr damit lieb oder unlieb, aber jedenfalls nahe. Die demonstrierende Masse empfand sie hingegen mehr und mehr als ein feindliches Element. Sie fühlte sich immer tiefer uneins mit ihr, ja der christliche Gedanke von der allumfassenden Bruderliebe war ihr in diesem Augenblicke und dieser Menge gegenüber ganz fern und tot; nicht einmal in ihrem Unterbewußtsein schlummert er noch. Wäre er ihr aufgetaucht, sie hätte den in der Theorie von Kindheit an Vertrauten diesen Menschen gegenüber, in deren Seelen sie den Haß und die Bosheit gegen ihre eigene Klasse witterte, zur Stunde absurd gefunden und sich seiner Herrschaft, wenn überhaupt, nur äußerlich gebeugt. Schlank und sehr biegsam durchmaß Marie Gabriele, im Herzen die Abneigung gegen die Stadt, die grenzenlose Sehnsucht nach Wald und Feld und gesunden, ruhigen, selbstsicheren, zufriedenen Menschen, die Straßen immerhin verhältnismäßig rasch und gewann einen Vorsprung vor jenen, die sie eben im Gedränge noch an ihrer Seite gesehen hatte.

»Frau Baronin sollten umkehren,« begann das Mädchen, das sich umsichtig an ihren Fersen zu halten verstand, ein zweites Mal. »Einer sagt, es gelte den Sturm auf die Bahnhofswache!«

»Um so mehr müssen wir den Herrn Baron warnen; aber das ist gewiß ein leeres Geschwätz!«

»Nein, nein, Frau Baronin!«

»So beeilen wir uns!«

Als die beiden Frauen durch das Karlstor traten, so daß der Karlsplatz vor ihnen lag, war es, da vom Wittelsbacher Brunnen und der Sonnenstraße viele Menschen auch zum Stachus strömten, offensichtlich, daß die Menge in der Tat dem Bahnhof zustrebte. Viele jener herabgekommenen, verlotterten, zufällig zusammengesetzten Uniformen tauchten im Gedränge auf, die wie kaum etwas anderes nach dem Zusammenbruch den Verfall und die Bettelarmut Deutschlands anzeigten. Über allem aber war die Stimme der Masse, ein aufgeregtes Gemurmel, fast ein Rauschen, das nahezu zum Getöse schwoll, wieder abklang und aufs neue vielstimmig und unheilverkündend anwuchs. Von den Häusern hingen die traurigen Reste der Wimpel und Kränze, welche die Bevölkerung blutenden Herzens für die Heimkehr der Truppe ausgehängt hatte. Die Reichsfarben fehlten. Marie Gabriele konnte das niemals ohne Schmerz und Groll feststellen.

Die junge Frau senkte die Augen und nahm sich vor, bis

zum Bahnhof nicht mehr um sich zu blicken. Sie wollte sich jetzt, da sie im Begriffe stand, ihren Mann wiederzusehen, die Seele nicht in Ekel und Kummer ersticken lassen. Er war trostbedürftig, sie wollte ihm Trost bieten; er brauchte Ruhe und sollte Ruhe bei ihr finden. Der Lärm scheuchte Marie Gabriele rasch wieder von ihren Gedanken auf. Truppen standen unter den Säulen vor der Bahnhofshalle. Sie schienen eines Angriffs gewärtig. Die beiden Frauen wurden angehalten und nach ihrem Begehr gefragt. Dann wies ein Soldat sie zum anderen durch eine ganze Reihe von Auskunftgebern, bis sie schließlich erfuhren, daß laut der letzten Nachrichten der Transportzug mit der leichten Reiterei aus der Ukraine erst am nächsten Abend zu erwarten sei.

Marie Gabriele wandte sich sofort, immer noch ihr Mädchen an den Fersen, aber nun war sie widerstandslos und hoffnungslos den Eindrücken dieses Abends preisgegeben. Vor dem Bahnhof schwoll inzwischen der Lärm betäubend an. Der Abend wurde zur Nacht.

Als die junge Frau langsam und lustlos die Treppe von der Halle zum Platz hinabstieg, war die weite Freiung von der drohenden, schwarzen Menge ganz erfüllt.

Im Augenblick, da Marie Gabriele den Fuß der Treppe erreichte, fiel grelles Licht aus der Halle auf die ersten der Menge, und plötzlich schien diese Menge, von einer elementaren Bewegung erfaßt, in der Tat die Halle stürmen zu wollen.

Die junge Frau erschrak bis zum Herzen, nicht etwa vor der Gefahr, sondern vor der verzerrten Häßlichkeit der Gestalten und Gesichter ihr gegenüber. Wie hatte die Stadt in dieser Nacht all diese affenähnlichen Scheusale, diese gemeinen und verkümmerten Fratzen ausspeien können!

Im Bestreben, mit der Enttäuschung, die sich weit über den Anlaß hinaus wie ein trostloser Abgrund in ihrer Seele aufgetan hatte, rasch vor diesen Abscheulichen und Gezeichneten zu entfliehen, drängt sich Marie Gabriele so schnell sie konnte durch die Masse. Während sie, das

Mädchen an der Hand, den Platz überquerte, wuchs das Gedränge von Sekunde zu Sekunde. Von Sekunde zu Sekunde schwoll auch der Lärm noch an, was vordem niemand für möglich gehalten hätte. Alle Straßen ergossen, gleich der Schleusen ledige Flüsse, schwarze, düstere, schreiende Menschenmassen auf den Platz, wie in einen riesigen Behälter. An den Fenstern erschienen gespannte, angstgezeichnete Gesichter und blieben dort gegen die Scheiben gepreßt, als erwarteten sie Furchtbares, das sie doch nicht entbehren wollten. Die junge Frau begriff, daß sie in Gefahr schwebte, ohne zu wissen warum, noch welcher Art die Gefahr sei. Bedrohung und höchste Gefahr lagen gewissermaßen in der Luft, der Instinkt erfaßte sie vor dem Verstande. — Niemand aus der Menge beachtete Marie Gabriele und ihre Johanna, denn aller Augen hingen nur an der Halle des Bahnhofs, und alle Lippen schrien dieser Halle und ihrer Wache unverständliche Worte als Ausdruck eines unverständlichen Grolles zu.

Im Augenblick aber, da es den beiden Frauen gelungen war, den Platz zu überqueren, fiel ein Schuß.

Keiner erkannte woher und wohin.

Ein wahnsinniger Schrei, der das Gemurmel und Getöse gellend überholte, antwortete darauf. Und dann begann, durch Sinnlosigkeit veranlaßt, das Furchtbare, das trotz allem niemand erwartet hatte. Die Bahnhofwache richtete die Maschinengewehre auf die irrsinnige Menge und löste die Sicherungen. Für zwei Sekunden war nur noch das Geknatter ihrer Waffen in der Luft.

Neben Marie Gabriele brach eine Frau zusammen; ehe sie fiel, wurde sie von anderen fortgerafft und auf die rasende Flucht mitgerissen, welche nun die Menge in wahnwitzigem Entsetzen zerstreute.

Die junge Frau griff fester nach dem Handgelenk ihres Mädchens und zog es mit sich in den Torweg eines Hauses, dessen Flügeltüre halb offen stand.

Sinnlos und blind stürzte die Menge an dieser Zuflucht vorüber und drängte sich unter markerschütterndem

Schreien, wie gehetzt, nach den Straßen, durch die sie zusammengeströmt war, bis in wenigen, unglaublich gedehnten Sekunden hinter ihr der Platz gähnend leer blieb.

Unheimlich und tückisch an ihren Maschinengewehren standen die Soldaten zwischen den Säulen der Halle und blickten in die Leere, bereit, ein zweites Mal zu schießen, sobald die Menge es wagen sollte umzukehren.

Marie Gabriele hatte, nachdem niemand ihr gefolgt war, hinter sich und Johanna das schwere Tor fast zugezogen, um so sich und das Mächen vor den etwa streuenden Geschossen zu schützen. Sie stand vorsichtig am Spalt und konnte den Platz überblicken, der wie nach einem Ungewitter oder nach dem Vorbeirasen eines Untiers verlassen stand. Sie zitterte zwar, aber zu ihrem Erstaunen erkannte sie trotz dieser rein körperlichen Erregung ihre eigene kalte Seelenruhe. Obschon sie selbst bedroht gewesen, tat ihr die Menge nicht leid, ja, sie hätte sich über eine zweite Salve hinter den Flüchtenden her gefreut. Denn diese Flüchtenden waren ihr die Anarchie, das eigene Unglück und Deutschlands Schmach und Verderben.

Da bemerkte sie, daß sich auf dem Platze einige Gestalten kriechend fortbewegten. Es waren jene Getroffenen, welche in der Menge keine Angehörigen gehabt hatten und darum ohne Hilfe liegen geblieben waren.

Marie Gabriele zog beobachtend die Brauen hoch, denn einer von diesen, ein Mann — ein Soldat — kroch nun mühselig und langsam auf den Bürgersteig vor dem Torweg, an dessen Türe die junge Frau stand und ihn betrachtete.

Das Mädchen hinter Marie Gabriele schluchzte laut auf: »Heilige Maria, heilige Maria«, stöhnte sie verzweifelt, aber das Entsetzen lähmte sie. Überdies hätte sie es nie gewagt, ohne Befehl ihrer Herrin, obschon sie diese viel mehr liebte als fürchtete, etwa auf eigene Faust den Torflügel aufzustoßen, um dem Verwundeten die Zuflucht zu weisen, welche ihn retten konnte.

Marie Gabriele blickte wie gebannt auf den Kriechenden. Hinter sich ließ er eine lange, dunkle Spur von Blut.

Keine zwei Schritte war er von den Frauen entfernt, als er, offenbar gänzlich erschöpft, nicht mehr weiterkriechen konnte. Marie Gabriele sah sein entstelltes Gesicht; er war ein junger Mann der untersten Klasse. Er lag auf dem Bauche, und seine jämmerliche Uniform war zerfetzt. Er versuchte sich aufs neue weiterzuschleppen, und sein mehr und mehr verzerrtes Antlitz spiegelte die Todesangst, daß die Soldaten neuerdings feuern könnten. Aber er vermochte sich nicht mehr vom Fleck zu bringen, obschon er keuchend seine verblutende Kraft aufs äußerste spannte. Mit einem Wimmern, das ihm aus den zerrissenen Eingeweiden wie ein Todesröcheln stieg, blieb er liegen.

Wenn die Soldaten nochmals losschossen, war er verloren.

Das Mädchen legte die Hand auf Marie Gabrieles Arm. »Frau Baronin«, bettelte sie, »Frau Baronin«, denn sie begriff wohl, daß der Mann in Sicherheit war, sobald Marie Gabriele öffnete und ihn in den Torweg hob. Ihre Stimme war eine Beschwörung um Mitleid, um Erbarmen und Schutz.

Aber Marie Gabriele öffnete nicht. Sie fühlte, wie die Kälte aus ihrem Herzen sie bis in die Fingerspitzen durchdrang. Gut, daß der da lag, daß er kroch und krepierte.

Ihre Hand, die die Tür hielt, zitterte nicht mehr. Wäre man nur von allem Ungeziefer befreit!

Da wandte sich der Hingesunkene so, daß das Licht auf sein schmerzverzogenes Gesicht fiel, sein Auge traf, qualvollster Verzweiflung schwer, Marie Gabrieles Auge. Nur einen Atemzug lang, aber es genügte, um der jungen Frau das Herz umzukehren. Zitternd, so sehr, daß sie schwankte, stieß sie das Tor auf. »Schnell, Johanna, schnell«, rief sie glühend vor jähem, namenlosem Mitleid und beugte sich über den Getroffenen. »Da«, fuhr sie atemlos fort und zerrte ihr Taschentuch aus dem Muff, »schwenken Sie das weiße Tuch, rasch, rasch.«

Sachte und liebevoll schob sie dem Verletzten die Hände unter die Schultern, ihn aufzurichten und zog ihn so, während Johanna das Tuch schwenkte, langsam in die Einfahrt, in Ergriffenheit und Reue zu jedem Opfer wie zu jedem Dienst bereit. Wie war es möglich, so zu empfinden, wie sie empfunden hatte! Wie würde sie jemals wieder ihre Augen vor diesen Ärmsten, Allerärmsten ihres eigenen Volkes aufschlagen können! Der Verwundete ließ alles mit sich geschehen; er war klein und leicht, nur noch halb bei Besinnung und ganz erschöpft.

Marie Gabriele bettete ihn hinter der Türe, im Schutz des schweren Flügels. »Bleiben Sie hier«, befahl sie dem Mädchen, »ich will Hilfe holen.« Es war ihr die einzige Erleichterung ihres beschwerten, über die eigene Gefühllosigkeit entsetzten Gewissens für diesen Unglücklichen, der in seinem Blute schwamm und den ihre Gedanken mit Freuden getötet hatten, ein übriges an Liebe zu tun. Ihr eigenes Blut hätte sie in diesem Augenblick, vor Reue außer sich, für ihn hingegeben. Als sie auf den ausgestorbenen Platz hinaustrat, rief eine Stimme »Halt«. Marie Gabriele blieb furchtlos stehen und winkte den Soldaten. Sie sah, daß einige von ihnen sich schon um die übrigen Getroffenen bemühten. Immer noch war sie voll brennender Reue und voll grenzenloser Hilfsbereitschaft; sie hätte den Verwundeten anderen hilfreichen Händen nicht anvertrauen können.

Als ein Soldat auf sie zukam und ihr sagte, daß die Sanität sofort eintreffen werde, sah er die hellen Tränen in ihren Augen stehen. »Ist der Verwundete ihr Anverwandter, gnädige Frau?« fragte er erschrocken.

»Nein«, entgegnete sie, hätte aber im Überschwang ihres jäh gewendeten Gefühles fast beigefügt, »und doch ein Bruder.«

Sonntag, 10. November. Man fängt allmählich an, in der Geschichte der letzten Tage etwas klarer zu sehen. Der Ausgangspunkt der Revolution war die Versammlung auf

Josef Hofmiller

der Theresienwiese, veranstaltet von der alten Sozialdemokratischen Partei, um ihre Massen gegen die Unabhängigen auszuspielen. Aber die Unabhängigen waren bereits zu mächtig geworden, als daß man gewagt hätte, auf ihre Teilnahme zu verzichten. Solang es Tag war, behielten die alten Sozialdemokraten das Heft in der Hand. Aber als es dunkel wurde, gewannen die aufrührerischen Elemente die Oberhand und wurden durch die revolutionären Massen, vor allem durch die Soldaten, zu einer gewaltsamen Entwicklung der Dinge mit fortgerissen. Sie sahen plötzlich, sie seien erledigt, wenn sie nicht die Herrschaft an sich rissen. Also auf allen Seiten Überrumpelung: überrumpelt die organisierte Partei, überrumpelt die Unabhängigen, überrumpelt die militärischen und die Zivilbehörden. Vom Augenblick an, da die Unabhängigen sich der Zentralstellen bemächtigten, blieb der alten Partei nichts übrig, als mitzutun, wenn sie nicht ihren ganzen Einfluß verlieren wollte. Sie konnte nur mehr versuchen, bremsend zu wirken. Das drückt sich dadurch aus, daß von den neuen Ministerien vier von der alten Partei besetzt sind. Aber die alte Partei konnte das nur tun um den Preis eines Kompromisses, ähnlich wie sich die Unabhängigen nur durch einen Kompromiß halten können. Was die Alten preisgaben, war die Tendenz gegen die Revolutionsromantik, gegen Arbeiter- und Soldatenrat usw. Was die Neuen preisgaben, war der Bolschewismus: Die Sache wird nämlich ganz anders, als sie sich vorgestellt hatten. Die Arbeiter müssen am Montag in ihre alten Betriebe zurückkehren und die Arbeit wieder aufnehmen. Die Bauernbündler scheinen darauf spekuliert zu haben, bei dieser Gelegenheit das Zentrum radikal an die Wand zu drücken. Das wird in Bayern niemals gehen, jetzt schon gar nicht, denn die beiden Dirigenten in der Lebensmittelversorgung, Heim und Schlittenbauer, stellen ihre Arbeitskraft in den Dienst der neuen Regierung, und ihnen gegenüber besagt das, was die Bauernbündler leisten können, nichts. Es sitzen also eigentlich alle zwischen zwei Stühlen. Die

Staatsform ist geändert: was ist erreicht? In München hätte sich die Revolution auch mit der schwarz-weiß-roten Kokarde machen lassen; im Lande draußen läßt sie sich nur mit der blau-weißen machen. Also mußte auch in München die deutsche herunter, und die Revolution erhält komischerweise ein partikularistisches Gepräge. Ich höre, im Arbeiter- und Soldatenrat sitzt auch Wilhelm Herzog, der Herausgeber des »Forum«. Wie kommt der hinein? Schwabing? Unterleitner hingegen ist nicht aus Schwabing und kein Literat; er ist ein 27jähriger Schlosser aus Freising. Als Führer der Hochschulstudierenden hinwiederum soll sich Erich Mühsam etabliert haben, der Redakteur und einzige Mitarbeiter der Zeitschrift »Kain«, von der die »Münchener Post« einmal schrieb: »Nachdem Regisseur B. sein Abonnement auf den ›Kain‹ erneuert hat, ist die Existenz auch dieser Zeitschrift auf ein weiteres Vierteljahr gesichert.« Als einziger Pressevertreter in der Mitternachtssitzung vom Donnerstag auf Freitag war Wahl von der »Frankfurter Zeitung« zugelassen, vermutlich, weil sich Eisner sagte, wenn er einmal nicht mehr Präsident von Bayern ist, so ist er froh, daß er seine Beziehungen zur »Frankfurter Zeitung« nicht hat einschlafen lassen.

Abends um 5 Uhr kam Mama aufgeregt nach Hause und erzählte, in Haidhauser Wirtschaften und Wohnungen würden von bewaffneten Soldaten Nachsuchungen gehalten nach den Sachen, die aus den Kasernen gestohlen worden seien. Sie sah, wie ein Soldat aus dem Wirtshaus an der Praterstraße, wo er gerade Kaffee trank, herausgeholt wurde. Die Umstehenden wurden aufgefordert, sich zu entfernen, da man schießen werde. Es handelt sich natürlich nicht um Nachsuchungen, sondern um Plünderungen. Eine halbe Stunde später kam mein früherer Schüler Roth mit einer Dame und bat mich, in meiner Wohnung einstweilen Schutz suchen zu dürfen, in der Stadt sei Straßenkampf, es sei eine Gegenrevolution im Gang, man höre fortwährend schießen. Fast gleichzeitig kam Dr. Eckardt und berichtete dasselbe. Was daran wahr ist, konnte ich bis zur Stunde noch nicht erfahren (abends 8 Uhr). In der Abendzeitung steht, die Bewegung habe auch auf englische Matrosen übergegriffen.

Der Kaiser hat abgedankt, der Kronprinz verzichtet.

Die jungen Soldaten, die Wache stehen, erzählen stolz allen Vorübergehenden, die es hören mögen, daß sie für den Tag 8 Mark bekommen. H. . . ., der bei uns war, erzählte, er habe vor einigen Tagen bemerkt, wie ein Zivilist abends einem Posten an der Residenz ein Papier gab, das der andere schleunigst einsteckte. Er habe sofort ein paar Schutzleute darauf aufmerksam gemacht, die ihm geantwortet hätten, das gehe wahrscheinlich gegen sie, worauf er bemerkt habe, das glaube er nicht, es richte sich vermutlich gegen ganz andere Leute. Darauf hätten sie die Achseln gezuckt: da könnten sie gar nichts machen. Ebenso seien die Staatsstellen dringend gewarnt worden, aber sie hatten nur geantwortet, man brauche keine Angst zu haben. Noch ein paar Tage vor der Revolution soll der Innenminister einem Warner geantwortet haben: »Nur keine Sorge! Wofür haben wir den Aufruhrparagraphen?«

Das Straßenbild ganz verändert. Vor acht Tagen noch sah ich, wenn ich morgens ins Gymnasium ging, bis zum Eck vom Uhrmacher Huber am Residenzplatz hinein und hinein nicht ein einziges Fuhrwerk. Ohne die Kästen der Tram, die an ihren Drähten heranrumpelten oder sich entfernten, wäre die Maximilianstraße leblos gewesen, vom Maximilianeum bis zur Perusastraße. Vor allem kein Auto. Jetzt fahren die Militärautos herum wie verrückt; meist Brückenautos, voll von Strolchen, halb Zivil, halb Militär, statt der Hupen ohrenzerreißende, schrille Pfeifen. Vor acht Tagen die Straßen menschenleer. Jetzt voll von Neugierigen, die sich alle einbilden, auf der Straße erfahre man Neues. Sogar die Isar war ganz leer. Sie ist es noch. Sie hat das perlmutterne Schillern der Farbenmuscheln, aus denen wir als Kinder malten. Aus den Rasen in den Anlagen sind wieder Wiesen geworden, mit allerlei Unkräutern. Im Englischen Garten weiden Rinder, z. B. auf der großen Wiese vor dem Monopteros. Malerisch, aber der Rasen ist kaputt.

Draußen im Nymphenburger Park hat sich die Natur der Fußwege bemächtigt. Keine scharfen Ränder des Rasens mehr. Der Rasen verläuft sich in den Weg, auf den Wegen selbst wachsen Gräser, im Schatten ein Anflug von Moos. Unglaublich, wie geschwind das geht. Noch ein paar Jahre, und die Wege sind unkenntlich.

In der Stadt hat sich leider nicht die Natur der Straßen und Plätze bemächtigt, sondern das Papier. Alle sind durch Abfälle trostlos verschmutzt. Es war wie abgeschnitten: Mit dem Augenblick der Revolution hörte die Straßenreinigung auf.

Stemplinger erzählte heut: Am Samstag nach der Revolution war er Augen- und Ohrenzeuge, wie sich eine Volksmenge, 600 bis 1000 Leute, gegen die Fraunhofer Brücke wälzte mit den Rufen: »Gegenrevolution!« »Der Rupprecht ist da!« »Er ist schon am Bahnhof!« »Aus ist's, aus ist's!« Ein Soldat sagte: »Mi können's am Arsch lecken, i geh hoam!«

Noch vor 14 Tagen habe ich Hauptlehrer Berg, den Erzieher des Erbprinzen, den ich auf der Straße traf, gefragt, ob denn der König eine Ahnung habe, wie brenzlig die Lage sei. Er erwiderte, der König wisse wohl, daß er nicht sehr beliebt sei. Ich sagte ihm, »nicht sehr beliebt ist ein starker Euphemismus; der König ist, besonders bei den Bauern, in einer Weise verhaßt, die mich das Schlimmste befürchten läßt.« Er erwiderte nur, die Königin sage immer, ihr Mann sei doch so gut, er gewähre jede Bitte und helfe, wo er könne.

Jedes »königlich« ist verschwunden; im Straßenbild, auf amtlichen Papieren. Nur über der Münze steht noch in riesigen Metallbuchstaben: MONETIA REGIA.

Neulich mit Geheimrat Muncker durch den Englischen Garten bis zur Universität: »Sie glauben nicht, welch verstiegene Doktordissertationen mir von jungen Literarhistorikern vorgelegt werden. Ich verstehe das Zeug nicht. Ich schicke es immer hinunter an den Kollegen Bäumcker, aber der sagte, er versteht es auch nicht. In der Kunstgeschichte ist es noch ärger. Lauter Abstraktionen, es klingt furchtbar hoch, aber wenn man's in verständliches Deutsch übersetzt, so läuft's darauf hinaus, daß 2 x 2 = 4 ist.« Ich konnte Muncker trösten: »Schon die Gymnasiasten leben über ihre geistigen Verhältnisse. Neulich schlug mir einer als freien Vortrag vor: Das Kosmische als die Idee der Musik. Nach längerem Hin und Her einigten wir uns auf die erste Sonatine von Clementi in C-dur.«

Die Monarchie hat sich selbst furchtbar geschadet durch die zahllosen Skandalaffären in allen Dynastien. Der Kaiser kann sich besonders beim Fürsten Eulenburg bedanken. Übrigens habe ich gestern gehört, S. M. sei verstimmt und ungnädig gewesen, als an der holländischen Grenze kein Extrazug für ihn bereitstand.

Der König und der Kronprinz heißen in der »Münchener Post« Ludwig Wittelsbach und Rupprecht Wittelsbach, ohne »von«. Genau wie in Shakespeares *Coriolan*, wo die römischen Gewerkschaftssekretäre, die Volkstribunen, den Coriolan auch bloß Marcius heißen, um ihn zu demütigen, und nicht mehr Coriolan.

Fragt sich, wie lange es der neuen Regierung gelingt, Ordnung zu halten, was sie augenscheinlich will. Denn die Elemente, durch die sie hochgehoben wurde, haben nicht so gewettet: sie stellten sich die Sache ganz anders vor: Kommunismus, Sozialisierung der Betriebe, sofortige Entlassung in die Heimat, sofortige Besserung der Lebenshaltung durch Beschlagnahme, d. h. durch Plünderung. Wenn die Radikalen arbeiten müssen wie vorher, wird ihnen das nicht sehr passen. Heut ist Polizeistunde bis 11 Uhr.

Julius Kreis   Seit zehn Tagen sind wir nun Bürger einer Republik, aber man merkt's uns eigentlich gar nicht an. Die Köpfe sind, Gott sei Dank, noch dieselben geblieben, die Gesinnungen — ja, da wollen wir doch lieber etwas schweigen. Manche ziehen es vor, ihren Gesinnungsbedarf nun vorläufig etwas zu strecken und abzuwarten, was uns von Amts wegen künftig zugewiesen wird. Man glaubt gar nicht, wieviel revolutionäre Seelen das urgemütliche München beherbergte. Ministerpräsident Kurt Eisner muß in den Zeitungen schon bestens »danken« für all die freundlichen Angebote, die ihm zugehen. Aber er bedauert sehr . . . Die Ressorts sind besetzt. Beehren Sie uns wieder! —

Aber nach dieser kurzen Betrachtung reicht mir Stock und Hut. Ich will doch lieber vom allgemein Menschlichen zum allgemein Münchnerischen übergehen, wiewohl ich nicht versprechen kann, nicht hin und wieder auch auf das erstere Gebiet hinüberzu»schlageln«.

Also, in München herrscht wieder Ordnung, segensreiche Himmelstochter. Theater, Kino, Konzert, Vortrag, wie einst im Mai. Nur die Wirtshäuser werden eine halbe Stunde früher geschlossen. Das ist bis jetzt für den Normalbürger die einzige Last der Revolution, an der er noch trägt, gerade jetzt schwer trägt, da sich die Leute so vieles mitzuteilen haben. Selbst die »Gegenrevolution« vom Samstag hat wenig nachhaltigen Eindruck gemacht. Es verloren nur eine Anzahl Münchner und Münchnerinnen für eine Stunde den Kopf. Es wurde ihnen jedoch dieses unentbehrliche Ausstattungsstück umgehend und in bestem Zustand wieder zugestellt. Der Sonntag brachte die Waffenstillstandsbedingungen. Sie drückten sogar den Münchner nieder. Für einen Nachmittag. Freilich, das, was uns »früher« am meisten bedrückt hätte: Besetzung deutschen Bodens, Auslieferung der Waffen und der Flotte, trat ganz zurück gegen die nüchterne Forderung: 150 000 Eisenbahnwagen. Sie war es, die die Gemüter am meisten traf. Der Krieg hat uns abgebrüht. Gefühle sind uns ein großer Luxus geworden. Wir dürfen sie uns nicht mehr leisten. Nur Überlegungen, praktische Erwägungen bleiben uns noch. Und da karren die 150 000 Waggons eben das Mitempfinden mit dem todwunden deutschen Vaterland nieder. Vielleicht ist's auch besser so.

Der Abend dieses Tages sah bereits wieder volle Theater und Vergnügungsstätten. Es soll das kein Vorwurf sein. Nur eine Konstatierung. Der Krieg hat uns so gemacht. Die »eiserne Zeit«, von der man sich zu Beginn des Krieges so viel Erhebendes versprach, hat uns in der Heimat Hülle um Hülle abgerissen, bis auf den nackten Adam Mensch, der als Wahlspruch hat: Leben und — sterben lassen. Der Großstädter ist nun so weit, daß er auch beim Weltuntergang seine »Ablenkung« haben muß, und noch am Tage des Jüngsten Gerichtes wird er nachsehen, was abends im Gärtnertheater gegeben wird. —

Diese Woche war die *Rätewoche*. Sie wuchsen mit unheimlicher Schnelligkeit aus allen Ständen und Organisationen heraus, und unsere neue Republik müßte mehr Milch als eine böhmische Amme zu vergeben haben, wenn jede der neugeborenen und sehr kräftig schreienden republikanischen Räteorganisationen gesättigt werden soll. Jedwede sucht nun so rasch als möglich ihr goldenes Zeitalter im Topf davonzutragen und betrachtet die neue Regierung als eine kräftige, unerschöpfliche Melkkuh für alle möglichen Zwecke und Zweckchen. Man nützt die »Konjunktur« gründlich aus, in der etwas merkwürdigen staatsbürgerlichen Einsicht, daß wir jetzt einer Zeit frohesten wirtschaftlichen Aufschwunges entgegengehen, die allen Wünschen und Forderungen gerecht werden kann. Der »Rat« ist jetzt die große Mode geworden, und in jeder Gruppe und in jedem Grüppchen wird jetzt nach Herzenslust »umgestürzt«. Natürlich, man »darf« ja jetzt, es ist nicht mehr verboten, es ist erlaubt. Mit Ulrich v. Hutten mag man rufen: Oh, welche Lust, zu leben, die Geister sind wach! — Denn sie haben jetzt dazu die behördliche Genehmigung. —

Die rote Fahne flattert fröhlich vom Frauenturm über die Münchner Stadt. Sie ist vielen Leuten ein großes Ärgernis, ja, wenn man von Fahnen so sagen könnte, ein

Dorn im Auge. Um sie werden sich vielleicht noch heftige Redekämpfe entspinnen. Beruhigend wirkt allerdings die Meldung eines Münchner Blattes, wonach das Kocherl eines hohen geistlichen Würdenträgers selbst mit Hammer und Nagel an der Entstehung der Fahne mitgewirkt hat, und daß unter ihrer Assistenz das Hissen vor sich ging. Vielleicht ist diese Tatsache dazu angetan, der Fahne etwas von ihrem revolutionären Charakter zu nehmen.

Unsere beiden ehemaligen Hoftheater sind umgetauft worden. Sie heißen jetzt Nationaltheater, Großes Haus und Kleines Haus, und in beiden soll fortan unter der neuen Zensurfreiheit große und kleine Kunst die Herzen der Zuschauer erquicken. Bereits am Sonntag findet im Großen Haus eine Revolutionsfeier statt, die der neuen Republik gelten soll, dem Staat, in dem es keinerlei Vorrecht mehr gibt. — Nur G e l a d e n e haben zu dieser Feier Zutritt.

Die Karten waren durch das Los verteilt worden ... *Benno Merkle*

Unser treuer M. legte seiner letzten Buttersendung eine Karte bei: *Josef Hofmiller*

*Legitimationskarte
zur
Revolutions-Feier
des
Soldaten-, Arbeiter- und Bauernrates
im
Nationaltheater (Großes Haus)
München, den 17. November 1918
Kurt Eisner
Der Bauernrat: Carl Gandorfer*

Also die entlegensten Nester wurden mit diesen Einladungen beglückt. —

Josef Hofmiller

Dienstag, 19. November. Bei seiner Rede im Hoftheater feierte Kurt Eisner den Bauernbündler Ludwig Gandorfer mit folgenden Worten: »Des einen Mannes wollen wir gedenken, des Bauern, des blinden Bauern aus Niederbayern, Ludwig Gandorfer, mit dem ich Arm in Arm an jenem wilden Nachmittag und Abend durch die Straßen Münchens gestürmt bin, an jenem Tage, der die neue Freiheit schuf. Sein Herz war voll der Ahnungen einer neuen Zeit. Und es ist ein grauenvolles Schicksal, daß er den Sieg seines Gedankens nicht überleben durfte. Aber dieses Zusammenarbeiten eines einfachen Schriftstellers, eines geistigen Arbeiters aus der Stadt, mit einem begabten, tapferen, heldenmütigen Bauern vom Lande: das ist ein Anzeichen, ein Symbol der neuen Demokratie, die hier in Bayern, in Deutschland, auf der Welt werden soll.« Freilich ist es ein Sinnbild, nur viel erschütternder, zugleich viel ironischer, als der Redner ahnt: daß der Bauer, der sich mit dem Literaten zum Sturz der alten Ordnung verbündet, blind ist. Bismarck spricht einmal vom blinden Hödur, der in Deutschland nie fehlt, wenn Loki den Anschlag auf Baldur macht. Immer stürmen Loki und Hödur Hand in Hand und immer ist Hödur blind und sieht nicht die wirkliche Gestalt seines Verführers.

Frieda Duensing

Eisner machte mir den Eindruck eines alten, gutmütigen und doch unheimlichen Juden. Nicht zu trauen. Schwankend. Ohne Verständnis dessen, was er getan und tun wollte. Ein Wahnsinniger, der die Fackel an ein Haus gelegt, der Flamme sich freut und an die Zukunft vorläufig nicht übermäßig denkt. — Dann kamen Tage mit Sitzungen und Vorträgen. Ein Tag der Panik, als militärische Gegenrevolution angekündigt. Und dann die Tage, wo jeder neue eine neue Schreckensnachricht über die Revolution in Berlin, die bolschewistischen Erscheinungen, die Demobilisationsschwierigkeiten, die Streiks, die Plünderungen usw. brachte. — Allmählich wacht man auf und sieht was alles zerstört ist, was noch auf dem Spiele steht. —

Hat es je auf der Welt solch einen äußeren und inneren Zusammenbruch gegeben? So vernichtend und keine Hoffnung lassend? — Das deutsche Volk — was für ein Teil ist noch vertrauenswürdig, von welchem kann man erwarten, daß ihm ein innerer Aufbau gelingt? Den äußeren werden wir ja überhaupt nicht, sondern unsere Feinde vornehmen. — Die oberen Klassen haben durch ihre Unfähigkeit, Borniertheit, Anmaßung und Verblendetheit jedes Vertrauen verwirkt, — und die anderen Klassen? Wo ist volle Redlichkeit, Ehrlichkeit, Treue? Wo noch Gemeinsinn, Verantwortungsgefühl für das Ganze? — Politisch aufbauend können m. E. nur die gemäßigten S. D. und die linken Demokraten in Frage kommen. Sie wollen wenigstens das Eine, was uns jetzt nottut und retten kann, den Volksstaat, während die alten herrschenden Parteien nur wieder Rückkehr zu der alten Staatsform, die ihnen Sicherheit der Herrschaft gewährt, wollen und die links von den gemäßigten die Diktatur der Masse, d. h. der unteren Schichten wollen. — Das Zentrum hat ja auch jetzt sich demokratisch angestrichen; wenn es damit aber gesiegt hätte, würde es sicher wieder reaktionär werden. — Die sogenannten Gebildeten — und ich habe hier just in der letzten Zeit viele interessante Typen kennengelernt — wollen etwas andres; keiner ist so politisch, daß er von seinen höchst persönlichen Wünschen etwas aufgeben würde, der Partei zuliebe: selbst Protestanten unter ihnen befürworten Zusammenschluß aller rechts von der S.-Demokratie stehenden Parteien, das bedeutet hier unter Führung des Zentrums. Daß man in einem demokratischen Staat seine Kulturideale schützen könne, glauben sie nicht; oder sie wollen nicht dafür kämpfen und sich und ihre Ideale lieber durch einen Staat nach dem Muster des alten schützen lassen. Eine hoffnungslose Gesellschaft. — Ich stelle mich ganz entschieden auf den Boden der Demokratie. Wie die Dinge liegen, kann nur sie der Zusammensetzung des Volkes gerecht werden, das ein Arbeitervolk, ein proletarisches ist.

Ich vermisse viel bei unserer Demokratie. Vor allen Dingen stößt mich ab die Gleichgültigkeit und die ablehnende Haltung gegen die christliche Religion. Aber es kann ja jeder an seinem Teile dafür kämpfen. — Sie wollen mich hier ins Ministerium für soziale Fürsorge bringen; ich habe aber abgelehnt mit Rücksicht auf meine schwache Gesundheit und meine Aufgabe an der sozialen Frauenschule. — Ich werde immer zaghafter und bescheidener, was mein Können und meine Kräfte anbelangt. Traue mir nichts mehr zu. — Nur dem kann ich mich nicht verschließen, daß meine Schülerinnen meine Stunden gern haben und daß ich ihnen auch etwas geben kann. Die Männer sind nicht so praktisch, wissen auch nicht so, wo die Frauen der Schuh drückt.

Alfred Steinitzer

An der Spitze dieser pazifistisch-femininen Bewegung, die über ganz Deutschland verzweigt ist, stehen zwei Münchnerinnen, Frau Hahmann und Anita Augspurg; der »Salonkommunismus« ist durch Frau Hallgarten vertreten. Daß die Genannten Töchter Israels sind, braucht kaum erwähnt zu werden.

Lida Gustava Heymann

Der »revolutionäre Zentralarbeiterrat« hatte sofort nach dem 8. November das provisorische Parlament gewählt, dem Anita Augspurg als Vertreterin der Frauenbewegung angehörte. Im Dezember waren Wahlen für den Bayrischen Landtag ausgeschrieben worden. Augspurg kandidierte. Im katholischen Teil Oberbayerns entfaltete Gertrud Baer eine Wahlkampagne für sie. Versammlungen wurden in Ober- und Unterammergau, Kohlgrub, Penzberg, Peissenberg, Weilheim, Garmisch, Partenkirchen und auf vielen Dörfern abgehalten. Mit Rucksäcken beladen, die das erforderliche Propagandamaterial und eine Glocke enthielten, durchwanderten Frauen die Gegend von Dorf zu Dorf. Mit der Glocke wurde mächtig geklingelt, um die Bevölkerung in Schule oder Wirtshaus zur Versammlung zu laden, als Organ der Amtsgewalt der

Vorsitzenden kam sie kaum zur Anwendung. Männer- wie Frauenversammlungen waren überfüllt, aber ihr Verlauf war ein sehr verschiedener. In ersteren herrschte Tabaksqualm, Bierdunst, Lärm, Pfeifen und Schreien; den durch den Krieg verrohten Männern gebrach es an Selbstbeherrschung, Anstand und dem erforderlichen Denkvermögen. Anders die Frauen. Sie zeigten großes Interesse, richteten sachliche Fragen an die Rednerinnen, über Ehe- und Erziehungsrecht der Frau sowie ihre ökonomische Stellung im neuen Staat. Bei einigen Bäuerinnen zeigte sich das Interesse so lebendig, daß sie sich den Rednerinnen anschlossen, mit ihnen durch hohen Schnee ins nächste Dorf stapften. Sie halfen ihnen, trugen die Rücksäcke, verteilten die Flugblätter, gingen mit der Klingel von Haus zu Haus, holten die Frauen zur Versammlung.

Sofort erregte das die Aufmerksamkeit der katholischen Geistlichkeit: Einfluß von außen konnte nicht geduldet, mußte zum mindesten immunisiert werden! Darauf erschienen katholische Geistliche in den Frauenversammlungen, immer dieselben, auch sie zogen von Dorf zu Dorf, beteiligten sich an der Diskussion, sprachen gegen die Kandidatur einer Anita Augspurg, gebrauchten wieder und wieder die gleichen Argumente: Faselten von der drohenden Gefahr freier Liebe, freier Ehe, dem illegitimen Kinde. In Unterammergau rief nach einer solchen Rede des Geistlichen eine Stallmagd laut und vernehmlich in die Versammlung: »Er hat ja selbst drei Uneheliche!« Wer konnte wissen, war sie vielleicht eine der Leidtragenden? So ging die Arbeit unter Ernst und Heiterkeit fort.

Die Kandidatur von Anita Augspurg ging nicht durch.

Die Grippe scheint nun endgültig abgeflaut zu sein. Hingegen macht sich ein anderer verheerender Bazillus von nicht geringerer Hartnäckigkeit und Ansteckungsfähigkeit geltend: Der Versammlungsbazillus. Den Erreger der Grippe hat man, Zeitungsnachrichten zufolge, entdeckt, den Erreger von Versammlungen kennt man be-

Julius Kreis

reits: Er entwickelt sich manchmal bei ganz harmlosen, unbescholtenen Menschen, wenn sie in eine überhitzte Zeittemperatur gelangen, und zwar bildet er sich in der fünften Gehirnwindung, verbreitet sich dann durch alle Hohlräume des Groß- und Kleingehirns, erweckt in dem davon Befallenen die Zwangsvorstellung, daß er den Nürnberger Trichter der Innen- und Außenpolitik erfunden habe, setzt sich dann in der Mundhöhle und in den Muskeln der Sprechwerkzeuge fest und tritt schließlich nach außenhin in Form eines Plakats zutage, das etwa besagt: Volksgenossen! kommt alle in die Zenettibrauerei! Johann Josef Maier mit ai spricht über die Lage. Es lebe die Freiheit! Tretet alle dem »Bund republikanisch-demokratischer Kaminkehrerlehrlinge« bei. Der einzige Weg, um uns aus dem Chaos zu führen! —

Und die »Volksgenossen« kommen alle in die Zenettibrauerei. Ein Stamm »republikanisch-demokratischer Kaminkehrerlehrlinge«, aber auch »national-konservative Hochradfahrer« und »sozialistisch-kommunistische Konditoraspiranten«. Einige nehmen eine Signalpfeife mit, andere eine Autohupe, ein kleiner Teil begnügt sich mit vier in den Mund zu steckenden Fingern, und Zurückgebliebene im Versammlungsleben vertrauen auf ihre Lungenkraft, und so hat eben jeder die Werkzeuge bereit, um in der Versammlung nach bestem Wissen und Gewissen seiner Idee zum Sieg zu verhelfen. Auch etwelche Hacklstöcke als *ultima ratio* der kochenden Volksseele sind nicht unerwähnenswert.

Der Saal ist zum Bersten gefüllt. Wer keinen Platz findet, stellt sich auf den Kopf des Nächsten, und nun der Freiheit und der Hebe mit den zwölf Maßkrügen eine Gasse. Neulingen, die in diesen Tagen eine Versammlung veranstalten wollen, darf ich vielleicht den guten Rat geben, sich nicht weiter mit einem Vortrag zu befassen, sondern etwa das Münchner Adreßbuch oder den Katalog von Tietz oder Oberpollinger oder die Liste des Fundbüros mit Überzeugung und entsprechenden Gesten vorzutragen. Von seinen Gesinnungsgenossen wird er donnernden Beifall und brausendes »Sehr richtig« ernten, und seine Gegner sorgen schon dafür, daß man kein positives Wort des Referats versteht. Zu empfehlen ist der Besuch solcher Versammlungen allen jenen, die sich schnell und sicher politische Einsichten und Weltanschauungen holen wollen und dabei in Kauf nehmen, daß ihnen Dreiquartel in den Rockkragen geschüttet werden. Es empfiehlt sich, die Rippen an der Garderobe abzugeben, woselbst die meisten der Versammlungsteilnehmer auch ihre Köpfe deponiert haben. Für Verlust oder Verwechslung wird keine Haftung übernommen.

Als Konrad den Saal betrat, tauchte der Redner, mit seiner Sache zu Ende, im Klatschregen des Beifalls auf und nieder — auf und nieder, wie der Hampelmann an der Schnur. Da durch solchen Dank die, welche zischten, sich befeuert fühlten, zischten sie stärker. Ein Strahl mißgünstigen Atems fegte durch gefletschte Zähne über Stuhlreihen. Konrad sah mit Entsetzen die zierliche Perücke eines harmlosen Herrn im Stoßwind auf und gegen die Brust des Redners flattern, wo sie haften blieb. Ganz nackt saß die Glatze auf erstem Platz, und es war, als sei sein geheimster Körperteil peinlichst entblößt. Aller Augen tasteten lüstern vor und rutschten schamhaft aus auf diesem spiegelnden Rund. Man vergaß den Redner über dem bedauernswerten alten Herrn, der aufzustehen, zu gehen oder das Verlorene zurückzufordern außerstande war — nur mit zittrigen Händchen aus graugrünem Schnupftuch ein Häubchen zu formen wußte, ein beschwichtigendes Mützchen, das er mit irrsinniger Bewegung emporfingerte, und das schließlich droben klebte wie Hühnerdreck auf einem Kürbis. Der vergessene Redner aber — vom Klatschen wie vom Zischen gleicherweise im Stich gelassen — barg die Perücke, ein verflogenes Vögelchen, in beide Hohlhände und entzog sich weiteren Pflichten, indem er wandwärts ging und sich zum Ausschuß setzte.

Alexander Moritz Frey

Konrad hatte gleich beim Eintritt und durch alle Pein des Glatzköpfigen hindurch bemerkt, daß an anderer Stelle des Saales etwas weitaus Bedenklicheres irgendwie reifte. Diese Atmosphäre des Drohenden umgab einen ungeheuren Herrn, der — als hätt' er's abgezirkelt — genau in der Mitte des zum Bersten gefüllten Saales auf drei Stühlen saß. Konrad sah mit Bekümmernis, die zum Grauen wuchs, daß zur Linken dieses schwarz angezogenen Kolosses ein Stuhl unbesetzt geblieben war, der einzige im ganzen Raum. Hätte der Berg auf seinen drei Stühlen auch nicht den Flußpferdschädel gegen Konrad entsetzlich langsam und ruckweise gedreht, um ihn durch hornumränderte Brille wiederkäuerhaft schwermütig herbeizuwinken — Konrad wäre dennoch gegangen und hätte dies Kreuz auf sich genommen — wie hingeweht, wie angesogen vom Abgrund der linken Rocktasche des Ungeheuren. Als er sich, um hinzukommen, wo er hinbefohlen war, durch die Stuhlreihe quirlte, Zehen, auf die er trat, wie harte Kiesel schmerzhaft durch die Schuhsohle spürte, an Kniescheiben sich wund stieß, sah er, wie um diese schwarze Masse wohlgeordnet Häuflein bei Häuflein die Menschen auf ihren Stühlen hockten, und er mußte sich sagen, daß dieser Riese einem Lurch, einer sammetdunklen Kröte glich, die ihren Laich rund um sich her Häuflein bei Häuflein abgesetzt hat.

Angelangt machte Konrad eine kleine Verbeugung und ließ sich nieder. Der Riese ruckte den Kopf nach links und ließ ihn zur Begrüßung gegen Konrad sinken, der befürchtete, gleich werde ein Felsblock auf ihn herabstürzen. Er sah dies massige Haupt kantig, dumpf erstaunt, verhalten beunruhigt — Lauern in der Hornbrille, nicht tückisch, aber bereit zu plumpem Sprung. Wie sich das Haupt langsam schwingend gleich einem Kran von Konrad wieder abdrehte, wimmerten die drei Stühle auf, die, bei jeder kleinsten Bewegung des Riesen zum äußersten gebracht, Laute des Schmerzes, Signale einer drohenden Katastrophe von sich gaben. Wenn sie nicht durchhalten —, überlegte Konrad, es ist nicht auszudenken, was dann geschieht. Solchen Erschütterungen wäre dieser Saal im zweiten Stock — wäre kein Saal und kein Haus der Welt gewachsen! Wir sind verloren. — Und er sann auf Rettung und beschielte die Stuhlbeine, die schon wie Faßreifen gebogen waren. Aber der Ungeheure legte den Blick falsch aus. Er dirigierte das Haupt wieder nach links und blies zu Konrad hinunter: »Die drei Stühle sind bezahlt.« Er begann mit Keulenfingern in der Westentasche nach den Eintrittskarten zu suchen und fand sie nicht, weil sie sich, wie Konrad entdeckte, unter den Daumennagel geschoben hatten, ohne daß dieser menschliche Berg es bemerkte. »Selbstverständlich haben Sie bezahlt«, sagte Konrad sehr ängstlich, »aber bitte, bleiben Sie ruhig sitzen, sehen Sie gerade aus, verschieben Sie kein Gewicht, Ihre Stühle knarren so entsetzlich.«

Mittlerweile hatte die Aussprache begonnen. — Worum handelt es sich eigentlich? fragte sich Konrad. Ich gehe in eine Versammlung, versäume den Redner des Abends und kann mich auch des Themas nicht mehr entsinnen, das mich doch gereizt hat, überhaupt hier zu erscheinen. Ich möchte mich besinnen, aber der Berg neben mir deckt alles zu. — Immer hörte er (wie im Röhrensystem eines Badeofens, der mehr und mehr erhitzt wird) neben sich ein feuchtes Glucksen und Glupschen, ein aufundabsteigendes Kollern, ein leichtes Platzen von Dampfblasen, die zischend durch die Nasenlöcher entwichen. — Wenn er niesen muß, ist alles aus, und sollten die Stühle auch Überirdisches leisten! erkannte Konrad. Um seine steigenden Besorgnisse zu zügeln, zwang er sich endlich zur Aufmerksamkeit.

Eine außerordentlich dürftige Dame stand auf dem Podium und sprach. Sie lispelte und sandte haardünn ein Stimmchen aus. Konrad verstand kein Wort. Weil ich das Thema dieses ganzen Abends nicht weiß! schalt er sich. Weshalb bin ich Rindvieh denn hier? — neben einem kochenden Berg! — gegenüber einer lispelnden Frau, die mich zum Narren hält mit ihrem zerspellten Glashaarstimmchen? Was sagt sie jetzt? Was erkühnt sie sich? Sie will uns ein Gedicht vorsetzen? Ich hör's am Rhythmus, der Rhythmus genügt! — Konrad sprang auf. »Gehört nicht zum Thema!« schrie er. »Bei der Sache bleiben!« schrie er. Aber das Gedicht auf dem Podium rieselte weiter, und ein Eisengewicht, auf seine Schulter geschoben, zwang ihn zum Sitzen. »Lassen Sie doch das Fräulein dichten,« schnaufte der Berg. »Sie ist sehr nett — so zierlich . . .« und seine zärtliche Pranke versuchte federleichte Ware in die Luft zu malen. Konrad schwindelte es bei dem Zwangsgedanken, diesen Bullen neben ihm und jene Lilie dort oben könnte je die böse Lust ankommen, einer durch den andern ihre Art fortzupflanzen. — Indessen schien die Saalmenge genug zu haben. »Aufhören! Vorhang! Eiserner Vorhang!« ward rüpelhaft geschrien. In einem gellenden Zirpen schwang das Fräulein weiter ihr Gedicht, und sie rastete nicht eher, als bis hohnvoller Beifall tosend sie überschwemmte — eine Kaskade, aus der sie kyanotischen Gesichtes jappend nach ungeklatschter Luft mit Spindelarmen und Beinen auf ihren Platz zurückruderte.

Ein neuer Diskussionsredner hing schon über dem Volke. »Nur ein paar Worte zum Thema des Abends!« sagte er mit einer Zunge, die rosenweich in die vollendete Stille des Saales glitt. Wüßte ich nur das Thema, dachte Konrad verbissen. — »Die heutige Zeit, diese Zeit folgenschwerster Umwälzungen«, begann der auf dem Podium tausend Ohren einzuölen —

Umwälzungen?! — und Konrad erschrak heftig, er blinzelte nach dem Berg. Aber der beharrte: nichts wälzte sich. Gerade wollte Konrads Herzmuskel ruhigeren Galopp anschlagen und die Hürden des Lebens, das ihn heute mehr denn je ein Jagdrennen dünkte bis zum letzten Sprung, weniger hastig nehmen — als der mittlere der drei Stühle, auf denen der Koloß montiert war, zusammenbrach. Aus! schluchzte Konrad und schloß die Augen. Aber er mußte sie wieder öffnen; denn nichts geschah. Er wagte nach rechts zu schauen: der Berg ragte noch: er war um einiges tiefer gesackt, aber er blieb. Gott sei gelobt in der Höhe, daß der schwächste Sitz gerade der mittlere war, jubilierte Konrad innerlich. Vorläufig noch gerettet! Aber — und schon wieder war er angstgepeitscht — die beiden anderen Stühle? sie, die der treue Kamerad in der Mitte hatte verlassen müssen! Sie können's allein nicht schaffen, sie ächzen und stöhnen herzzerreißend, sie können den gewölbten Druck überquellender Fronten für Minuten noch in Schach halten, vielleicht nur noch für Sekunden — nicht länger! — Erschütternd war es für Konrad, entdecken zu müssen, daß der Koloß über seine aufs äußerste gefährdete Lage wie über die des ganzen Saales völlig im unklaren war. Er lebte ahnungslos dahin. Den mit Wirbel- und Beinbrüchen am Boden liegenden Stuhl schien er gar nicht zu vermissen. Freilich fesselte ihn der Redner auf dem Podium außerordentlich.

Auch Konrad horchte hinauf. Der Redner mochte der Ansicht sein, genügend geölt zu haben. Er schoß seine Kugeln in die hinreichend schlüpfrigen Gehörgänge. »Die Bundesstaaten sind ihres krönenden Firlefanzes beraubt! Das große Reinmachen hat begonnen! Ich spreche zum Thema!« schrie er drohend.

Thema? Wüßte ich nur —! gärte es verzweifelt in Konrad.

»Mein Fräulein Vorrednerin hat den Herrn Vorvorredner mißverstanden!« schrie das Podium. »Nicht das Jahrhundert des Unrates ist kurzerhand hinweg zu fegen, wir bedürfen seiner, denn wir leben in ihm; aber der Dreck der Jahrhunderte ist zu beseitigen. Dazu mein bescheidenes Teil beizutragen erlauben Sie mir, verehrte Anwesende. Ich bin der Vertreter des Vakuumreinigers Sisifax! Sisifax wird durch nichts übertroffen. Dieser Reiniger ist —« — Ein ungeheurer Lärm brodelte auf. Der Saal geriet in Zuckungen. »Mißbrauch der Redefreiheit! Fehrzepeller ist besser als Sisifax! Wort entziehen! Geschäftstrick! Lebendes Inserat!« gellte es durcheinander. »Geschobener Betrüger! Betrügerischer Schieber! Podium verlassen! Zum Thema!«

Thema —? dachte Konrad tückisch. Er fühlte, wie sein Hirn fiebernd zu klaffen begann. Und da gebar sich aus ihm ein ganz großes gelbes Plakat. Auf dem hatte nachmittäglich zu lesen gestanden — an jeder behaglich runden Litfaßsäule (wie fern lag diese unsagbar schöne Stunde einer Nachmittagsstadt mit Litfaß und gelbem Plakat, da man noch Mensch und eingeordnet jeder gutmütigen Straße war) — hatte zu lesen gestanden; etwa Menschenliebe? — oder Bruderruf! — oder etwa Weltgewissen? Und jetzt — jetzt war das Thema Vakuumreiniger?!

Konrad mußte — er mußte sinnlos hinausbrüllen! Er überheulte alle. »Thema!« schrie er. »Aufsatzthema! Schulaufsatz! Steißtrommler!«

Der Steißtrommlerschrei brachte eine unerwartete Wirkung. Der Podiumredner, der mit beschwörenden Armen die Menge umfing, um eine Lage herbeizuführen, in der er wieder frisch ölen konnte, horchte auf. Er betastete sich rückenabwärts. Er schien plötzlich irgendwelchen Schulerinnerungen ausgeliefert zu sein, schien zu befürchten, es könne sich wiederholen, was damals an ihm auf Lehrerpodien sich vollzog — und er lief knabenhaft mit hohlem Kreuz davon. Die Menge verschlang ihn.

Da aber geschah etwas Entsetzliches — neben Konrad. O nein, die Stühle brachen nicht. Wären sie doch! Sie brachen nicht, sondern der Berg erhob sich. Er wuchs gegen die Decke. Seine Arme taten Kolbenstöße durch den Raum, zischend entfuhr den Gelenken der Dampf. »Ich will auch reden!« dröhnte es aus feurigen Kinnbacken. Und er stapfte vorwärts quer durch die Stuhlreihen. Die Menschen flohen. Er trieb die Stühle mit Fußtritten vor sich her wie Spielbälle. Eine ausbiegende Matrone fiel neben ihm glatt auf den Bauch. Er gab ihrem Gesäß mit zwei Fingern einen Stüber, wodurch der elastische Leib, kurz komprimiert, vom Boden sich wegschnellte — hinein in die Fanghand, die die Grünbekleidete auf ein weißes Fensterbrett setzte, wo sie verblieb. Sie vergaß den hysterischen Schrei.

Konrad stellte fest, mit einem Grauen, das nicht mehr wachsen konnte und in das kalte Fieber ingrimmigster Beobachtung umschlug, wie der Berg noch wuchs — irgendwie anschwoll. Was sich ihm durch die Adern pumpte — Blut oder was es war — kreiste als Schaumgekräusel in zu engen Behältnissen — unheilvoll erhitzt durch die Vorgänge dieses Abends. Wo waren Ventile, die genug dieses kochenden Feuers hätten entweichen lassen? Konrad sah, wie die Oberarme aufgetrieben ragten, wie der Nacken zum Hügel wurde, wie die Schenkel ihre Hose auf die letzte Probe stellten. Zuerst zerknallte der Kragen, gesprengt von der Halsschlagader, die, dick wie ein Schiffstau, hervortrat und deutlich hämmerte. Dann zerfiel der schwarze Anzug; er platzte sorgsam in den Nähten. — Welch schlechter Zwirn, dachte Konrad, schlimm sind die Zeiten.

Teil um Teil löste sich von dem Berg, rollte ab und glitt seltsam anmutig zu Boden. Nur die Weste riß rückenlang mitten entzwei und prallte nach vorn hinweg in den Saal. Vorhang im Tempel riß mitten entzwei . . . mußte Konrad denken, auch hier Katastrophen . . . Zweierlei Zwirn, keine einheitliche Arbeit des Schneiders. — Die Hose hatte sich abwärts nur bis zu den Knien in ihre Bahnen zerlegt — der Berg stieg aus den Schläuchen und stapfte im schweißnassen Unterzeug gegen das Podium. Der Saal erzitterte, die Decke bebte, die Kronleuchter läuteten das Ave. Das Podium bewuchtete er, stapfte Löcher krachend in dies unselige Gerüst, stak bis zu den Waden im Holz. »Ich will auch reden!« dröhnte er. »Zum Thema!« posaunte er. Fortwährend zischten Dampfwölkchen aus Hemd und Unterhose — ein Maschinenhaus, dem Überhitztes rhythmisch und weißlich entpufft. Der Podiumtisch samt Tintenfaß und Schreibpapier schlug um und hinab. Drei Berichterstatter in vorderster Stuhlreihe, kaum sahen sie Tinte über den Parkettboden fließen, konnten nicht widerstehen. Dies edle Naß, heiliger als Blut, nötigte sie zu knien und sofort federhalterkauend ihre Berichte über den Verlauf des Abends zu beginnen.

»Hier ist vom großen Reinemachen gesprochen worden«, begann der Berg, »vom Hinwegfegen alles Lügenhaften! Ich will Ihnen grundlegend eine Berichtigung geben, verehrte Anwesende! Ich rede zum Thema, wenn ich Lügen aufdecke. Was ist die Urlüge? Das Märchen von der Entstehung des Weibes ist die Urlüge. Meine Herren —« er stockte, irgend etwas schien ihm in den Gang geraten, doch es gelang ihm, schleppend weiter zu schwingen: »und auch, wenn es sein muß: meine Damen! Hier gebe ich Ihnen die Wahrheit über die Erschaffung der Eva. Hier! Der Teufel war betrunken, war betrunken, Sie wissen: im Weinberg des Herrn. . .«

Konrad sah den Koloß torkeln; der Koloß schnaufte — er blies sich auf und stand wieder fester. »Da sah der Teufel Adam, den Einsamen. Und weil er betrunken war, sah der Teufel den Adam doppelt.«

Auf ihren Stühlen klebte die Versammlung, atemlos, fluchtgewillt, unfähig zur Flucht. Noch läuteten die Kronleuchter leise, in ihr Ausklingen posaunte der Berg: »Da griff der Teufel den einen Adam im Zorn seines Rausches und entriß ihm gewaltigen Ruckes, was männlich war an ihm. Er knetete hinten und formte vorn, er zerrte die Hüften auseinander, er biß mit giftigem Zahn in die Jünglingsbrust, so daß zwei Hügel aufschwollen. Er fuhr mit Spinnenfingern in Adams Haare, zerrte sie länger und schuf Evahaare. Er schillerte Falschheit in Adams Auge, er spie Blätter in Adams Schlund. Sodann, verehrte Anwesende, warf er diesen Adam, der keiner mehr war, dem anderen Adam in den hilflosen Arm!«

Und der Berg packte schnaubend einen Berichterstatter, der zu nahe herbeigekrochen war, und warf ihn dem Fräulein, das sein Gedicht nicht hatte vollenden können, in den hilflosen Arm.

Der Berg orgelte Schlußsätze: »So entstand Eva! Ein Hirngespinst des betrunkenen Teufels, der rauflustig war. Nicht einmal Blendwerk der Hölle, nur Bieridee ist das Weib. Und wir schleppen sie durch die Jahrtausende. Wir!

Fort mit der Erblüge, fort mit dem Popanz! Beraubt seines krönenden Firlefanzes stehe frei der Mensch!«

Der Berg sank zusammen. Konrad bemerkte, daß die Ventile matter pufften. Der Fleischberg sank in sich; schlapp werdende Schläuche machten ihn hinschwinden.

Das Fräulein, das sein Gedicht nicht hatte zu Ende bringen können, trippelte herbei, beugte sich wie über einen Sterbenden und sagte unter Tränen, die nicht weniger rätselhaft waren als ihr Trieb, Verse jählings rieseln zu lassen — sagte schluchzend: »Ihn hätt' ich lieben können«, — worüber Konrad, als er's hörte, heftig erschrak, denn er hatte vorhin an diese Ungeheuerlichkeit zaghaft schon gerührt. Auch der Vakuumreiniger trat hinzu und bemängelte: »Zu wenig Geschäftssinn! Wahrheit ist gut, aber Klugheit ist besser. Was ist uns heute Ulk und Urlüge? Stimmzettel und Staubsauger sind wichtiger.« — Jener alte Herr aber, der so rührend immer noch den Hühnerdreck auf dem Kürbis trug, wankte zitternd aus seiner Stuhlreihe heran und betete, vor zersplittertem Podium die Hände faltend: »So ist denn meine Perücke gleichwohl wahrlich nicht umsonst in die Freiheit gezogen. Lieber Herr Vorredner, für alles, was du mir vorgeredet hast, danke ich dir mit Bruderdruck.« Konrad sagte sich, der Alte meine wahrscheinlich Bruderkuß oder Händedruck; aber es blieb sich gleich; was er gesagt hatte, barg noch mehr Dunkelheiten. Er war das Bild geordneter Verwirrung, wie er da zu seinem Stuhl zurückwallfahrte, mit zittrigem Griff nach dem Schädel graugrünes Tüchlein als Mütze vortäuschend unterstrich, Gehrockaufschläge unfruchtbar streichelte und gläubig auf seinen Sitz niederrasselte, vorgebeugt in schlottriger Erwartung vieler Klänge, gemischt aus Worten, Ausrufen und Patschhänden, ahnungslos — oh, Konrad erkannte: herzbeklemmend ahnungslos, was alles dieser helle Saal schon hinter sich gebracht, was alles diese düstere Nacht schon überschritten hatte, wieweit diese trübe Nacht schon vorgeschritten war.

Denn der Koloß gab Grund zu schwersten Bedenken.

Konrad sah sich im Saal um. Wie ist er eigentlich hereingekommen? fragte er sich. Obwohl er zusehends verfällt, wäre er doch zu keiner der Saaltüren hinauszuschaffen. Einzig durch die großen Bogenfenster!

Übrigens redeten Redner. Ein leiernder Schwall, der Konrad längst ins Ohr geflossen war, kam ihm jetzt erst zum Bewußtsein. Und nun sah er auch, daß man die Front gewechselt hatte. Das zerbochene Podium samt dem mild Entgasenden war vergessen. Horcher und Gehörte nahmen das andere Saalende mit einem umgestürzten Bücherschrank als Rednerbühne. Nur der alte Herr im graugrünen Mützchenersatz blieb bei der alten Richtung. Willfährig hielt er Schallhände an gelbe Ohren und hörte taub auf die gurgelnden Versunkenheiten des Podiums. Konrad berührte mit der Hand, was da hinschrumpfte — und bei leisestem Finger lief welliges Zittern über den ganzen Berg. — Als Kind habe ich auf Handwägen Säcke gesehen, klang es in Konrad, die mir Rätsel blieben: Sie glänzten triefend, sie waren gespannt und dennoch schlaff, sie schauderten unaufhörlich vor sich selbst, sie bargen Quallig-Schlappriges.

Näher zusehend entdeckte Konrad, daß die Masse schon sehr breiig wurde. Eine Hand, über Podiumreste in den Saal hängend, zerfloß bereits; ihr Daumen — schmelzendes Himbeereis — vermischte sich mit der Tintenlache, vor der die Berichterstatter bäuchlings immer noch heftig schrieben. Aber der Grundstock des schwabbelnden Massivs revolutionierte sich noch einmal. — Von Urstößen gepackt wogte der Berg und wollte auf die Beine; doch trugen sie nicht, sie waren wie matter Gummi und schnellten weg unter jeder Belastungsprobe. Immer wilder und aussichtsloser wurden diese Versuche, diese Umlagerungen gallertartiger Körperteile. Herzzerreißend für Konrad war dieser Kampf wachsenden Dranges mit schwindender Fähigkeit. Der einst kantige Schädel mit schon verwischten Konturen war ganz nach hinten gedreht und hing aufs Gesäß hinab. Wegtropfende Augen liefen staunend den eigenen Rücken hinunter und begriffen nicht, wieso Knöpfe und Knopflöcher verschwunden waren.

Da hatte Konrad genug. Er schlich zur Türe — wobei ihm wieder bewußt wurde, daß Redner redeten. Er vernahm zwei Stimmen, die gleichzeitig nebeneinander hersprachen. Aber es war kinderleicht, beide zu erfassen. Wenn der eine »Wille« rief, sagte der andere »zur Tat«. Wenn der eine »sich durchsetzen« rief, beschloß der andere »bis zum vollen Erfolg«. Und wenn einer mal nur »Es möge mir vergönnt sein« sagte, und der andere stockend an einer wohltuenden Pause schuld war, wußte Konrad, daß gemeint sei: »Ihnen noch ein paar Worte zu sagen.« Deshalb versäumte er sich nicht länger und entfloh.

Auf mitternächtiger Straße raste ein wildgewordener Wagen der Ringlinie vorbei, der zuviel Elektrizität gefressen hatte und seit Stunden nicht in den Stall zu bringen war. Konrad, harmlos und freudig, besprang ihn. Kein Schaffner da — das Wageninnere leer —, er ging hindurch zum Wagenführer. Der ließ die Arme hängen und sah mit Spannung, mehr noch mit Kummer, mehr noch mit irrem Verzicht gerade aus. »Ich muß bezahlen«, sagte Konrad wohlerzogen, »wo ist der Schaffner?« Nach einer Weile — die Lage war kritisch: zwei Hunde überquerten knapp die Schienen — sprach der Führer: »Mein Schaffner? In der Versammlung.«

Konrad fühlte kalte Wut heraufkriechen. »Nächste Haltestelle aussteigen!« schrie er, weil man in die Nähe seiner Wohnung kam. Der Führer zuckte die Achseln. »Die Bremse —?« fragte Konrad. — »Wirkt nicht.« — »Der Hebel da?« — »Wirkt nicht.«

»Wielang denn, Unmensch, wollen Sie mich durch die Stadt hetzen?«

»Bis die Kontaktstange ausspringt; sonst tut sie's alle fünf Minuten.«

Längst war man an Konrads Wohnung vorbei; hier fror ihn. Ach, ein verglimmender Ofen, ein müder Divan, ein lächelndes Glas Tee hatten sich freundlich genähert und winkten ihm nun traurig nach. — Konrad bemerkte, daß man wieder an die Stelle kam, wo er aufgesprungen war. Er spähte nach den Häusern — nach dem einen Haus. Nur spärliches Licht sickerte aus den Fenstern des Saales. Eines war geöffnet. Flüchtig sah Konrad viel amtierende Menschenhände einen Strick herablassen, an dem Faltig-Verquollenes in trägem Schwung riesengroß pendelte und langsam über bleiche Häuserwand abwärts rutschte ... Vorbei und weiter.

»Liebe Kontaktstange, spring heraus!« betete Konrad. Sie tat es nicht, aber der Wagen sprang aus, an einer Kurve, und fuhr mitten durch ein Haustor. Da ins krachende Splittern erschrockene Nachthäubchen aus allen Fenstern der Nachbarschaft fuhren, musterte Konrad sie und stellte wehmütig fest, es sei kein einziges graugrünes Mützchen darunter.

Der Wagen stand ächzend im Hofraum der Staatsbank, und seine Kontaktstange tastete immer noch wie ein nervöser Fühler durch die Nacht.

Konrad verbrachte den Rest der dunklen Stunden in einem Raum der Bank, immerhin schlafend, auf mäßig weichem Lager aus Papiergeld.

Julius Kreis   In einem gut besuchten Lokal der Altstadt wurde unlängst ein silbernes Zweimarkstück in Umlauf gesetzt. Es entstand unter den Gästen ein panikartiger Sturm auf die Kassiererin. Weißhaarige Greise vergossen Freudentränen und hoben ihren Enkel auf den Arm, um ihm den Anblick fürs Leben einzuprägen. Leute aus der jüngeren Generation fragten erstaunt, was für ein Ding dies sei und von welchem Planeten der Gast stamme, von dem das Zweimarkstück herrührte. Gereifte Herren kamen nun ins Erzählen, und ein Berliner Gast renommierte damit, er habe einstmals selbst so eine Münze besessen und rechnete mit Hilfe von Logarithmen aus, wann das gewesen sei. Er wurde mit Recht als lästiger Ausländer darauf hingewiesen, daß Ruhe des Berliners erste Pflicht in Bayern sei. —

Er ließ es sich aber nicht nehmen und wurde von den empörten Gästen wegen Aufschneiderei aus dem Lokal entfernt. Der Wirt hat das seltsame Stück nun im Nebenzimmer ausgestellt und eine historische Kommission gibt der anderen die Türe in die Hand. Wer diesen Bericht nicht glaubt, bezahlt einen Taler (aber in Silber!) Wie sagt der Dichter so schön:

> Trinkt, o Augen, was die Wimper hält,
> Vom — papiernen Überfluß der Welt!

Kein Tag vergeht, an dem wir nicht durch eine neue Note, durch einen anderen Gutschein überrascht werden. Heute papierene »Fuchzgerl«, morgen papierene »Zehnerl«, übermorgen papierene Pfennige. Wer's auf den Protzen anlegt, kann sich jetzt für zehn Mark eine Brieftasche voll Papiergeld stopfen, daß sie den Träger zu Boden zieht. — Nicht lange allerdings. Wenn er im Kaffeehaus eine Tasse Kaffee mit Torte und Zigarre konsumiert, kann er schon um ein Beträchtliches aufrechter fortwandern, und kauft er dann ein paar Zeitungen und fährt noch mit der Straßenbahn, so hat er einen Notenumsatz erreicht, um den ihn in friedlichen Zeiten die Reichsbank hätte beneiden können. Die neuen Scheine zeichnen sich teilweise durch eine beglückende Einfachheit für Gefühl und Auge aus. Klare, schöne Linien, viel leere Fläche und keinerlei erschwerendes Beiwerk für Leute, die aus Liebhaberei gern Banknoten abzeichnen, um ihre Begabung zu fördern. Es soll sogar Leute geben, die spaßhalber einen Schritt weiter gehen und sich nicht ungeschickt in der Reproduktionstechnik versuchen, nachdem ihnen keine schwere Aufgabe gestellt ist.

> »Sehr erfreulich«, sagte Schlich,
> »Aber leider nicht für mich«,

dichtet Wilhelm Busch, ohne mit seinem biederen »Schlich« gerade den biederen Vater Staat im Auge gehabt zu haben.

Wilhelm Weigand

Der sonnenlose Wintertag war windstill und mild. An dem Steilrande des rechten Isarufers, oberhalb Brunntal, blieb der Heimgekehrte, tief atmend, stehen und betrachtete das vertraute Bild vor seinen Augen. Ein feiner Nebel webte in den tiefer liegenden Gründen des Englischen Gartens und hüllte die Masse der jenseitigen Häuser und die ferne Wipfelwelt der uralten Bäume in ein graues Dunstgespinst. In den Gasteiganlagen deckte faulendes und scharf riechendes Buchenlaub die ungepflegten Parkwege. Die paar Spaziergänger, denen Hermann auf seinem Gange in die Stadt begegnete, sahen mißmutig drein, und es fiel ihm auf, daß drei ältere Herren, an denen er, in geringen Abständen, vorbeikam, ein halblautes Selbstgespräch führten, aus dem es wie verhaltenes Grollen klang. Über der Isar, unterhalb der Prinzregentenbrücke, spielte ein Schwarm weißer Möwen in der Luft; Hermann hielt im raschen Gehen inne, um dem Flug der jagenden Vögel zuzusehen, und mit einem Male war ihm zumute, als ob alles, was er seit Ausbruch des Krieges erlebt hatte, der Wirklichkeit entbehrte, und es wunderte ihn, daß dieses Gefühl eine seltsame Lust in sich schloß. —

Dann ging er in wachsender Ungeduld weiter, an der Isar entlang der Maximilianstraße zu, die er nur als verhältnismäßig stille Straße kannte. Und es schien ihm, als ob das Leben in der inneren Stadt die Menschen, der Mehrzahl nach lauter junge Leute, in rascherem Pulsschlag durch die Gassen triebe. Er begegnete zahlreichen Matrosen mit ihren Mädchen, und die Soldaten, lauter blutjunge Bürschchen mit frechen Gesichtern, schritten, Zigaretten rauchend, in lotteriger Haltung, mit offenen Mänteln und die Mütze mit der roten Kokarde schief auf dem Kopf, einher. Er begegnete vielen Männern mit verwüsteten Zügen; unter den jungen Mädchen und Frauen bemerkte er zahlreiche grellgeschminkte Gesichter, und vielen reichte das leichte Kleidchen unter dem schäbigen Pelzwerk kaum bis zum Knie. Am Residenzplatz kam ihm

Schweigen

eine dicke, ältliche Dame entgegen, deren Mund durch einen grellroten Schminkstrich verbreitert war und die ein kostbares Uhrenarmband über dem unförmlichen Knöchel trug. Die verschlammten Straßen der inneren Stadt sahen aus, als ob sie seit Monaten nicht gereinigt worden wären: Fetzen von Zeitungen, Flugblätter, Obstschalen und allerlei Unrat bedeckten Gehsteige und Fahrbahnen. Auf der Residenz, auf den Ministerien, auf öffentlichen Gebäuden und dem südlichen der Frauentürme flatterte die rote Fahne des Volksstaates im Winde. Vor zahlreichen Auslagefenstern der früheren Hoflieferanten waren Arbeiter, die keinerlei Eile zeigten, damit beschäftigt, den Hoflieferantentitel und das Königswappen auszukratzen oder mit Ölfarbe zu überpinseln. Vor den Auslagefenstern der Feinkosthandlungen standen gaffende Gruppen und musterten die Fülle der ausgestellten Leckerbissen, Würste, geräucherte Fische, gehäufte Eßkörbe, Edelschnäpse, Champagner und Rotweine, Pyramiden der edelsten Äpfel und goldgelber Birnen, Kastanien und Nüsse, mit gierigen Blicken. Es war, als ob ein benachbartes Schlaraffien seine Grenzen geöffnet und die strotzende Fülle erlesener Bissen in ein ausgehungertes Land geschickt hätte, damit seine hohläugigen Bewohner die Köstlichkeiten der allesnährenden Erde wieder einmal vom Ansehen kennenlernten. Schweigend verweilten die starr stehenden Gaffer vor den aufgestapelten Herrlichkeiten; aber dieses Schweigen unverhüllter Gier versetzte Hermann, der in seinem Dienst bis jetzt keine Entbehrung kennengelernt hatte, in seltsame Erregung, und in schwankenden Gefühlen ging er weiter.

Vor dem Ministerium des Innern hielten zwei herkulische Matrosen Wache; sie unterhielten sich mit zwei halbwüchsigen Mädchen, die nach kurzem Gespräch lachend in das Innere des Gebäudes liefen und das schwere Tor krachend zuwarfen. An allen Straßenecken, an den Wänden der Staatsgebäude und den Sockeln der Denkmäler klebten rote und weiße Zettel in allen Farben und Formaten; viele waren frisch angeklebt, und andere waren bekritzelt oder hingen zerrissen in Fetzen herunter.

An der Mündung der Hartmanngasse blieb Hermann stehen, um den halbzerfetzten ersten Erlaß des siegreichen Umsturzes an die Einwohner des Volksstaates Bayern zu lesen. Da fühlte er, daß jemand hinter ihn trat, und als er sich umwendete, stand er einem hageren Herrn gegenüber, der ihm lächelnd die behandschuhte Hand entgegenstreckte.

»Sie erkennen mich wohl nicht?« fragte der Unbekannte, der einen kostbaren Zobelpelz und über den neuen schmalen Lackschuhen weiße Gamaschen trug. »Ich sah Sie schon gestern im Zug, wollte aber die angenehme Gesellschaft, in der Sie sich befanden, nicht durch meine Gegenwart stören. Sie kennen mich also wirklich nicht? Als ich das Vergnügen hatte, Ihre Bekanntschaft zu machen, trug ich allerdings feldgraue Uniform. Doktor Sifferling. Sie haben mir in Trier einen Dienst erwiesen, den ich Ihnen nie vergessen werde. Sie entsinnen sich nicht? Ihr Herr Kollege — Puschke hieß der Edle — hätte mich gar zu gern für einen Simulanten erklärt, weil er die Symptome der Tropenkrankheit, deren böse Nachwehen mir manchmal schwer zu schaffen machen, nicht kannte: er hätte mich sofort wieder an die Front geschickt, wenn Sie nicht als mein Retter dazwischengetreten wären.«

»Ich habe nur meine Pflicht getan, und es war Zufall, daß ich Ihre Krankheit im deutschen Spital zu Neapel kennengelernt hatte«, erklärte Hermann, der gegen den überfreundlichen Herrn etwas wie eine leise Abneigung fühlte. Der Doktor Sifferling bemerkte die Zurückhaltung des Arztes und unterdrückte ein leichtes Lächeln; dann fragte er mit einschmeichelnder Stimme: »Darf ich Sie ein Stückchen Wegs begleiten? Sie waren bis zum Schlusse draußen?«

»Ich habe den letzten Verwundetenzug von Trier nach Leipzig gebracht. Die ersten der anrückenden Amerikaner waren mir behilflich, meine Kranken unterzubringen —.«

»*They are good dogs*. — Sie sind Münchner? Und wollen

wohl sehen, wie sich die Staatsposse hier weiter entwickelt?«

»Ich bin politisch nicht orientiert; ich möchte nur, möglichst bald, meine Praxis wieder aufnehmen, wenn ich eine Wohnung finde.«

Der Doktor Sifferling lächelte höhnisch: »Die Wohnungsnot ist zwar, wie ich höre, im Wachsen; aber Sie werden schon was finden; wenn Sie's richtig anpacken: wer gut schmiert, der gut fährt. Und nun möchte ich Ihnen einen Vorschlag machen: ich habe für morgen abend ein paar gute Freunde und Freundinnen in meine bescheidene Klause eingeladen. Wollen Sie mir nicht auch das Vergnügen schenken? Sie werden ein paar interessante Leute kennenlernen, wenn auch, leider, keiner von den dreihundert Männern dabei ist, die, wie mein Freund Rathenau in Berlin behauptet, die Geschicke der Welt im Geheimen leiten und boshaften Leuten von der Gegenseite Anlaß zu dem Sprichwort geben: Im Dunkeln ist gut munkeln. Doch was nicht ist, kann noch werden, zumal wir mit der deutschen Revolution im Reich der unbegrenzten Möglichkeiten gelandet sind.«

Hermann zögerte: »Ich weiß nicht, ob ich Ihre liebenswürdige Einladung annehmen darf —.«

»Sie dürfen, Sie dürfen, mein verehrtester Herr Doktor. Sie würden mir durch Ihr Erscheinen sogar einen großen Gefallen erweisen. Wir speisen um halb neun Uhr. Mein Wahlspruch lautet: Pas de gêne! Mensch, genier dich nicht! Sie sind in jedem Gewand, sogar im Frack, willkommen. Ich wohne Friedrichstraße 13 b, im hellsten Schwabing. Vergessen Sie meine Adresse nicht —! Dreizehn ist die indische Unsterblichkeitszahl —. Also: ich habe Ihre Zusage —? Addio.«

Gutmütig und behäbig schritten immer noch die meisten Bürger durch die sauberen Gassen; derbfreundlich und breithüftig versahen die Frauen ihre Käufe, als sei in Honolulu Umsturz, nicht in München.

Marie Amelie von Godin

Friedrich Freksa

Seit den Tagen der Novemberrevolution saß der Hauptmann Sopp in der hinteren Ecke der tiefen Halle, die durch Zwischenwände in Nischen geteilt war. Er stützte den grossen, kugelrunden Kopf, dessen Wangen glatt rasiert, dessen blonde Haare bis zu drei Millimeter verschnitten waren, auf die gewaltige rechte Faust und starrte trübsinnig in sein Glas oder ließ seinen Blick auf die Wandbemalungen über der Holzbekleidung irren. Sie stellten übermütige, lustige Szenen aus dem Studenten- und Winzerleben dar und bildeten einen rechten Gegensatz zu Sopps Trübsinn. Schon um elf Uhr morgens trug ihm die schöne Paula die erste Flasche Pomard auf, und von da ab ließ er sich voll Wein laufen bis zur Stunde, wo die Revolutionsregierung Einhalt gebot. Im November waren es noch vier Flaschen gewesen, die er in seinem Trübsinn verbrauchte. Im Dezember wurden es fünf, jeden Monat trank der Hauptmann eine Flasche mehr. Seit sich aber in letzter Zeit einige junge Volksregierer des Nachmittags in den Fensternischen links einfanden und sich an Speisen und Wein gütlich taten, wuchs der Verbrauch des Hauptmanns ins Ungemessene. Denn es fiel dem Hauptmann Sopp nicht ein, dem Revolutionsgesindel eine Flasche zu lassen, die er selbst vertilgen konnte. Das wäre gegen seine Grundsätze gewesen.

Wilhelm Weigand

Vor dem Eingang zu den »Neuesten« stand eine Gruppe flüsternder Matrosen, die auf die Seite traten, als der Doktor Löffler mit seinem Begleiter auf das offenstehende Tor zuschritt. Hermann bemerkte mit Erstaunen, daß der Mann, den er den ganzen Abend über nur als Raunzer kennengelernt hatte, nun eine ganz andere Haltung zeigte. Er ging in herrischer, aufrechter Haltung und mit blitzenden Augen einher: offenbar stand er in irgendeiner Beziehung zu der Gruppe der wachehaltenden Matrosen, und nach dem ersten leis geflüsterten Worte, das Hermann als Losungswort auffaßte, trennten sich zwei der Burschen von ihren Kameraden und schritten dem Doktor Löffler voran. Hermann folgte.

Im Seitengange, der zu dem offenen Treppenhause des Zeitungspalastes führte, kam ihnen der Doktor Schwarz aus Berlin entgegen. Löffler schwenkte im Vorübergehen die Hand zum Gruße und wollte, an dem Mann vorüber, weitergehen; doch der Journalist vertrat ihm den Weg und rief lachend: »Ich grüße Sie, meine Herren! Herr Doktor Hiebler, wenn ich nicht irre? Sie sehen in Zivil kleiner aus. Aber die Herren kommen zu spät!«

»Was ist denn los?« fragte der Doktor Löffler, indem er auf das Getöse in dem Treppenhause des Zeitungspalastes horchte.

»Ein Intermezzo: la révolution est en marche! Einige junge Herren, die Ihnen, Herr Doktor Löffler, nicht unbekannt sein dürften haben vor zwei Stunden das Haus besetzt, um die Zeitung in Gemeinbetrieb zu nehmen. Sie wissen: Expropriierung der Expropriateure —.«

»Dabei hat wohl unser Freund Benno Peinlich die Hand im Spiel?«

»Nein, der hat die Redaktion des ›Kurier‹ übernommen und seine Tätigkeit als Schriftleiter damit begonnen, daß er den Setzern die Zeitung mit allem Drum und Dran schenkte! Und sofort hat sich das größte Wunder dieser herrlichen Tage vollzogen: die Arbeiter des Betriebs, die bis dahin schwarz bis auf die Knochen waren, sind mit einem Schlage rot wie Krebse geworden. Dabei ging es in der Redaktion sofort zu wie in einem Taubenschlag: auf dem Redaktionstisch häuften sich die Wursthäute und die leeren Maßkrüge wie durch Hexerei, und auch die holde Weiblichkeit war sofort zur Stelle. Ein Herr Brüll, dessen Namen ich mir gemerkt habe, suchte zu vermitteln und die Leute zur Vernunft zu bringen. Umsonst, bis der Herr Ministerpräsident erschien und der Posse durch gütliches Zureden ein Ende machte. Ben Akiba kann sich heimgeigen lassen. Oh, dieses München ist gottvoll!«

»Und da oben?« fragte Löffler ungeduldig, indem er den Matrosen, die noch immer wartend dastanden, durch eine Handbewegung andeutete, zu verschwinden.

»Hat der Spaß auch nicht lang gedauert: unser Herr Ministerpräsident, mein lieber Exkollege Eisner, hat auch hier der Episode ein rasches Ende gemacht, indem er die Zeitung ihren Besitzern zurückgab und den jungen Heißspornen erklärte, sie hätten *ihm* keinen Gefallen getan, indem sie die Geschichte inszenierten. Er hielt eine ausgewachsene Rede, bei der wir Leute von der Presse übrigens sehr schlecht wegkamen. Nun, was sich liebt, das neckt sich.«

Kurt Martens

»Spüren Sie hier etwas von revolutionärer Stimmung?« rief mir Erich Mühsam ironisch zu. »Gewiß nicht!« lachte ich. »Die Revolution ist diesen braven Proletariern höchst unbehaglich.« Erich Mühsam knirschte: »Die Revolution wird von den Gewerkschaften sabotiert!«

Die Intellektuellen vom linken Flügel waren den organisierten Arbeitern ein Dorn im Auge. Schon wurde bemerkt und betont, daß die meisten von ihnen Juden und keine Bayern seien. Die Interessen der Schriftsteller demonstrativ zu wahren, hatte ich keine Gelegenheit und an dieser Stelle auch keine Lust; ich habe mich daher nie zum Wort gemeldet. Rechtsanwalt Kaufmann sprach für die geistigen Arbeiter, denen sich übrigens auch die Hebammen und die Anwaltschreiber angeschlossen hatten, ein einziges Mal, ohne irgend welche Wirkung zu erzielen. Der Begriff »geistiger Arbeiter« war den Massen fremd und schien ihnen mit geistigem Hochmut unlösbar verknüpft.

»Der Politische Rat geistiger Arbeiter« war bereits Ende November ins Leben getreten. Bei unsern ersten Versammlungen hatten sich fast alle Münchner Schriftsteller, viele der jüngeren Künstler, mehrere Hochschullehrer, auch einige Ärzte und Anwälte als Mitglieder einschreiben lassen. Bald aber bröckelten die meisten wieder ab, da die großen Erwartungen, die sie auf den Umsturz gesetzt hatten, sich nicht erfüllen zu wollen schienen. Es fehlte an Schwung und Begeisterung, in der auswärtigen Politik sah es sehr trübe aus, und niemand wußte, was gerade die geistigen Arbeiter jetzt für positive Arbeit leisten oder wie sie ihre Interessen unter der Republik besser wahren sollten als unter der Monarchie. Zum Vorsitzenden des »Politischen Rates geistiger Arbeiter« war Heinrich Mann gewählt worden. Er nahm den Posten sehr ungern an; zum praktischen Politiker und Versammlungsleiter fühlte er sich durchaus nicht berufen. Sein Name aber war nun einmal Programm.

Viel hoffnungsvoller ließ sich die Gründung der »Künstlergewerkschaft Bayerns« an. Sie ging von der Genossenschaft der Bühnenangehörigen aus und brachte nun mit den drei anderen Gruppen der Bildenden Künstler, der Musiker und der Belletristischen Autoren *alle* Künste unter einen Namen. Die Mitglieder des Hoftheaters — jetzt Nationaltheater genannt — standen ganz zu Eisner. Der bisherige Generalintendant von Franckenstein war erst durch Albert Steinrück, dann durch Viktor Schwannecke ersetzt worden. Die Seele der revolutionären Bewegung im Theater aber war Ernst Florath (jetzt am Staatstheater in Berlin). Als Freund Kurt Eisners stellte er die angenehmste Verbindung zwischen diesem und den Künstlern her. Eisners starker und reiner künstlerischer Instinkt nahm uns von vornherein für ihn ein. Daß unter seinem Regiment endlich einmal auch die Künstler die ihrem geistigen Range entsprechende Geltung in Staat und Gesellschaft erlangen sollten, daß sie in diesem Ministerpräsidenten einen Mann fanden, der ihnen mit Achtung und voll Verständnis für ihr innerstes Wesen entgegenkam, gewann sie ihm auch zu politischen Anhängern, ohne daß sie natürlich deswegen an einen Beitritt zur U.S.P.-Partei gedacht hätten.

Eine Unterredung über die Lage und die dringlichsten Wünsche der Künstler, die wir an einem Dezembertage mit Eisner in seinem Ministerium des Auswärtigen hatten, fiel in die bewegteste Zeit seiner Amtstätigkeit. Das Vorzimmer, wo sonst nur Diplomaten und ergraute Geheimsekretäre aus- und eingingen, wimmelte nun von Proletariern und jungen Bohemiens. Ihre ruppigen Hüte und Mützen nahmen sich an den schneeweißen, mit goldenen Empireranken verzierten Kleiderhaltern sehr stilwidrig aus und die galonierten Portiers, die sonst immer nur vor ordensgeschmückten Exzellenzen gedienert hatten, wußten nicht recht, was nunmehr für eine Etikette galt.

Oskar Maria Graf

Die Intellektuellen und die Künstler rührten sich jetzt. Der »Künstlerrat« hielt eine große Versammlung im Deutschen Theater ab. Reform der Akademie, der Kunstgewerbeschule, Reorganisation des Kunstunterrichts sollten besprochen werden. Eisner erschien und sprach eine Stunde lang glänzend. Kaum aber hatte er geendet, war auch schon alles durcheinander. Man beschimpfte sich gegenseitig, man hinderte sich am Reden. Dem sprach man die Berechtigung ab, sich Künstler zu nennen, dem andern schickte man Einladungen zur Kirchweih. Ein wahlloses Gezeter gegeneinander hub an. Jeder schrie, jeder fuchtelte, jeder redete auf seinen Tisch ein. Es war höchst drollig. Der Maler Stanislaus Stückgold erzwang sich endlich das Wort, stieg, trotzdem ihn die wüstesten Drohungen umzischten, auf die Bühne, stellte einen Stuhl auf den Rednertisch, legte sich breit drauf und schaukelte ihn, während er sprach, immerzu langsam hin und her, auf und nieder, daß es Eisner, der ein Stuhlbein in der Hand hielt, ab und zu etwas emporwippte.

»Sie sind überhaupt kein Maler! Sie können ja nicht einmal einen Pinsel in die Hand nehmen!« schrie wer.

»Dekorationskitschje!« plärrte ein rotbärtiger Mensch aus einer Ecke und warf die Fäuste.

»De-koration?!« übertönte endlich Stückgold alle. »Jawohl, sähr richtig! Ich bin Dekorationsmalär! . . . Woo-s haben Sie überhaupt, meine Häärn?! . . . Zu wos disse Aufreggung! . . . Woos ist Kinsdlär? . . . Prolätariär!« Und er zeigte mit dem Finger auf seine Stirn, dann auf seinen Leib: »Hier ist Hirn, hier ist Bauch und Magän — dos ist Kinsdlär! Prolätariär!« Ein tolles Geschrei übertönte ihn. Ein Tumult. ein wahrer Orkan von Geschrei folgten. Endlich ging man auseinander.

In der Wohnung des damaligen Finanzministers Jaffé war eine Zusammenkunft. Einen »Rat geistiger Arbeiter« wollte man gründen. Ich ging hin. Man erwog die Aufklärungsarbeit durch die Presse, Schulreform und Mitbestimmung der Intellektuellen bei sonstigen kulturellen Fragen.

Recht gewichtig lief der schmalgesichtige Katzenstein herum, dort saß Karl Wolfskehl; in einer Ecke, sehr bescheiden, lehnte Rilke; der Lyriker Wolfenstein mit seiner schwarzen Hornbrille kam mir zu Gesicht. Lauter feine, gebildete Leute sah ich hier, bei denen man roch, daß sie nie mit dem Volk was zu tun gehabt hatten. Schon wieder kam mir der Ärger. Ein nicht sehr großer, festunterwachsener Mann in pfarrermäßiger Kleidung, mit breitem Gesicht, rotem Vollbart und gefurchter Stirn trat vor. Er schnaubte nervös und schien sehr geladen zu sein. Sehr kritisch sah er auf all diese Leute.

»Es müßten Flugblätter zur Aufklärung, zur Beruhigung geschrieben und verteilt werden«, meinte Katzenstein.

»Es muß unbedingt beruhigend auf die Massen eingewirkt werden«, wiederholte ein Literat mit spitzer Stimme. Die Masse sei undiszipliniert, das Volk auf dem Land sei verhetzt, die Stadt drohe auszuhungern, redete man herum. Beim Wort »Landbevölkerung« schnellte ich auf einmal auf und schrie ungeschlacht ein paar unsinnige Brocken in die erschreckte Versammlung.

»Auf dem Land kümmert sich kein Mensch um die Revolution! Und wenn da einer von den Herren, die hier sind, hinausgeht, lacht man ihn aus!« brüllte ich bissig und glitt schon wieder in Verwirrung: »Überhaupt muß erst einmal gegen die reaktionäre Bürgerschaft vorgegangen werden . . . Die republikanische Schutztruppe ist nichts wie ein Studentenheer, das man auf die Arbeiter hetzt . . . So geht das nicht! Kein Arbeiter versteht mehr, was eigentlich gewollt wird, weil alle so geistig daherreden!«

Die meisten standen auf und redeten auf mich ein. Nur der Mann mit dem Vollbart sah wie befriedigt nach mir.

»Um Gottes willen, Graf, wir dürfen keine Hetzreden halten, sonst gibt's ein Blutbad!« sagten Katzenstein und Wolfenstein hastig. »Solche Brandreden sind äußerst gefährlich!« Alles suchte mich zu besänftigen.

»Ist doch auch wahr! Das ist überhaupt nichts als Geschwätz und keine Revolution!« schimpfte ich aus purer Abneigung gegen diese Gesellschaft: »Lauter Literaten!«

Sepp Lutz   Und der Oskar Maria Graf, der hat ja Seminare abgehalten, über die Arbeiterbewegung und das Rätesystem. Da ham mir hin müssen. Des ist im Tagesbefehl drin gestanden: Heute Abend Lehrgang mit Oskar Maria Graf. Und da bist du auch hingegangen. Das war in Schwabing draußen und so an dreihundert Mann waren immer im Saal. Des war immer interessant. Da hast du viel von der Vorgeschichte gehört, über die Entwicklung des Kapitals und so weiter. Ein Professor hätt's net besser machen können, wie der Oskar Maria Graf das gemacht hat. Des war a Brocken Mannsbild, der war gut beieinander. Nun ja, der hat sich nix abgehen lassen brauchen. Der hat ja zu essen und zu trinken wahrscheinlich genug gehabt. Und a Geld muß er auch gehabt haben. Der muß doch a Geschäft gemacht haben mit seine Bücher. Nur, dann ist er ja a rechter Säufer geworden, und das war schad für den Mann. Der hat ein Wissen gehabt! Das hat schon Händ und Füß gehabt, wenn der so a Seminar abgehalten hat. Da hat's nix drüber geben.

Oskar Maria Graf   Weihnachten kam heran. Jetzt waren so ziemlich alle Soldaten von der Front zurück, und Heimkehrfeiern zu ihren Ehren gab es. Die waren eigentümlich: Da sprach meist zuerst einer, der den Heldenmut unserer unbesiegten Truppen pries und patriotische Floskeln einschaltete, dann folgte der andere Redner, der die Feldgrauen als Kämpfer für die Revolution begrüßte. Gustav Landauer hielt im Nationaltheater eine Ansprache und rief den Soldaten zu: »Ihr, die ihr vier Jahre lang gezwungen worden seid, euer Leben für ein sinnloses Völkerschlachten zu opfern! Die Stunde der Freiheit hat geschlagen — nun kämpft für euch selber!«

Die »Leiber«, das berühmte Lieblingsregiment der Münchner, das immer nur da eingesetzt wurde, wo ein Einriß auszubessern war, zogen noch in voller militärischer Haltung ein. Münchens Frauen gaben ihnen eine Empfangsfeier im Hoftheater mit Ansprache und Festvorstellung nebst allerlei Unterhaltung, wozu sie sich die Einwilligung der Provisorischen Regierung unter Eisner und ihr Versprechen, den Abend nicht zu stören, gesichert hatten. Weil ich auf Wunsch des Ausschusses das Begrüßungsgedicht verfaßte, das eine Schauspielerin vom Hoftheater vorzutragen hatte, bekam ich eine Einladungskarte zu dem sonst geschlossenen Abend. In bester Form wie in Friedenszeiten füllten die Soldaten Kopf an Kopf den Zuschauerraum, ein Bild der Disziplin, und nahmen die Darbietungen und die kleinen Geschenke bescheiden und dankbar entgegen. Da ging plötzlich der Vorhang auseinander, und auf der Bühne stand eine seltsame asketische Gestalt, lang und hager mit schwarzem, hängendem Haar und Bart, die Handgelenke wie aus leeren Ärmeln schauend, der ganze Mensch die Verkörperung des glühenden Fanatismus. Er entbot den Heimgekehrten den Gruß Eisners und redete mit Feuerworten auf sie ein, sich der Bewegung anzuschließen. Der da sprach, war Gustav Landauer, der Schriftsteller und Philosoph, Schüler Bergmanns, der in den feinen Kreisen Berlins eine große schöngeistige Gemeinde besaß und der jetzt nach München geeilt war, um mit der Gläubigkeit des Apostels den Bürgerkrieg entzünden zu helfen, in dem der Unglückselige selber ein trauriges Ende finden mußte. Damals erlebte ich, was demagogische Beredsamkeit über ungeschulte Massen vermag: Die Luft war verwandelt, nachdem er ge-

Isolde Kurz

sprochen hatte. Eine unterdrückte Unruhe ging durch die Reihen der großen Kinder da unten, ein leises Rühren und Rücken; dem Gebotenen folgte keine Aufmerksamkeit mehr, der Funke hatte heimlich gezündet.

Julius Kreis   *Soldatenankunft.* Nacht über dem Bahnhofplatz. Tausende von Menschen. Eltern, die einen Sohn erwarten, Frauen, die nun endlich ihren Mann empfangen können, Mädel, die mit frohem, klopfendem Herzen nach dem Schatz aussehen, und nicht wenige Männer und Frauen, denen dann und wann heimlich die Hand über die Augen geht, Menschen, die niemanden — mehr erwarten können. Die es hergetrieben hat, um das Regiment einziehen zu sehen, bei dem *er* stand und — fiel. Soldaten sollen kommen, die über vier Jahre in der Fremde gekämpft, geduldet, ausgeharrt haben. Für immer wieder in die Heimat. Und die Tausende warten in hoher Freude, in tiefem Leid . . .

Und darunter tausend andere, von keinem Gefühl beseelt, nur von dem Gedanken an »Hetz« und »Gaudi«. Immer dieselben Erscheinungen, ob Revolution oder Königsfeier, Soldatenheimkehr oder Kriegserklärung, Sieg oder Niederlage, Leben oder Tod. Sie sind da: 16-, 17-, 18jährige Burschen und Dirnchen mit rohem Gejohl und Pfeifen, mit allen rohen, dreckigen und wilden Instinkten der Gasse. Freibeuter, die im Schutz der nächtlichen Dunkelheit und der Massen sich austoben. Der Soldat, der müde vom wochenlangen, bis zum Ende gefahrvollen Rückmarsch heimkehrt, ist ihnen eben gut genug als Anlaß zum Randalieren. Man sah Bilder, die einem das Blut in den Kopf trieben. Eine Frage: Ist es ganz unmöglich, diesen Elementen heimzuleuchten? Der alte Staat hat es nicht fertiggebracht. Könnte nicht der neue Staat, in seinem eigenen Interesse, einmal etwa hundert, zweihundert handfeste Männer, Soldaten vielleicht, die etwas auf ihre Ehre halten, bei der nächsten Gelegenheit abordnen, nicht mit Gewehr und Säbel, sondern mit handfesten Ochsenfieseln. Freilich, ein schönes Bild gäbe es ja nicht.

Aber es wäre vielleicht eine Radikalkur, die im Interesse der Bevölkerung aller politischen Bekenntnisse dringend zu wünschen ist. — Der Menschheit Würde ... Jawohl, wenn's anders nicht hilft, muß sie mit dem Ochsenfiesel gebläut werden.

Die Tausende bevölkerten die täglichen Straßen, hatten keine Arbeit, warteten, murrten und wußten nicht wo aus und wohin.

Oskar Maria Graf

Zuckungen gingen durch ganz Deutschland. Im Ruhrgebiet waren Unruhen ausgebrochen. Ich traf Arbeiter in der Stadt, die mir schon von weitem entgegenlachten. »Ah, der blamierte sanfte Heinrich vom *Mathäser*!« spöttelten sie und erzählten, daß sie eine zehntägige Arbeitspause machen müßten, weil kein Betrieb mit Kohlen beliefert werden könnte. »Und kriegen den Lohn voll ausbezahlt, weil's die Regierung angeordnet hat«, sagten sie freudestrahlend, »jetzt hat man Zeit zum Politisieren.«

Der Kampf um die Landtags- und Nationalversammlungswahlen war entbrannt. Alle Größen der parlamentarischen Parteien hielten ihre Agitationsreden. Stürmische Versammlungen folgten einander. Flugblätter übersäten die Straßen, grelle Plakate schrien von Wänden und Litfaßsäulen herunter. Mit aller Hartnäckigkeit trieben die Spartakisten ihre Gegenbewegung, verkündeten fanatisch Wahlenthaltung und machten Demonstrationen.

Es gärte an allen Ecken und Enden.

In Berlin hatte die Beschießung der sogenannten Volksmarinedivision seitens der Regierungstruppen den Auftakt zu den großen Spartakuskämpfen gegeben. Abermals wurden die Zeitungsbetriebe besetzt, Riesenkundgebungen für die Divison und gegen die Regierung der Volksbeauftragten durchwogten alle Städte, und nach einer ganz kurzen Krise traten die drei Unabhängigen Barth, Haase und Dittmann zurück. Noske, Wissel und Löbe gesellten sich zu Ebert, Scheidemann und Landsberg.

Verschwörerisch ging es in München zu. Immer mehr

und immer mehr flüchtige Spartakisten aus Berlin kamen an, stellten sich mit Mühsam, Levien und Leviné vor die Massen und schrien ihre Bannflüche in die stickig-vollen Säle. Ein Anschlag, unterzeichnet von fast allen derzeitigen bayrischen Ministern, rief zur Bildung einer »Bürgerwehr« auf. Eisners Name war ohne dessen Einverständnis daruntergesetzt worden. Einen ungeheuren Skandal gab es im provisorischen Nationalrat, aber schier über Nacht entstand die gesagte Wehr. Alle republik- und revolutionsfeindlichen Elemente sammelten sich darin, besonders Studenten und beschäftigungslose Offiziere. Die mehrheitssozialdemokratischen Minister Auer und Timm erwiesen sich als hauptsächlichste Förderer. Auf Mühsam gab ein Unbekannter am zweiten Weihnachtsfeiertag fünf Schüsse aus der Dunkelheit ab. Die ersten antisemitischen Flugblätter tauchten auf. Meistens sah man sie in kleinen Milch- und Gemüseläden oder auch heimlich an die Wände geklebt. Moritatenähnliche Legenden über Eisners Herkunft und seinen vermeintlichen Reichtum verbreiteten sich.

Anfang Januar erfuhr man von den Aufständen in Bremen. Jakob Knief, ein Mann von großer Tatkraft, wirklicher Kühnheit und umfassendem Wissen, der damals im Januar Anno 1918 gleichzeitig mit uns in München verhaftet worden war, leitete sie. In Berlin tobte offener Krieg. Grausige Nachrichten liefen ein: Kanonen donnerten auf den Straßen, Flammenwerfer arbeiteten, Maschinengewehre knatterten. Noske hatte den Belagerungszustand verhängt, den Polizeipräsidenten Eichhorn entsetzt, die Zeitungen wieder zurückerobert, Ledebour und Meyer verhaftet und gegen Liebknecht und Rosa Luxemburg Steckbriefe und Prämien erlassen.

Jetzt flammte München auf. »Nieder mit der Blutregierung Ebert-Scheidemann-Noske!« durchgellte jeden Tag. Ernst Toller sandte ein Telegramm an die Berliner Regierung: »Scheidemann, Ebert, Noske, Mitglieder der Regierung Berlin, — Sie müssen erkennen, daß Sie seit Tagen an jedem Tropfen Blut, der noch vergossen wird, schuldig sind. Wenn das deutsche Volk selbst einen Ludendorff nicht zur Verantwortung zieht, Sie wird es vor ein Volksgericht stellen, und kein bewußter deutscher Arbeiter wird sich finden, der nicht sein dreimal schuldig spricht. Daß Sie keine Sozialisten sind, wir wußten es längst. Aber wir wissen nicht mehr, ob Mütter Sie geboren haben.«

Immer wildere Züge bevölkerten die Straßen. Einmal kam ich über den Lenbachplatz und sah ein dichtes Menschengemeng hastigen Schrittes lärmend in den Promenadeplatz einbiegen.

»Was ist's denn?« fragte ich mitlaufend.

»Eisner hat Mühsam, Levien und noch zehn Genossen nach Stadelheim bringen lassen«, erfuhr ich. Schon waren wir vor dem Ministerium. Hin und her drängte sich alles. Hinter dem verschlossenen Tor, hieß es, stünden schußbereite Maschinengewehrschützen. Man ratschlagte einige Minuten. Auf einmal kletterte ein Matrose auf dem Kandelaber zum Balkon empor, schwang sich drüber und verschwand unter lautem Jubel in der Tür. Kurz darauf erschien er mit Eisner, der furchterregt auf uns herunterschrie: »So holt sie euch, in Gottes Namen! Sie sind enthaftet!«

Marie Amelie von Godin

Im Wagen saßen die zwei Frauen den Herren gegenüber, und Marie Gabriele fiel es auf, wie Aimée sanft ihre Hand aus Eberhards Hand löste und sachte in Marie Gabrieles Arm schob.

Als der Wagen in die Barerstraße bog, hatte sich, wie in letzter Zeit so oft, eine Menschenansammlung vor einem Hause gebildet, in dessen erstem Stock ein Ministerium untergebracht war.

Ein Matrose war an der Dachrinne bis zu den Fenstern geklettert, um den Minister zum Anhören der Demonstrantenwünsche zu zwingen.

Andere folgten ihm.

In der Menge aber entstand ein Streit. Drei junge Burschen stürzten sich auf einen vierten, der ein Plakat trug mit der Aufschrift »Arbeitslose«, entrissen ihm das Plakat, warfen ihn um und traten auf ihn. Andere versuchten, sie von ihrem Opfer wegzureißen und hoben die Fäuste, sie zu schlagen.

Marie Gabriele, Kurt und Eberhard empfanden brennende Scham über diese Szene, es war ihnen zumute, als sollten sie der jungen Fremden mit Gewalt die Augen schließen. Ihr und Deutschlands Elend, ihre Wunde und Schande, ihre Qual war ihnen vorher noch nie so bis in den Staub beugend zum Bewußtsein gekommen. Sie schwiegen, als hätte die Ursache ihrer schmerzlichen Demütigung durch Schweigen und Nichtbeachten aus der Welt geschafft werden können.

»Die armen Menschen«, sagte Aimée de Mesnil leise.

Von diesem Augenblicke an liebte Marie Gabriele ihre Schwägerin.

Albert Steffen

Vor dem Bahnhof begegnete mir ein Zug streikender Munitionsarbeiter, in Lederjoppen und Wollwämsern, mit den Gebärden ihrer Arbeit. Diese Arme und Schultern waren in bestimmten Tätigkeiten stark geworden. Man wird diese Stärke noch verfluchen, mußte ich denken, obwohl die Leute ordentlich und ruhig, ohne jede Herausforderung schritten. Am Ende der Kolonne schwankte ein Zitterer in Uniform, bebend an allen Gliedern des Leibes, zuckend mit jeder Muskel des Gesichtes. Er war sehr aufgeregt, winkte und rief immerfort, aber niemand vermochte sein Stottern zu verstehen.

Ich begleitete die Schar auf dem Fußsteig bis zu einer riesengroßen Bräuhaushalle und drängte mit in den überfüllten Raum. Auf dem Podium, wo sonst eine Bauernkapelle die Bürger zu ergötzen pflegte, stand, in dichtem Rauche, vor zusammengeschichteten Notenständern, der Redner. Es war das erstemal, daß ich den berühmten Politiker erblickte. Er mochte fünfzig Jahre zählen. Das Haar hing ihm zu Seiten der mächtigen und doch sehr zierlich gemeißelten Stirn bis auf die beweglichen Schultern. Der Bart umwucherte nach überall hin ein blasses, mageres, eulenhaftes Gesicht. Die lichtempfindlichen Augen waren mit dunklen Brillengläsern bedeckt. Ich mußte mich wundern, daß aus der schmächtigen Gestalt solch blitzende und donnernde, weithin sich verbreitende Wortgewitter brachen.

Wie ich auf seine Rede lauschte, spürte ich: die Seelen derer, die im Kriege gefallen, sprachen durch ihn. Diese Toten hatten im Wahnsinn gelebt, sie hatten gehaßt und getötet, sie wandelten jetzt in der Erinnerung dessen, was sie getan, nach rückwärts, alles schauend in dem Licht, das ihnen Auge geworden. Denn Sterben ist ein Leuchten über den Lebenslandschaften. Solch ein Sonnenaufgang ihres Selbstes war ein Offenbaren, das richtete, wurde ein Zerstören des Zerstörerischen, wollte ein Gutmachen sein jedes Bösen. Je unerbittlicher die Seele sich läutert, um so unbezwinglicher wird ihr Strahlen. Dies Licht ist das süßeste Leben der Toten.

Was in den Toten lebte, ergoß sich in das Herz des Redners und gebot ihm zu sprechen: »Ich schlage vor, der ganzen Welt dieses kund zu tun: Die streikenden Arbeiter, vornehmlich der Munitionswerke, entbieten ihre brüderlichen Grüße den belgischen, französischen, englischen, italienischen, russischen und amerikanischen Arbeitern. Wir fühlen uns eins mit euch in dem Entschlusse, dem Weltkrieg sofort ein Ende zu bereiten. Wir wollen uns nicht morden. Wir werden unsere Regierungen, die Verantwortlichen des Weltkrieges, zur Rechenschaft ziehen. Wir wollen gemeinsam den Weltfrieden erzwingen, der im Aufbau einer neuen Welt allen Menschen Freiheit, Gleichheit, Brüderlichkeit bringt. Proletarier aller Länder vereinigt euch . . .«

Der Antrag wurde angenommen.

Jener Zitterer, der zu hinterst im Saal auf einem Tische stand, in gleicher Höhe mit dem Sprecher, hob die Hände und rief: »Hoch.« Wort und Gebärde dienten ihm wieder. Der Redner hatte sein Leiden von ihm genommen.

Der Streik wurde niedergeschlagen, der Führer gefangen gesetzt. Acht Monate saß er in Haft. Aber die lebensuchenden Toten bekamen Macht über die todsuchenden Lebendigen. Die Front brach zusammen. Da war er unter dem Druck der öffentlichen Meinung wieder frei gelassen.

Es war im Spätherbst. Ich kehrte von einem Besuche in der psychiatrischen Klinik zurück, wohin einer meiner Bekannten wegen immer häufiger werdenden Selbstmordversuchen hatte hingeschafft werden müssen. Hoffnungslos war, was ich dort gesehen. Der Kranke lief, wie mir der Wärter berichtete, den ganzen Tag im Nachthemd auf dem roten Linoleumboden seiner Zelle auf und ab. Als ich eintrat, wurde er vom Arzte aufgefordert, sich ins Bett zu legen. Er tat es folgsam, um sofort wieder, automatisch, hinauszusteigen. »Ich habe«, erzählte er, »meine Lebensgeschichte einem Erdarbeiter, den ich im Garten traf, gebeichtet (Kapitalistenkind, Gouvernanten- und Hauslehrererziehung, akademische Bildung, Privatdozent der Geschichte, der wegen eines Nervenleidens seinen Beruf nicht mehr ausüben kann). Dieser Mann, der einen natürlichen Verstand besitzt, sagte auch, ich wäre selber schuld, heute dürfe keiner mehr schmarotzen. Und er hat recht, ich bin ein Dieb an der Gemeinschaft, ein Dieb, ein Dieb«, sprach er unzählige Male, wollte meinen Trost nicht hören, wanderte hin und her, bis ihn der Arzt von neuem ins Bett zurückschickte.

Die Besuchzeit strich vorüber, ich mußte gehen. Vor der Anstalt zogen sich zwischen zwei Straßen dürftige Anlagen hin. Arme Leute saßen auf den Bänken, packten ihr Vesperbrot aus geflickten Säcken und verzehrten es stumm. Kinder spielten bei den Sandhaufen. Mir fiel heute mehr als je die Magerkeit der Gesichter und gelbliche Blässe der bloßen Beine auf.

Hier sah ich den Volksfreund zum zweiten Male, sitzend auf dem Rande eines Brunnens. Am Sockel, zu seinen Füßen, lag ein Stoß Zeitungen. Links neben ihm stand eine junge Frau und hob ihr Kind zur Röhre empor, damit es trinke. Er senkte das Blatt, das er in Händen hielt, faltete es zu einem großen Dreimaster zusammen und setzte diesen dem Knaben auf den Kopf. Der rutschte an der Mutter hinunter, lief weg, nahm stolz Parade vor den Bettlern ab.

Einige Tage darauf fand die gewaltige, historisch gewordene Volksversammlung auf der großen Wiese statt. Hunderttausende drängten sich zusammen, so daß man kein Flecklein Erde mehr erblicken konnte. Ich schaute auf die Menge und mußte denken: »O säh man endlich ein, daß die Menschheit ein einziges Wesen ist und daß der Einzelne das Heil des Ganzen suchen muß, wenn er nicht ausgeschieden werden soll wie tote Haut. O wollte man doch über den Weltenorganismus meditieren, dann würde jedermann erfahren, wo er hingehört und seine Aufgabe findet: Im Kopf, im Herzen oder im Magen. Dann würde keiner sein, der nicht erkennte, in welchem Teil er wohnen und wirken kann. Dann würde das Auge nicht das Ohr beneiden und die Hand nicht wüten gegen den Fuß. Dann sähe jeglicher sein Tun als Gnade an. Ich dachte an meine Freunde und ordnete sie ein. In den leblosen, schmutzsammelnden Fingernägeln verkümmerten nicht wenige. Sie wollten es nicht anders. Und du, sprach ich zu mir, wo möchtest du denn sein? Wo geht deine Sehnsucht hin? — Ach die Heimat, nach der ich hinbegehre, ist die Brust, an der Johannes lag beim heiligen Abendmahle. Dem Jünger, den der Herr lieb hatte, will ich nacheifern. Daran denk ich Tag und Nacht. Ob ich klein bin oder groß, alt oder jung, geachtet oder verfemt, dies oder das tue, was liegt daran? Man sagt, ich sei ein Schuster und sicherlich; ich suche meine Schuhe so gut wie möglich zu schustern. Aber ich will im Pulsschlag der Menscheit wohnen, im Herzen dessen, der alle umfaßt . . .«

Wie ich so auf die wimmelnden Massen schaute, ging mir auf, daß sie als Ganzes der Lunge glichen, die hungerte.

Jetzt entdeckte ich den Volksvertreter, hoch erhoben

über der Menge. Seine Worte wehten herüber. Ich spürte, sie nährten: denn sie waren Geist.

Plötzlich rotteten sich Soldaten mit roten Fahnen zusammen, stießen kurze, kräftige Rufe aus, bahnten sich eine Gasse zu dem Führer, stürmten mit ihm davon. Ich verstand, das war das Tun eines anderen Organes: eine Stoßflut frischen Blutes aus dem Herzen.

Am nächsten Tag vernahm ich, daß die Schar zu den Kasernen gezogen war, diese geöffnet und die alte Regierung gestürzt hatte.

Der Revolutionär wurde Lenker des Staates. Ich sah ihn einige Wochen später an der Spitze eines Demonstrationszuges, der veranstaltet wurde, um zu zeigen, daß man »nicht gewillt war, das Errungene preiszugeben«. Hinter einem Lastauto, das mit bewaffneten Matrosen besetzt war, fuhr seine blaue Einspännerkutsche. Er stand aufrecht darin, den Hut in der Hand und nickte nach allen Seiten. Aber die Menschen auf dem Trottoir sandten keine guten Gefühle nach ihm hin.

Frauen wandten sich ab und gingen in die Kirchen zu beten, daß er gestraft würde. Offiziere dachten: »Könnte man mit Maschinengewehren in den Zug hineinpfeffern.« Bankiers: »Wenn es so weitergeht, sind wir bald nicht mehr imstand, bar zu zahlen.« Beamte: »Käm doch die feindliche Besatzung und stiftete Ordnung.« Krämer: »Diese Leute, die unsere Warenhäuser füllen sollten, damit wir Schiffe nach Amerika befrachten und den Austausch wiederum beginnen könnten, machen unnütze Krawalle, verführt von einem weltfremden Phantasten.« Auch Arbeiter gab es, die nicht im Zuge mitgehen mochten und sich sorgten: »Was wir besitzen und anbieten können, unsere Arbeitskraft, das einzige Gut, findet bald keinen Abnehmer mehr, weil das Kapital zum Teufel geht.«

Haß stieg aus der Menge und sammelte sich über dem Haupte des Staatsmannes.

Da erschien mir, auf der First der Universität, an der wir eben vorüberschritten, ein Gebilde, einem zangenartigen

Gebisse ähnlich, von Drahtgewirr umstarrt: Zähne, stumpf und hohl, in Fächer abgeteilt, soweit sie nicht zerfallen und zerfault. Drinnen wimmelte es von Maden, Kerfen und Würmern. Ich strengte meine Augen an, zu sondern, was ich schaute, da schwand es wieder, ließ Ekel und Grauen zurück: Es war ein Gespenst gewesen.

Vier Tage darauf begegnete ich dem Minister auf einer Landpartie, die ich mit einigen Freunden unternahm. Wir fuhren am Morgen des dritten Tages, da wir unterwegs waren, vom Wirtshaus »Zum Löwen«, wo wir logiert hatten, einen Rain hinunter. Als das Chaischen die Kurve nahm, an welcher eine alte Mühle stand, wäre es beinahe umgekippt und zwar wegen eines gewaltigen Windstoßes, der seitlich in das Plachendach des federleichten Fahrzeugs fuhr. Platzregen, die plötzlich niedergingen, schienen die Hügel zu beiden Seiten der Straße in Wasserfälle zu verwandeln. Wir glaubten, das Ackerland würde heruntergeschwemmt. Aber der Orkan legte sich so schnell wie er gekommen. Die Hänge waren zwar voller Rinnsale, aber sie liefen alle in gleicher Richtung, schmal und geordnet wie Furchen: Der Sturm hatte die Erde gepflügt.

Wir kamen mit durchnäßten Kleidern zu einer Bauernherberge und fanden, als wir das Pferd in den Stall einstellten, zu unserem Erstaunen den Staatsmann darin, der sich, wie er sagte, auf einer Forschungsreise im schwärzesten Erdteil befand. Er sprach viele helle Dinge. Aber ich hatte den Eindruck, daß er keinen Erfolg bei dem Bauer hatte, der seine Stirn in den Bauch der Kuh stemmte und ganz dem Geschäfte des Melkens hingegeben war. Mir schien sogar, als wäre der Minister selber nicht so recht bei dem, was er redete, als horchte er mit heimlicher Wehmut auf die Symphonie der Milchstrahlen, die in den Kessel fuhren, als wollte er in dieser Melodie versinken.

Ich betrachtete die Kuh, die prächtigste, die ich je gesehen, weiß und schwarz, mit einem roten Flecken auf der Stirn und einem Euter, das nicht zu erschöpfen schien. Jedoch: das rechte Horn war abgesägt. Ich fragte: »Warum?«

Der Melker versetzte mit verhaltenem Ingrimm: »Die Gefangenen, die man losgelassen hat, haben es getan.« — »Was für Gefangene?« — »Franzosen.«

Leise erhob sich nun der Staatsmann und verließ den Stall. Der Bauer schüttelte die Fäuste hinter ihm und knirschte: »Der ist schuld.« Und in der Tat, so war es: Der Minister hatte vor kurzem ein Dekret erlassen, wonach die Lager, in denen noch Gefangene weilten, unverzüglich geöffnet werden sollten. Nun strichen die Schlimmsten von ihnen im Land herum, stifteten Schaden, wo sie konnten.

Das Auto des Staatsmannes tutete, er fuhr in die Stadt zurück.

Nachdem er von seiner Landreise zurückgekehrt war, arbeitete er ein Schriftstück aus, worin er erklärte, daß er sein Amt als Lenker des Staates niederlege. Unmittelbar darauf fiel er einem Attentat zum Opfer. Ich vernahm die Nachricht von dem Morde bei dem Zollamt, wo ich ein Lebensmittelpaket abholen wollte. Die Zöllner, die in dem schlecht gelüfteten Raum hin- und herschlurften, redeten über das Geschehnis. Sie verurteilten die Tat, weil sie die Wirkung fürchteten, als etwas höchst Unkluges. Ich konnte mich nicht halten und rief: »Verurteilt doch die Gedanken, die den Mörder besessen.«

»Schicksal«, sagte einer. »Und zwar verdientes«, setzte ein zweiter hinzu. Ich erwiderte, schon im Gehen: »Ihr seht ihn falsch. Wenn er wäre, wie ihr meint, so würde er fürchterliche Rache nehmen. Sein Geist, der nicht zu töten ist, fände ein Werkzeug dazu. Aber ich kenne ihn besser. Ich habe seine guten Augen und seine lichte Stirn gesehen. Ich weiß, er wird zu verhindern suchen, was jetzt naht . . .«

»Aber ob es ihm gelingen wird?« dachte ich bei mir. O, etwas Grauenvolles war im Anzug, das spürte ich, wie ich auf die Straße trat, das brauchten mir die Züge finsterer Menschen, die sich auf allen Plätzen sammelten, nicht erst zu sagen.

Ich suchte den Ort der Untat auf. Das Blut, das den Boden bespritzt hatte, war mit Blumen bestreut. Ein Bettler, der an der Mauer lehnte, verkaufte sein Bild auf Ansichtspostkarten. Durch das Blut, durch die Blumen, durch das Bild blickte sanft der Abgeschiedene auf die Menschen, die herandrängten. Sie kamen erregt, sie schieden stille. »Wir wollen ihn noch einmal sehen«, sagten sie.

Ich schloß mich ihren Scharen an und pilgerte zum Friedhof im Osten der Stadt. Mit den Ungezählten, die dort versammelt waren, wartete ich, bis auch an mich die Reihe kam, einen letzten Blick auf den Toten zu werfen, betrachtete unterdessen die Harrenden: werktätiges Volk, ein jeder mit den Zeichen seiner Arbeit behaftet. Metallarbeiter sah ich mit Gesichtern, von Gas, Dampf und Säuren geschwärzt und gerötet, von Eisenstaub geätzt und genarbt. Gasarbeiterinnen mit grünem Haar und ockergelber Haut. Anstreicher mit grauem Bleisaum des Zahnfleisches. Maurer mit Schieferabscessen. Hadernarbeiter mit entzündeten Augenlidern. Bleiche, blutarme Heimarbeiterinnen.

Ich erriet aus jeder Krankheit das Gewerbe, das sie verursacht hatte. Alle gaben ihren Leib für die Erde. »Was entsteht aus dieser Gabe?« fragte ich mich, »für die Gebenden und für die Nehmenden? Macht sie die Gebenden gut oder schlecht? Die Nehmenden dankbar oder roh?« — Und plötzlich wurde mir gewiß: Es mußte sich entscheiden, ob aus dem Geben Opferliebe oder Rachsucht geboren würde.

Nachdem ich den Toten in seinem Papierkleid gesehen, ging ich heim und schloß mich ab. Ich empfand das Bedürfnis, allein für mich zu sein. Es wurde mir zur Pflicht, an diesem Tage nichts anderes mehr als das verklärte Antlitz vor mir zu haben. Es war heiter, weise und gut. Die Lippen lächelten. Die Stirne war umschwebt von Geist. Die Augen — siehe, öffneten sich und zogen mich an, so liebevoll, ich senkte mich in in sie hinein und sah mich in eine Halle, unter ungezählte Menschen, treten. Sie war überdacht von einem Kugelgewölbe, blau wie die Augen des Toten. Er war gestorben, das wußte ich, denn ich erinnerte mich. Er war lebendig, das wußte ich, denn ich schaute: — Auf einem silbernen Podium sah ich ihn stehen, umringt von Posaunenbläsern. Das waren die Seelen derer, die im Kriege gefallen.

Er aber, der Führer, blickte in die Tiefe. Dort standen die Menschen, die an seinem Leichnam defiliert waren. Sie schaufelten und hackten und förderten zuletzt ein riesiges Gebiß zu Tage. Es fing zu knirschen und zu knarren an, schoß unter fürchterlichem Ächzen in die Höhe. Jeder ließ vor Angst das Werkzeug fallen.

»Helfer«, rief der Führer.

Da begannen die Posaunen zu dröhnen.

Die Zähne fielen darob aus den Kiefern und zerbröckelten. Feuer loderte aus den Wurzelhöhlungen, floß über, lief fort und setzte die Dielen in Brand.

»Es ist notwendig«, hörte ich den Führer, der im Rauche schon verschwimmen wollte, rufen, »daß alle auf die blaue Farbe schauen und sich in ihr vereinigen, dann wird kein Unheil geschehen.«

Auf diese Worte hin hefteten sich aller Augen an das Gewölbe. Immer wenn sich ein Lid senken wollte, setzten die Posaunen mächtiger ein.

Und ich sah: Die Flammen verwandelten sich in Federn, fügten sich zu Flügeln und färbten sich violett. Ein Vogel flatterte auf. Die Töne füllten seine Brust und trugen ihn empor.

»Das ist der Phönix«, rief ich und streckte meine Hände nach ihm aus. Und er flog gradenwegs hinein.

— Ich aber fand mich wach, die gefalteten Hände auf dem Herzen, denn dorthin hatte ich gegriffen. Dort war meine Seele, von dem Geist des Toten verwandelt, wiederum in meinen Leib hineingegangen.

Möchte es allen so gehen wie mir, mußte ich denken, dann verwirklichte sich die Sehnsucht des Toten, dann gelänge ihm zu verhindern, daß sich des Satans Zähneknirschen verbündete mit Luzifers Feuer, dann flösse kein Blut mehr unter Brüdern . . .

Am 21. Februar 1919 fuhr ich nach Bayern. Auf einer Bahnstation hörte ich draußen erregtes Rufen des Schweizer Bahnschaffners, drinnen kräftiges Bravo eines deutschen Spießers, verstand die Worte nicht, die an mein Ohr drangen und mußte endlich begreifen: Kurt Eisner ist ermordet. *Ernst Toller*

Die Ermordung Eisners zu eben der Stunde, wo er bereit war, als Ministerpräsident abzudanken und die Regierungsgewalt in die Hände des von ihm zusammenberufenen Landtages zu legen, war ein politisches Ereignis von unübersehbarer Tragweite. Es war der erste Fanfarenstoß des aus seiner Lethargie wiedererwachenden bayrischen Vaterlandsgefühles und so verstanden eine wirklich große Tat. Wäre Eisner am Leben geblieben, so hätte er als Führer der Opposition mit dem Gewicht seiner Persönlichkeit die erdrückende Majorität der Unzufriedenen um sich gesammelt, die Machtsphäre des Sozialismus auf legitimem Wege erweitert und seine Ideen weit über Bayerns Grenzen hinaus gefördert. So aber mußte sich die blinde Raserei seiner Anhänger in der Räterepublik entladen, der es Bayern zu danken hat, daß es heute Hort und Mittelpunkt der nationalen Bewegung, ein bürgerlich geordnetes, konservatives Staatswesen und entschlossenster Feind des Marxismus wie des französischen Bedrückers ist. Diese weltpolitische Bedeutung seiner Tat hat der junge Graf Arco, als er dem ihm verhaßten jüdischen Emporkömmling die Kugeln in den Hinterkopf jagte, wohl nicht von ferne geahnt. Heute darf er sich rühmen, die Geschicke seines Volkes, vielleicht ganz Europas, entscheidend beeinflußt zu haben. *Kurt Martens*

Als die Nachricht von dem geglückten Attentat in unsere Redaktion gelangte, waren die Herren Kollegen keineswegs erfreut. Die Kommentare, die sie untereinander tauschten, waren alle auf den Ton gestimmt: »Verdammt, nun wird es uns aber an den Kragen gehen!«

Auf dem Heimweg fand ich die Straße am Ministerium

des Auswärtigen, wo Eisner zusammengebrochen war, abgesperrt. Am Nachmittag war sie frei, aber die Spuren von Blut und verspritztem Gehirn hatte man absichtlich noch nicht ganz beseitigt. An der Mauer über der Mordstelle war eine primitive Photographie des Opfers, umgeben von einem Lorbeerkranz, angebracht — eine Art Wallfahrtsort für die empörten Proletarier. Ihre Führer sausten auf Automobilen hin und her und hielten aufreizende Reden. An Eisners Ministerium schwirrten sie aus und ein wie Bienen und Drohnen.

Oskar Maria Graf

Die Glocken von allen Türmen fingen zu läuten an, die Trambahnen hörten mit einem Male auf zu fahren, da und dort stieß jemand eine rote Fahne mit Trauerflor zum Fenster heraus, und eine schwere, ungewisse Stille brach an. Alle Menschen liefen mit verstörten Gesichtern stadteinwärts. Je weiter ich kam, desto aufgeregter wurde die dumpfe Hast. Vor dem Landtag ballte sich ein schwarzer Menschenknäuel, Soldaten und bewaffnete Zivilisten waren darunter. Ich stürmte weiter in die Promenadestraße, an den Mordplatz. Da hatten sich Hunderte schweigend um die mit Sägespäne bedeckten Blutspuren Eisners zu einem Kreis gestaut. Fast niemand sagte ein lautes Wort, Frauen weinten leis und auch Männer. Etliche Soldaten traten in die Mitte und errichteten eine Gewehrpyramide. Dem einen rannen dicke Tränen über die braunen Backen herunter. »Unser Eisner! Unser einziger Eisner!« klagte eine Frau laut auf, und jetzt wurde das Weinen vernehmbarer. Viele legten Blumen auf den Platz, immer mehr und immer mehr. Plötzlich fuhr vorne am Promenadeplatz ein vollbesetztes Lastauto mit dichten Fahnen und Maschinengewehren vorüber, und laut schrie es herunter: »Rache für Eisner!« Furchtbar wie ein Sturmsignal klang es und furchtbar, wie ein gellender, verzweifelter Aufschrei brach es aus den Hunderten: »Rache! Rache für Eisner!«

Wir waren wie vernichtet. Diese Schüsse galten nicht dem einen Manne, sie galten der Freiheit, der Revolution. Die ganze Stadt war aufgeregt. Wir strömten über die Straßen. Die Arbeiter schrien nach Rache. Wer war der geistige Urheber dieses Mordes? Her mit dem Schuldigen! Viele Namen schwirrten durch die Luft. Der Name eines Mannes tauchte immer und immer wieder auf, ging unter in dem erregten Meer, sprang wie ein Ball aus der Tiefe, allen sichtbar, der Name *Auer!*

Alois Lindner

Die Glocken der Stadt dröhnten im Sturm: »*Kurt Eisner* ist ermordet! Nieder mit dem Mörder und mit den Verrätern am Sozialismus! Nieder mit dem Verräter *Auer!*«

Wir sammelten uns im Revolutionären Arbeiterrat. Man sah geballte Fäuste. Vom Präsidium wurde ein Nachruf auf den Ermordeten gehalten. Wer sprach für den Ermordeten? *Auer,* der geistige Urheber des Mordes!

Blitze zuckten durch das Hirn. Ein fahler Schleier legte sich vor die Augen. Eine unbekannte Gewalt nahm mich in ihre Fäuste. Der Ermordete erstand vor meinem geistigen Auge, aus vielen Wunden blutend. Wie einen Posaunenstoß hörte ich eine Stimme: »Räche den Ermordeten!«

Eine verzehrende Flamme brannte in mir. Die Tränen des Zorns, die nach Innen stürzten, schlugen Flammen in meine Seele. Ich hob den Arm. Die aufzuckenden Blitze aus der Pistole zerrissen den Schleier vor meinen Augen. Ruhig hämmerten die Schläfen.

Ruft und schreit nicht mehr nach Rache! Ich habe den Toten gerächt!

Der Landtag, wo ein halbverrückter Metzgerbursche mehrere Personen von den Gegenparteien blindlings erschossen hatte — der Minister Auer kam mit einer lebensgefährlichen Verletzung davon — stob entsetzt auseinander.

Kurt Martens

Erich Mühsam

Daß Auer Eisner stürzen wollte, war allgemein bekannt, ebenso, daß er sich dazu der Unterstützung der gesamten Bourgeoisie versichert hatte. Es war ihm nachgewiesen worden, daß er in seiner Eigenschaft als Minister des Innern die Bewaffnung des reaktionärsten Teils der Bauernschaft veranlaßt und organisiert hatte; ja, er hatte in Gemeinschaft mit dem gleichfalls sozialdemokratischen Justizminister Timm an erster Stelle einen Aufruf unterzeichnet, der zur Bildung einer »Bürgerwehr«, also einer weißen Garde gegen das Proletariat, aufforderte. Der Verdacht, daß auch die Ermordung Eisners auf sein Konto zu setzen sei, war wahrscheinlich falsch, aber durchaus verständlich. Ein (wirkungsloser) Revolveranschlag, der schon am 26. Dezember auf mich verübt war, lief meiner festen Überzeugung nach auf Auers Einfluß zurück.

Kurt Martens

Eine Politik der Gasse und der Gassenbuben nahm ihren Anfang, die Machthaber von Sowjetrußland unterstützten sie.

Erich Mühsam

Lindner, der vom ersten Revolutionstage an Mitglied des RAR war, war ein ganz unkomplizierter, aber durchaus zuverlässiger, dem Kommunismus wahrhaft ergebener Proletarier und ein sehr leicht erregbarer Mensch. Sein Eindringen in die Sitzung der Landtagsabgeordneten, die eben scheinheilig die Mordtat an Eisner verurteilten, und die Schüsse, die er auf Auer abgab, waren einfach die Reflexbewegungen der Revolution auf die vorbedachte Gewalt der Konterrevolution.

Josef Hofmiller

Montag, 24. Februar. Meine gestern niedergeschriebene Vermutung, daß der Anschlag auf Auer und die anderen Mitglieder des Landtags nur ein *post hoc, kein propter hoc* bedeutete, gewinnt immer größere Wahrscheinlichkeit. Nicht nur, daß alles viel zu gut klappte, als daß es hätte das Ergebnis eines Arbeiter- und Soldatenrates sein können, der noch unter dem Eindruck des Todes seines Führers stand: die Abgeordneten waren sogar vorher, wie mir L. mitteilte, gewarnt worden, die Erklärung Eisners, daß er hiermit sein Amt niederlege, ja nicht mit Zeichen des Beifalls aufzunehmen, um nicht dessen auf der Galerie des Saales befindlichen Anhängern den Vorwand zu geben, in den Saal zu schießen! Es war alles programmäßig vorgesehen und wäre programmäßig verlaufen, nur eine einzige unvorhergesehene Nummer wurde eingeschoben: das Intermezzo Eisner-Arco.

Mitte Februar wurde es kalt. Große Schneefälle begruben wie Jahr um Jahr das winterliche Land. Aber der Schlaf unter der weißen Decke war draußen vor Münchens Toren unruhiger als in den Wintern seit Menschengedenken, nachdem sich im Alpenvorland, in den Bergen, an den Ufern der großen und kleinen Seen alle Landhäuser mit Flüchtlingen aus der Landeshauptstadt bevölkert hatten. Es war eine Menschenwelle hinausgebrandet und hatte die meisten Dörfer überflutet. Die Städter aber hatten ein unstetes Wesen mitgebracht, das auch die Bauern in heimlichen Aufruhr versetzte und die Stille des Winters von 1918 auf 1919 mit einer verborgenen Spannung erfüllte.

Wilhelm von Schramm

Auf dem Lande hatte man gleich nach dem Waffenstillstand die alte Arbeit aufgenommen. Der Soldat kam vom Kriege nach Hause, legte seinen Tornister ab, sah sich sein Haus und die leerer gewordenen Ställe an und machte sich in demselben Rock, den er in der Champagne oder Ukraine getragen hatte, wieder ans Tagewerk.

Ich sollte in jenen Tagen an einer Konferenz der Unabhängigen in Berlin teilnehmen, ich versäumte, durch Arbeit im Zentralrat aufgehalten, den Zug, am nächsten Morgen fliege ich nach Berlin.

Ernst Toller

Ein Kampfflieger, geschmückt mit dem Eisernen Kreuz erster Klasse und dem goldenen Fliegerabzeichen, ist mein Pilot. Bei südlich blauem Himmel starten wir. Ich sitze hinter dem Piloten in einem kleinen offenen Raum, durch das viereckige Loch im Boden warf man im Krieg Bomben auf Häuser und Menschen, jetzt dient es mir als Fenster zur entschwindenden Erde. Es ist mein erster Flug. Die schwarzen Wälder, die grünen Wiesen, die braunen Berge und Schluchten werden flache, farbig abgezirkelte Quadrate aus einer Spielzeugschachtel, im Warenhaus gekauft, von Knabenhänden zusammengestellt. Wolkengebirge türmen sich, die Erde überflutet eine weiße weiche Nebeldecke, die mich anzieht mit unheimlicher Lockung, der Wunsch, zu fallen, zu versinken, verwirrt meine Sinne.

Der Himmel klärt sich auf, die Sonne steht im Zenit, ich sehe nach der Uhr, wir sind Stunden geflogen, wir müßten in Leipzig sein, dort will der Flieger Benzin tanken.

Ich schreibe auf einen Zettel: »Wann sind wir in Leipzig?« und reiche dem Piloten das Papier. Der zuckt die Schultern, er hat die Richtung verloren.

Plötzlich sinkt das Flugzeug im Gleitflug zu Boden, ehe ich mich noch anschnallen kann, saust der Apparat senkrecht herunter und bohrt sich mit der Spitze in den Acker. Ich fliege mit dem Kopf gegen die Bordwand und bleibe betäubt liegen. Als ich wieder zu mir komme, sehe ich Menschen, nicht in Leipzig sind wir gelandet, sondern in Niederbayern, in Vilshofen.

Die Bauern helfen uns, das Flugzeug ist nur leicht beschädigt.

— Können wir weiter nach Berlin fliegen? frage ich den Piloten.

— Nein.

— Was sollen wir tun?

— Ich getraue mich, nach München zurückzufahren, aber für Sie übernehme ich nicht die Verantwortung.

— Ich fahre auf eigene Verantwortung mit.

Wir landen abends auf dem Flugplatz Schleißheim. Am nächsten Morgen fliege ich zu früher Stunde mit anderem Flugzeug und anderem Piloten. Der Himmel bewölkt sich, Strichregen näßt unsere Gesichter, Stunden um Stunden fliegen wir, ohne daß Leipzig zu sehen ist, ich denke an den Sturz von gestern und schnalle mich fest. Minuten später senkt sich das Flugzeug zur Erde. Wir landen in einem aufgeweichten Lehmacker, sausen etliche Meter vorwärts, an einer Böschung überschlägt sich der Apparat, ich hänge im Gurt, das Flugzeug über mir, der Pilot ist herausgeklettert, aus Mund und Nase strömt Blut.

— Nichts Schlimmes, ruft er und zieht mich unter dem Flugzeug hervor.

Wir sehen in der Nähe ein Dorf, von allen Seiten laufen Bauern herbei, sie kümmern sich nicht um uns, in ihren Händen tragen sie Flaschen, Kochtöpfe, Eimer, große und kleine Gefäße, um das Benzin, das aus dem Tank fließt, aufzufangen, denn Benzin ist in dieser Zeit kostbarer als Gold, kostbarer als Menschen.

Der Pilot und ich stolpern in unseren schweren Fliegeranzügen zum Dorf, wir finden ein Gasthaus, legen uns auf die Bänke und schlafen, vom Schreck erschöpft, sofort ein. Ich muß Stunden geschlafen haben, als ich aufwache, dämmert der Abend. Ich sehe wie durch einen Nebel Bauern um den Wirtshaustisch sitzen, ich stehe auf, an der Tür erblicke ich einen Gendarmen.

— Nix, Franzos, ruft er und bedeutet mir, daß ich das Zimmer nicht verlassen darf.

— Ich bin kein Franzose.

Aus der Tasche ziehe ich meinen Ausweis und reiche ihn dem Gendarmen. Seine Augen weiten sich, er macht mir ein Zeichen, ich folge ihm auf den Korridor.

— So, der Herr Toller sans. Des dürfen wir fei nöt den Bauern sagn. Die moana, Sie san a Franzos, wenn die wüßten, daß Sie einer von die Roten san, die täten Eahna auf der Stell totschlagen. Hier in Wertheim sans alle schwarz.

Ich fahre mit der Kleinbahn nach Ingolstadt.

— Fährt heute noch ein Zug nach München? frage ich den Bahnvorsteher.

— Des scho.

— Ich fahre mit.
— Des nöt.
— Warum?
— Nur der Landtagszug fährt, und der hält nicht.
— Der Zug muß halten.
— Und wenns der König von Bayern san, der Zug hält nöt.
— Der König von Bayern bin ich nicht.
Ich zeige ihm meinen Ausweis.
— Dös geht mi an Dreck o.
— So, sage ich, stecke meine Hände in die Tasche, packe das Taschentuch, als ob ich eine Waffe umkralle und sehe ihn scharf an.
— Sie werden den Zug zum Halten bringen.
Er läßt die hochgezogenen Schultern fallen, die Achselblätter rollen aufgeregt, dann zieht er den Bauch ein, wirft die Brust vor, legt die Hände an seine Mütze und brummt:
— Zu Befehl, Herr Toller.
Zehn Minuten später steige ich in den Zug nach München, die Konferenz in Berlin habe ich versäumt, wäre ich in Berlin gelandet, hätte ich dort bleiben müssen, zwei Tage später herrscht Krieg zwischen Berlin und München.

Zweites Buch

FÖHN

*I*n Hof bekam ich die erste bayrische Zeitung. In einer kleinen Nachrichtenecke las ich, daß Truppen Noskes in einer Vorstadt Berlins auf einige Matrosen gestoßen seien, die in friedlicher Absicht dort zusammengekommen waren; der Leutnant der Streife hatte sie verhaften lassen, ihren Protest als Widerstand erklärt und sie in der Wirtschaft einen nach dem andern niederschießen lassen. Es war mir, als wäre ich einem sicheren Tod entkommen; zum erstenmal dämmerte mir, daß es sich hier nicht um einen Bürgerkrieg handelte, sondern um das Chaos des Nachkrieges. War München davon verschont? Die Zeitung brachte einen Leitartikel, der sich für die Enteignung der Wittelsbacher und des Adels aussprach.

Gustav Regler

In Nürnberg warf ein junger Mann Flugschriften in den Zug. Sie enthielten Bibelzitate und die Aufforderung, Gustav Landauer zu folgen, der einen Staat der gegenseitigen Hilfe aufbauen wolle. In Augsburg waren Plakate angeschlagen, daß Leviné reden würde: »Alle Macht den Räten!« forderten die Plakate; Leviné war ein Unabhängiger. Er würde, so sagte die Anzeige, Gefangene mitbringen, die seit Monaten im Gefängnis gesessen hatten, auf daß das Volk von Augsburg seine wahren Märtyrer begrüßen könne.

Ich notierte mir die Namen der Sprecher, als eine Stimme hinter mir behutsam sagte: »Glauben Sie doch diesen Ausländern nichts!« Ich fühle noch den Schauer jenes seltsamen Augenblicks; als ich mich herumdrehte, stand ein Geistlicher vor mir; er hatte einen dünnen Mund und gütige blaue Augen; er sprach noch leiser, als er mir seine Intervention erklärte: Kein Bayer wolle diese Revolution; die Revolutionäre seien alle Ausländer. »Sehen Sie sich doch die Namen an!« Bayern solle ein selbständiger Staat werden, solle sich mit Österreich zusammentun, dann wäre die Majorität katholisch; ob ich auch Katholik sei? Es werde einen viel besseren Frieden geben; jetzt könne man sich noch herauswinden, es sei der letzte Augenblick. Er sprach leise wie im Beichtstuhl, aber diesmal war es seine eigene Beichte.

Der Zugführer ging an den Wagen vorbei und verkündete, daß der Zug bald abfahren werde. »Hier ist eine Adresse«, flüsterte der Geistliche und kritzelte schnell etwas auf ein Papier; ich nahm es mit einer Verbeugung und steckte es in die Tasche; ich verlor es später und habe nie erfahren, wohin er mich schicken wollte.

Ich kam mit wenig Gepäck und spärlichem Geld in München an, verwirrt, aber mit dem Gefühl, in einem ganz neuen, besseren Land angekommen zu sein.

Friedrich Freksa

Aber was war das für ein Treiben? War das noch München? Nein, das war eine südliche Stadt! Auf den Stufen sonnten sich zerlumpte Menschen. Frauen mit Kindern saßen auf den Sockeln der Gebäude. Rote, grüne und blaue Decken leuchteten, Lazzaronitum war eingezogen.

Wilhelm von Schramm

Die radikalen Elemente aus aller Welt hatten sich hier gesammelt, Deserteure und viele sogenannte Künstler, internationale Literaten und jüdische Intellektuelle, die oft nicht einmal deutsch verstanden — kein Zweifel, daß jetzt das tausendjährige Reich irdischen Glücks beginnen mußte. Von dieser neuen Menschheit und ihrem Reich, das alle Völker oder doch die Proletarier aller Länder umfassen werde, sprachen, ja predigten jetzt die großen und kleinen Propheten an allen Straßenecken, die täglich Gemeinden um sich versammelten: Neander nannte sich einer von ihnen, der sich nicht scheute, Gott wieder anzurufen und Christus selbst als die wahren Kronzeugen und Schutzgötter der sozialistischen Revolution.

Ursula sah mit Staunen diese Ereignisse. Sie ließ sich

von ihnen ergreifen, wie viele junge Temperamente von ihnen ergriffen wurden; auch sie dachte wie diese, daß die Weltrevolution marschiere — dies zu denken war ihr in der Erinnerung an die fremden Truppen in ihrer Heimat ein eigentümlicher Triumph und Reiz. Im Lazarett hatte sie den Mann aus dem Volke kennen gelernt und seitdem eine Vorliebe für ihn behalten: für seinen natürlichen Sinn, seine schlagfertige Art, seinen Mutterwitz; auch hier in München ging sie gern zu den Volks-Versammlungen und hörte darauf, wie sie untereinander redeten, wie sie sich die Entwicklung dachten, und fand immer wieder den gleichen Sinn für Wirklichkeit und Gerechtigkeit — schade, daß sie die Schlagworte der Straße, das unsinnige Programm des Marxismus verführt, verwirrt und verdorben hatte und daß sie sich oft von den Demagogen in einen hysterischen Zustand versetzen ließen, in dem sie alle Besinnung verloren und wie böse, gemeine, reißende Tiere wurden.

Auf dem Marienplatz stand er mit weitgeöffneten Augen still. Eine Vision überfiel ihn. Allen Menschen waren zwischen den Schultern Tierköpfe gewachsen. Er sah Pudel wie Registratoren mit klugen, treuherzigen Augen. Schweine stießen ihre spitzen Rüssel in die Luft, Widder wiegten sich behaglich zwischen breiten Schultern. Aber er sah auch schlaue Sperber und hakennasige Geier und unter einem grünen Filzhütchen sogar ein Krokodil. Und alles knatterte und kreischte in unbekannter Sprache. Rote Fahnen flatterten im Wind. Auf den Rand des Marienbrunnens sprang ein Affe im langschößigen Rock und predigte. Alle Tiergesichter glotzten ihn begeistert an und schrien: »Hoch lebe die Sowjet-Republik.«

Friedrich Freksa

Die Sitzungen des Lenin-Klubs fanden einmal in der Woche in dem Atelier des Russen Smirinski statt. Dieses befand sich in einem kahlen Neubau, der am äußersten Ende der Clemensstraße ganz vereinzelt in einem freien

Wilhelm Weigand

Schuttgelände stand. Die Brüder Hiebler betraten gegen 9 Uhr ein eisiges Treppenhaus, in dem es nach frischem Kalk roch, und Richard klopfte im Dachgeschoß dreimal in Pausen an der Ateliertüre. Nach einer Weile vernahmen sie schleichende Tritte, und Hermann bemerkte, daß ein Lichtstrahl aus einem Guckloch in der Türe in das Dunkel des Stiegenhauses fiel; endlich öffnete sich die Türe, und vor ihnen stand ein beleibter junger Mann, in dem Hermann einen der Gäste des Sifferlingschen Tanzabends erkannte. Richard erhob als Erkennungszeichen den Zeigefinger zum Gruße, und die Brüder durchschritten einen schmalen Gang, in dem es nach abgestandenem Zigarettenrauch und Sauerkraut roch, und betraten dann das geräumige Atelier, das ein dichter Zigarrenrauch erfüllte. Etwa dreißig Männer und junge Leute, darunter so ziemlich alle Gäste des Salons der Frau van Sweeten, und ein Halbdutzend weibliche Wesen mit kurzgeschnittenen, straffen Haaren waren in dem kahlen, schlecht geheizten Raum versammelt, in dem kein Bild und keine Skizze verriet, daß da ein Maler hauste. Richard wechselte einen Händedruck mit einigen jungen, gutgekleideten Herren, die flüsternd an der Türe beisammenstanden, stellte aber seinen Bruder nicht vor. Die Brüder Hiebler nahmen an einem langen, ungedeckten Tische im Hintergrunde des Ateliers Platz. Hermann kam neben einen hageren, schäbig gekleideten Mann zu sitzen, an dessen fahlem Gesicht ein dünner, brauner Vollbart wie angeklebt herabhing. Der Herr stellte sich als Doktor Kammacher vor und fuhr dann in einer Erörterung der Umgestaltung der Universitäten fort, die zu bewerkstelligen die wichtigste Aufgabe der kommenden Räterepublik sei: An Stelle des Senats müßte ein revolutionärer Studentenrat treten; alle Prüfungen und das Doktorexamen sollten abgeschafft werden und der Zugang zur Hochschule jedem Genossen des Volksstaates offenstehen, wobei der Staat jedem Studierenden das Existenzminimum zu sichern habe; denn es handle sich um die Sozialisierung der Gehirne. Richard stimmte bei und verlangte, daß auch die Kunst nur noch den Ausdruck für den herrschenden Geist des neuen Gemeinwesens schaffen und, im Dienste der revolutionären Gesellschaftsideale, alle Formen der Anschauung und des Geistes: Architektur, Malerei, Musik und Dichtung zu einem einheitlichen Kulturganzen zusammenschweissen müsse.

Hermann hörte lächelnd zu; er glaubte seinen Bruder entschuldigen zu müssen und sagte zu dem Privatdozenten: »Mein Bruder ist Schriftsteller —.«

Der Bärtige entgegnete von oben herab: »Wir alle arbeiten an der neuen proletarischen Kultur —.«

Hermann stutzte: »Aber eine proletarische Kultur kann es doch nicht geben —?«

Der Privatdozent doziert: »Doch! Die kann und wird es geben. Für den Augenblick handelt es sich übrigens gar nicht darum, methodische Ordnung in die Unordnung der Revolution zu bringen; denn die Revolution, besonders die dritte und die vierte, werden höchst unordentlich sein. Der Zweck der neuen Umwälzung ist vielmehr die vollständige Revolutionierung des Arbeiters, das heißt: seine Einführung in das Erreichte und seine Belehrung, was er an dieser oder jener verantwortlichen Stelle unter allen Fällen zu tun habe —.«

»Sie wollen also aus den Arbeitern Papageien machen —«, bemerkte Hermann, den das hochnäsige Wesen des Universitätsmenschen reizte.

»Vollmenschen, Vollmenschen«, erklärte der Dozent und wandte sich flüsternd an eine neben ihm sitzende, grellgeschminkte ältliche Dame, die eine dicke Zigarre rauchte und schläfrig vor sich hinblinzelte.

An einem Tischchen, gegen das Atelierfenster zu, hockten die drei jüdischen Genossen aus Rußland, Leviné-Nissen, Levien und Axelrod, beisammen, und vor ihnen saßen drei blonde, junge Genossinnen, die den Doktor Levien mit Blicken verschlangen. Dieser sah müde und verlebt aus; sein fahles, gedunsenes Gesicht, das an einen Operettentenor erinnerte, leuchtete mit krankhafter Blässe aus dem raucherfüllten Zwielicht des Raumes, und wieder fiel Hermann sein Blick auf, den er nur bei Paralytikern beobachtet hatte. Der Agitator war in eleganter feldgrauer Uniform ohne Achselstücke, und als er sich erhob, um der üppigen Blondine aus dem Soller etwas ins Ohr zu flüstern, sah Hermann, daß er Reithosen und an den glänzenden, hochschaftigen Lackstiefeln lange Reitersporen trug. Sein Schwager Leviné, dessen zweiter Name Nissen jetzt täglich genannt wurde, ohne daß er den Gedanken an eine feste Persönlichkeit weckte, wirkte abstoßend auf Hermann: über das schmale, schlecht rasierte Raubvogelgesicht huschte bisweilen ein Grinsen, und an dem Lächeln, das seinen wulstigen Mund umspielte, hatten die Augen keinen Anteil. Was dem Beobachter ferner auffiel, waren die Hände des Mannes: knöcherne, behaarte Gorillahände, deren lange Finger sich bisweilen wie die Krallen einer Katze reckten. Als Levien an seinen Tisch zurückkehrte, trat ein junger Herr herzu, den die drei Russen mit auffallender Freundlichkeit begrüßten: ein hübscher, sorgfältig gekleideter junger Mann, den die drei Revolutionsdamen mit einem vergnügten Lächeln begrüßten. Es war, wie Hermann auf seine Frage von dem Privatdozenten erfuhr, ein junges Finanzgenie, der künftige Volksbeauftragte für Finanzen, der vor dem Kriege Banklehrling in der Pfälzer Bank gewesen und nun bei den Kommunisten gelandet war; er besitze, so versicherte der Dozent, eine fabelhafte Schlagfertigkeit und verstehe die Kunst, Geld zu schaffen, besser als ein Reichsbankdirektor.

Indessen schien sich der Gesellschaft eine steigende Unruhe zu bemächtigen, und der Herr des Raumes mußte erklären, der Staatskommissar für Volkssozialisierung, der Genosse Altmann, der einen Vortrag über sein Programm halten werde, habe sich etwas verspätet, werde aber sicher erscheinen. Und in der Tat trat zwei Minuten darauf der Erwartete, ein bärtiger Herr mit einer Glatze, ein. Er entschuldigte sein Zuspätkommen mit der übermenschlichen

Aufgabe, die auf seinen Schultern liege, und begann sofort mit einer Hast, die ihn oftmals stottern ließ, mit der Auseinandersetzung seiner Heilsbotschaft. Er stellte fest, daß man nun, da alle Gewalt vom Volke ausgehe und keine Hindernisse und Gefahren mehr vorhanden seien, mit der Vollsozialisierung beginnen könne; die deutsche Wirtschaft sei nur noch durch die Sozialisierung zu retten; jede Betätigung des Eigenwillens auf den Wirtschaftsgebieten müsse aufhören und alle Gewalt in die Hände eines Zentralwirtschaftsrates mit diktatorischen Befugnissen gelegt werden. Einer statistischen Abteilung obliege es, alles zu erforschen, zu erfragen und aufzuzeichnen, um so die Geheimnisse des Unternehmertums zu brechen und dann, durch den Zusammenschluß der Betriebe zu großen Ringen, die Wirtschaft zu beherrschen: Eine Musterwirtschaft ohne Wucher, ohne Verschwendung, ohne Konkurrenz. Handels- und Verbesserungsabteilungen sollten für alles Weitere, für Niederlegung schlecht wirtschaftender Betriebe, für Behagen und Gesundheit der Arbeiter sowie für den Tausch mit dem Auslande sorgen, während die Kontrolle in eigenen Abteilungen im ganzen Lande nicht von Beamten, sondern vom werktätigen Volke, von Landarbeitern, Bauern und den Räten ausgeübt werden solle, denen nach Erledigung ihrer Pflichten die Rückkehr zum Pflug, an die Drehbank und den Amboß vorzuschreiben sei. Endlich sollte als Spitze des ganzen Gebäudes eine Aufklärungsabteilung für die Idee der Sozialisierung und der ganzen Wirtschaft wirken und aus den verschiedenen Betrieben die geeigneten Kräfte heraus- und heranziehen, damit die Beamtenbureaukratie überflüssig und das schaffende Volk sein eigener Leiter werde.

Hermann, den das selbstbewußte Wesen des Herrn reizte, konnte sich nicht enthalten, ganz laut zu bemerken: »Das ist ein neuer Zopf!«

Und als der Redner sich nach dem Unterbrecher umsah, rief Hermann: »Und was werden unsere Feinde, die Alliierten, zu diesem schönen Traum sagen —?«

Doch der Redner tat diesen Einwand eines Herrn, der offenbar zu den Nörglern gehörte, mit schöner Geste ab; er erklärte, noch nie sei die Gelegenheit zur endgültigen Vollsozialisierung günstiger gewesen als in diesem Augenblick, da ganz Europa mit der Erledigung des Krieges beschäftigt sei und allen Grund hätte, einem Volke, das durch Niederlegung der Waffen seinen guten Willen bewiesen habe, keine Schwierigkeiten zu bereiten.

Der Redner erntete reichen Beifall, und die Stimmung erklomm rasch den Gipfel. Aus all den Reden und Erörterungen klang die Freude, daß man mit voller Klarheit in den neuen Zustand hineinmarschierte. Schon waren die Forderungen der Abschaffung aller Offiziere und gänzlicher Abrüstung des Heeres, der Bildung einer Arbeiterwehr, Abschaffung des Landtages, Beseitigung aller Parteien, Einigung des gesamten Proletariats, Verbot der bürgerlichen Presse, Vollsozialisierung aller Betriebe und der Wohnungen, Verbindung mit dem russischen und dem ungarischen Proletariat Gemeingut des Denkens aller Genossen.

Doch mitten in das festliche Stimmengewirr ertönten plötzlich drei heftige Schläge an die Flurtüre; alles schwieg, und nur der Herr des Raumes schlich auf den Fußspitzen hinaus, um die Ursache dieser Störung zu erspähen. Gleich darauf stürzte der Genosse Brüll in feldgrauer Uniform in den Raum; ihm folgte der Doktor Löffler mit zwei Matrosen, unter denen sich auch der »Kuli« befand.

Brüll schrie: »Genossen —, die Räterepublik ist da —!«

»Wie? Wo?« schrien die Genossen, die auffuhren und dem Genossen entgegendrängten.

Gustav Regler

Die Revolution war da über Nacht. Es war März 1919. Ihre wichtigsten Sprecher (es wurde nicht viel mehr als gesprochen) waren Leviné, Landauer und Toller.

Es ist schwer zu sagen, wie sich diese voneinander unterschieden; sie waren alle gegen die rasche Stabilisierung der Verhältnisse; das Gewesene war verdächtig. Sie hatten einen mystischen Glauben in die »Räte«, das hieß Unmittelbarkeit des Agierens, tägliches Besprechen mit der Masse, gleichzeitig Nähe zur Urgemeinschaft: eine verschwommene Vorstellung vom Ideal, das die Apostel zu Jesus trieb, eine unkontrollierte Begeisterung für das russische Experiment.

Die offizielle Regierung zog nach Bamberg, als sich in den Versammlungen eine gewisse Resistenz zu ihren Plänen zeigte; es schien Flucht, war aber mehr eine Provokation und eine Vorsicht.

Leviné rief in München die Räterepublik aus. Einige Tausend Arbeiter erklärten sich für den Versuch, für das neue Experiment.

Es wurde eine Wiederholung der Berliner Tragödie. Selten sind Menschen so nah den Problemen des Jahrhunderts und so fern den Massen gewesen, denen sie helfen wollten.

Ich ging, einem geheimen Befehl folgend, zur Universität. An der Feldherrnhalle sprach ein Matrose; man sagte mir, er sei einer der Volksbeauftragten; er redete mit großer Überzeugung, versicherte seinen Zuhörern, daß es den »Großkopfeten« an den Kragen gehe, was eine anatomische Unmöglichkeit schien, aber er fand Beifall auch bei anderen ungrammatischen Drohungen. Kurella, ein Mitglied des Studentenrates, war bei mir. Bewaffnete zogen vorbei; in ihrer Mitte gingen Zivilisten, die man gezwungen hatte, die Hände über ihrem Kopf zusammenzulegen. »So wird es allen Schädlingen gehen!« rief der Matrose und fand noch stärkeren Beifall. »Sie bringen sie in die Hofburg«, erklärte mir Kurella; er schien die Parolen der Revolution genau zu kennen. Ich wollte wissen, wen man dahin brächte, da sah ich im Hintergrund, in gleicher Weise begleitet, eine bekannte Schauspielerin aus dem Hofgarten kommen; neben ihr schritt, die Hände auf dem Hinterkopf, der Romanist Karl Vossler.

»Was kann er verbrochen haben?« fragte ich betroffen.

»Wir sieben erst«, sagte Kurella, dann sah er mich schärfer an: »Ist das deine ganze Sorge heute?«

Ich weiß nicht, warum mich der Vorwurf traf, ich schlug verlegen vor, einen Umweg über den Stachus zu machen, wo eine Volksversammlung einberufen sei. Dort sprach dann Kurella zu einer der vielen Gruppen Wartender; die Menge wirkte unruhig. »Sie m-m-müssen Räte b-b-bilden«, sagte er; er hatte immer wieder seinen Zungenfehler tapfer bekämpft; ich fand es bewundernswert, daß er sich sogar in dieser Öffentlichkeit und zu dieser Stunde nicht schrecken ließ. Aber diesmal versagte die Zunge völlig; immer wieder setzte er an: »Wir müssen . . .«, sagte er und wiederholte es mehrere Male; eine weitere Gruppe wurde auf ihn aufmerksam und wandte sich ihm zu; er kam nicht weiter, alles wurde ein hilfloses Stammeln; die zerstoßenen Sätze machten seine Erklärungen lächerlich; es wurde eine Parodie auf die Einrichtung der »R-r-räte«, die röchelnd in seinem Hals steckenblieben, ebenso wie die Enteignung der großen »F-f-farmen«, die leicht in etwas Obszönes umgedeutet werden konnten; endlich erlöste ihn ein Zuhörer: »Bis du alles 'rausgewürgt hast, sind wir verhungert.«

Jähe Schamröte überlief mich, als ich das Lachen rings um mich hörte. Kurella stieg von seiner Bank herab und verschwand.

Johannes Mayrhofer

7. April. Die Räterepublik ist ausgerufen. Die dritte Revolution. Herrliches Frühlingswetter. Aber es ist uns gar nicht frühlingsmäßig zumute. In der Kaufingerstraße, am Marienplatz, am Odeonsplatz, überall Gruppen von heftig diskutierenden Menschen. Man hört alle möglichen und unmöglichen Meinungen. In einer dieser Gruppen muß ich einem braven Studenten zu Hilfe kommen, dem ein Arbeiter schwer zusetzt mit üblen Verallgemeinerungen gegen die studierende Jugend, die nach seiner beschränkten Meinung weiter nichts tut als saufen und faulenzen. Bemühe mich, ihm klarzumachen, daß es überall,

bei den Arbeitern wie bei den Gebildeten, traurige Exemplare gibt, die das tägliche Brot nicht wert sind, daß aber sehr viele unserer Studierenden ernsteste Geistesarbeit leisten, um sich für ihre spätere verantwortungsvolle Tätigkeit vorzubereiten. Aber es geht nicht sehr sachlich und zivilisiert zu bei diesen Unterredungen, so daß ich mich schließlich hinreißen lasse, das Adjektiv »pöbelhaft« zu verwenden, aber da komme ich schön an, das ist eine Beleidigung der Majestät des souveränen Volkes, und ich kann mich nur dadurch retten, daß ich mit einer kühnen sprachlichen Neubildung energisch erkläre: »Jawohl, ich meine nicht volkhaft, sondern pöbelhaft.«

Auffallend sind mir die sehr offenherzigen, scharfen Meinungsäußerungen gegen die Juden, andererseits fehlt es auch nicht an kommunistischen Tollheiten, an Schimpfen auf das »Pfaffentum« usw. 12 Uhr feierliches Glockengeläute auf Befehl der Herren Sozialdemokraten, in der ehrwürdigen Frauenkirche ebenso wie vom Turm des Rathauses. Es ist ein großer »nationaler Feiertag«, die Post ist geschlossen, es fährt keine Elektrische und was dergleichen Unbehaglichkeiten mehr sind. Nachmittags muß ich mich mühselig erkundigen, ob der Vortrag, den ich heute im Realgymnasium in der Siegfriedstraße zu halten habe, ausfällt oder nicht ausfällt. Ersteres ist so gut wie sicher, aber ich muß es bestimmt feststellen, um nicht ein etwaiges Publikum im Stich zu lassen. Freilich kann ich den ideellen und erst recht den kleinen materiellen Nachteil, der mir dadurch entsteht, noch glücklich verschmerzen, aber man darf sich doch wohl die Frage stellen: »Vergüten mir die Herren Mühsam und Landauer und wie sie alle heißen, den Schaden? Und bin ich auch frei oder bin ich Dienstknecht und Sklave irgendwelcher galizischer Juden?«

Friedrich Freksa

Nystedt machte kehrt. Er wandte sich zur Rechten und ging die düstere Zeile der Barerstraße hinunter. Allen Menschen, denen er begegnete, schaute er ins Gesicht. Alle Bürger zeigten die abgezehrten Züge der Hungerzeit. Ihre Augen waren unnatürlich groß, irr, die Lippen schlaff. Alle zeigten sie die Zähne des Unterkiefers. Wenige kniffen die Lippen zusammen und versuchten eine Maske vor die Entblößung ihres Innern zu setzen. Grell stachen von diesen in sich zusammengekrochenen, besiegten Menschen die Lustigkeit und ausgreifenden Bewegungen derer ab, die sich als Herren des Tages fühlten. Schon die roten Abzeichen und die Waffen, die sie zur Schau trugen, liehen ihnen Trotz und Fröhlichkeit. Die Sättigung war ihnen anzusehen. Breit schritten sie daher. Scharf schauten sie jeden an, der ihnen begegnete, als wollten sie sofort erkennen: »Ist das ein Bourgeois oder ein Proletarier?«

Nystedt bog in die Karlstraße ein und eilte durch die Eschenanlagen hinüber zum Maximiliansplatz. Hell leuchteten die beiden weißen Massen des Hildebrandbrunnens, der springende Stier und das springende Pferd.

Die Menge wurde angezogen durch ein großes Plakat, das an der Ecke der Pfandhausstraße an der Maxburg angeschlagen war. Wie Ameisen auf ein Zuckerstückchen, so liefen die schwarzen Strähnen der Fußgänger auf dieses Plakat zu.

Nystedt ließ sich dahin tragen, aber die Menschenmauer war so groß, daß er nicht zu dem Plakat gelangen konnte. Er trat abseits und beobachtete die Gesichter der Lesenden, die gierigen Augen, die gerunzelten Stirnen, die hängenden Kiefer und er wünschte ein Radierer zu sein, um die Masse dieser Köpfe festzuhalten.

Da hörte er neben sich eine leise Frauenstimme:

»Mein Herr, ich warne Sie! Kommen Sie weiter!«

Nystedt wandte sich um und sah neben sich eine Dame im dunkelblauen Kleid. Ein von Unmut gerötetes, gutgeschnittenes Gesicht mit einer feingebogenen deutschen Nase schaute ihn aus blauen Augen an. Blonde Haarflechten schoben sich unter dem Hutrand hervor.

Nystedt folgte seiner Warnerin, die ihn hinausführte aus dem Gedränge der Menschen hinüber zu der Ecke des Künstlerhauses. Er erinnerte sich, diese Dame gesehen zu haben in der Wirtschaft der Notburga Pechlin als stiller Gast in einer dunkeln Ecke gegenüber seinem Freunde Sopp.

Jetzt, als sie von den Menschen entfernt waren, sagte sie hastig:

»Ich weiß, wer Sie sind! Zufällig ging ich vom Königsplatz hinter Ihnen her. Ich habe bemerkt, Sie werden beobachtet. Schauen Sie nicht auffällig hinter sich! Da unten an der Plakatsäule sehen Sie zwei stehen, einen jungen Burschen mit Wickelgamaschen, Windjacke und Sportmütze und einen anderen im schwarzen Überzieher, mit grauem Filzhut. Er hat einen Schnauzbart. Diese beiden haben Sie nicht aus den Augen gelassen, und der im schwarzen Mantel drängte sich auffällig an Sie heran. Als ehemaliger Offizier sind Sie natürlich diesem Gesindel verdächtig.«

Nystedt lächelte ungläubig.

Die Dame sah ihm fest ins Gesicht. Ihre Augen wurden zwingend.

»Gehören Sie auch zu den Männern«, fragte sie, »die es verachten, von einer Frau Rat und Warnung anzunehmen?«

»Verzeihung!« sagte Nystedt. »Ich habe meine Person bis jetzt nicht für so wichtig gehalten, daß ich Ihre Warnung sofort mit dem nötigen Ernst aufnehmen kann, der ihr gebührt. Aber ich danke Ihnen.«

»Bitte! Ich habe nur meine Pflicht getan!« erwiderte die Dame. »Sehen Sie, da kommt eine Tram. Springen Sie auf! Ich werde den Mann mit dem schwarzen Mantel nach der Zeit fragen und so festhalten.«

Nystedt sprang auf und fuhr hinunter bis zum Odeonsplatz. Hier sprang er ab, schritt schnell durch das Gewühl, das sich immer um diese Zeit an der Feldherrnhalle ballte.

Ein Redner stand an dem Löwen zur Linken. Kreisförmig schwang er breite Hände. Es war ein Mann mit gebogener Nase, vorgeschobenem Kinn, das ein schütterer Bart umrahmte. Mit östlichem Akzent schrie er grelle Phrasen hinaus, deren letzte Ausläufer bis zu Nystedt drangen. Da die Menschenmauer sich verdichtete, wich Nystedt aus zur Theatinerstraße. Als er sich umblickte, sah er an der Kirche den jungen Burschen mit Windjacke und Wickelgamaschen stehen, der eine Zigarette rauchte und ihn beobachtete.

Jetzt machte es Nystedt Spaß zu entkommen. Er ging die Theatinerstraße hinunter, lief schnell durch die Landschaftstraße, drang in das Weinlokal des Christoph Knecht, lief durch das Lokal hindurch, hinüber zur Dienerstraße, kreuzte sie und kam zu einem Durchhaus, das gegenüber dem Rathaus sich befindet. Auch hier lief er ganz hindurch zum zweiten Ausgang und eilte über das Tal hinüber zum Viktualienmarkt. Dort drückte er sich an eine Mauer und spähte die Straße hinab. Er hatte glücklich seine Verfolger abgeschüttelt.

Wilhelm von Schramm

Ursula eilte ans Fenster. Die Straße war schwarz von Menschen. Von der einen Straßenseite zur anderen war sie mit Frauen überschwemmt. Ja, es waren nur Frauen — alle in dunklen oder in schwarzen Kleidern. Niemand trug einen Hut, man sah nur Wolltücher, einige hellere Schals, Mützen, offene Haare und Knoten, dunkle und helle, stumpfe und solche, die einen merkwürdigen Schimmer gaben — so sah man Scheitel an Scheitel. Der Zug hatte sich eben vor dem Hause gestaut, und die Straße hinauf und hinab waren die Frauen über die Gehsteige hinweg bis zu den Türen der Häuser hinaufgebrandet. Es war eine Frauendemonstration, das erkannte jetzt Ursula. Sie hatten Fahnen bei sich und Tafeln, manche rot, viele aber auch schwarz, schwarze Wimpel an langen Stangen. Die Tafeln und Transparente waren wie unaufhörliche Schreie über der dunklen Menge: »Nie wieder Krieg« — »Wo sind unsere Söhne?« — »Frieden und Brot« - »Nieder mit dem Gebärzwang«.

Ursula kleidete sich auf der Stelle an und sprang die Treppe hinunter. Sie wollte nicht sehen; sie wollte dabei sein, um mit zu handeln; als eine der Namenlosen und Blinden wurde sie jetzt getrieben. Als sie die Haustüre öffnete, hatte der Zug sich schon wieder in Bewegung gesetzt. Sie wurde in ihn hineingerissen, von ihm gezogen, auf die Mitte der Straße gepreßt und mitgeschoben. Eine Zeitlang hatte sie alle Orientierung verloren. Sie sah nur einen alten, zerrissenen Soldatenmantel vor sich und eine Sportmütze über einem jungen und frechen Gesicht an ihrer Seite. Ein unverständliches Murmeln war um sie her, das sie an Prozessionen erinnerte, und ein stickiger Brodem betäubte sie. Sie sah junge Nacken vor sich und pergamentene Hälse, schön gelocktes und stumpfes, sauber gekämmtes oder verfilztes Haar. Sie mußte die Augen schließen und wünschte sich einen Augenblick wieder heftig in ihr helles, geräumiges Zimmer in der Pomona zurück. »Das ist die neue Welt, Ursula Kamp«, dachte sie dann erbittert gegen sich selber.

Allmählich ging die Vorwärtsbewegung schneller. Sie bogen von der Georgenstraße in die Leopoldstraße ein und erfüllten auch hier die ganze Breite zwischen den Pappeln. Denn auch von Norden her waren noch neue Züge dazugekommen. Ursula wurde an den Rand des Gehsteiges gedrängt, wo sie Luft bekam und den ganzen Zug überschauen konnte. Am Siegestor hatten sich wieder die Massen gestaut. Es war auf der anderen Seite kein Ende abzusehen, denn auch vom nördlichen Schwabing her, aus den Vierteln der Ungererstraße, vom Schwabinger Krankenhaus waren Haufen und geschlossene Züge dazugestoßen. Der Druck verstärkte sich von einem Augenblick zum anderen, da man, durchs Siegestor aufgehalten, nur langsam weiterkam.

Ursula wandte sich an ihre Nachbarin, die eine Sportmütze keck auf dem Scheitel und eine soldatenmäßig geschnittene Jacke mit roter Binde trug. »Was wollt ihr mit dieser Demonstration?« fragte sie. Die Schwarze lächelte an Ursula vorbei und zuckte die Achseln. »Ein besseres Leben und keine Kinder«, sagte sie dann. Die jüngeren Mädchen in der Umgebung stießen sich an, einige kicherten. »Ihr Schweine«, rief eine ältere, ausgemergelte Frau, »wir wollen Kinder, so viel Kinder als es nur gibt, aber wir wollen sie nicht erschießen lassen und sie sollen etwas zu fressen haben.« »Hunger, Hunger«, heulte es wie im Chor. »Nieder mit dem Krieg«, setzte jetzt eine Stimme ein, andere folgten, und schließlich war es ein rauher, mißtöniger, unverständlicher Schrei an dieser Stelle des Zuges, der sich aber nicht weiterpflanzte, sondern erstickte und unterging in dem Tappen und Schleifen, in dem allgemeinen Sprechen und Durcheinanderreden, das immer lauter geworden war, als man sich jetzt, von Norden gedrängt, durch die Bogen des Tores wälzen mußte.

Sie schoben sich in die Ludwigstraße hinein, mußten schneller gehen, um wieder Anschluß an die Vorderen zu finden, kamen an dem Universitätsgebäude vorüber, das mit eisernen Gittern verschlossen hinter Brunnen und Bäumen lag, und wurden dort von höhnischen Zurufen halbwüchsiger Burschen empfangen, die auf den Brunnenrändern standen und mit roten Fahnen und Tüchern winkten. Zwischen den Rufen erklang ihr lautes Gelächter. Eine alte Frau mit schlohweißem, zerzaustem Haar schüttelte ihre Arme und dickgeäderten Fäuste gegen die Universität. »Dort verderben sie unser Leben«, stieß sie heiser hervor. »Dort werden sie angelernt, daß sie auf Arbeiter schießen müssen; dort lernen sie Recht und Unrecht verdrehen.« Und sie bedrohte wieder mit brennenden Augen den klösterlichen Bau der Universität.

Immer neue Haufen, Züge und Trupps waren von den Seitenstraßen hinzugekommen. Man staute sich; die Länge der Ludwigstraße war wie ein mahlender Strom von schwarzen Leibern geworden. Mit dunklen und roten Farbenstreifen gesprenkelt, von einer heißen und übelriechenden Luft überwogt, wälzte sich jetzt die unabsehbare

Menge gegen das Kriegsministerium zu. »Wer hat euch auf die Straße gehen heißen?« fragte Ursula in dem dichten Gedränge wieder das junge Mädchen. »Niemand«, antwortete dieses kurz. »Auch nicht die Organisation?« Nein, auch diese hatte für den heutigen Tag, der ein Samstag war, nur eine Kundgebung der Arbeiter-Bauern-Soldatenräte geplant und eine Reihe von Massenversammlungen in den Außenquartieren. Aber das sollte abends sein und nur für die werktätigen Frauen. Jetzt war es erst Nachmittag. Die Parteien waren nicht vorbereitet; es waren keine Ordner und Gruppenführer da. Von selber, ohne Parole und Führung waren sie auf die Straße gegangen und demonstrierten.

Ursula hatte sich an den Mauern entlang nach vorne gedrängt. Sie wollte bei den Vordersten marschieren; es zog sie zu diesen Frauen, von denen die seltsame Bewegung ausgegangen war, sie wollte ihre Gesichter sehen und mit ihnen zusammen marschieren, denn auch sie hatte ein Taumel ergriffen, ja eine Neigung zu schreien, sich Luft zu machen; sie kannte sich selbst nicht mehr. Aber schon gab es einen unvermuteten Aufenthalt. Es hieß, man rief es sich zu, auch die Frauen der anderen Vororte und Stadtteile hätten sich aufgemacht, von Steinhausen und Nymphenburg, vor allem aber die Proletarierfrauen von Giesing und der Schwanthalerhöhe — und wirklich, wenn sich Ursula auf die Zehen stellte, so sah sie jetzt rote Fahnen in Menge an der Feldherrnhalle vorüberschwanken. Eine Zeitlang glaubte sie auch Musik zu hören. Die ganze Masse des anderen Geschlechts, sonst in den Küchen, Höfen und Hinterhäusern verborgen, das Heer der Mütter, die Arbeiterinnen in den Fabriken, Betrieben und ehemaligen Munitionsfabriken und Granatendepots, die Angestellten der Warenhäuser, Büros und Läden, die alle geschlossen waren, hatten sich aufgemacht. Sie zogen von Norden herab und von Süden herauf, von dem Lauffeuer eines Gerüchtes getrieben, ohne Verabredung, manche vollkommen ahnungslos, worum es sich handelte, nur von einem Instinkt getrieben, wie Tiere bei Tieren zu sein, sich unter ihresgleichen zu fühlen, zu marschieren, zu demonstrieren, daß man noch lebte und leben wollte. Ein Taumel hatte alle ergriffen. »So furchtbar allein sind wir Frauen«, rief eine Stimme, eine Weinende stürzte zu Boden und riß sich die Kleider vom Leibe. Man versuchte sie aufzuheben, aber sie schlug um sich. Viele schrien jetzt. Von der anderen Seite, vom weiten Odeonsplatz drangen brausende Rufe herüber.

Auf einmal hieß es, die Ludwigstraße am Kriegsministerium sei abgesperrt. Es entstand ein fürchterliches Gedränge und ging nicht weiter. Aber die hinteren Reihen, die von tausend und abertausend in Bewegung gehalten wurden, drängten noch weiter vor. Ursula war mitten in die sich schiebenden Frauen hineingekeilt, die jetzt alle mit bleichen Gesichtern verstummten und heftig atmeten, und wurde dann auf den Gehsteig hinaufgedrängt. Dort stand sie eingepreßt an der steinernen Brüstung der Treppe zur Staatsbibliothek unter den alten Weisen, die groß und wesenlos aus den Höhlen der toten Augen auf die sich hin- und herstoßenden Frauenmassen starrten.

In der Tat: Die Straße am Kriegsministerium war abgesperrt; Truppen, Soldaten mit Gewehren und Handgranaten waren dort aufmarschiert. Es wurde gellend gepfiffen. Ursula sah einen freien Raum um das Kriegsministerium entstehen und breiter werden. Was ging dort vor? Was wollte man mit dieser Demonstration? Kämpfen die Truppen auch gegen die Frauen? Eine Feuersäule schoß plötzlich aus der Frauenmasse empor und gleich darauf hörte man gräßlich schreien. Sie führten Petroleum mit sich, und dieses brannte nun, aber es brannte nicht im Kriegsministerium, das fest und gequadert, von spanischen Reitern umgeben an seinem Platze stand, sondern mitten unter den Frauen. Dahinter blinkten die aufgepflanzten Seitengewehre. Ursula zitterte. Was würde geschehen, was wollte man gegen die Frauen? Kämpften jetzt alle gegen sie? Ja, heute früh, das erzählten sich zwei neben ihr, hinter der steinernen Brüstung hockend, da war am Hauptbahnhof wieder einer der wilden Kämpfe gewesen, Soldaten gegen Matrosen. Mit Maschinengewehren hatte man aufeinander geschossen, niemand wußte den Grund, und niemand wollte der erste gewesen sein, der schoß. Gewehr richtete sich gegen Gewehr, und das Reihenfeuer säte den blinden Tod. Sechs waren am Platz geblieben. Man hatte sie liegen lassen, wo sie gefallen waren, in ihrem Blut, mit dem Gesicht im Kot und Unrat der Straße. Dann hatten Frauen sie aufgehoben, gewaschen, zum Friedhof geschafft und beerdigt; Frauen hatten es eine der anderen gesagt, wie ein fliegendes Feuer hatte es sich in allen Straßen verbreitet: »Euer Herz steht auf dem Spiel!«

War es das? Sie hatten im Kriege für Deutschland das von ihnen geborene Leben, das sie behüten und pflegen sollten, geopfert; jetzt aber im Bürgerkrieg demonstrierten sie, dachte Ursula. Sie hatten ihren Tribut bezahlt. Das Blutvergießen unter den Volksgenossen sollte ein Ende haben! Aber manche dachten im Gegenteil an Gewalt, wollten Feuer legen und drohten mit Brand und Mord. Ein Ungeheuer erhob sich gegen das andere. Sie schauderte; es überwältigte sie. Gegen den Sockel des alten blinden Homer gedrängt, an dem rauhen Stein sich bergend, wehrte sich Ursula Kamp vergebens gegen die herabstürzenden Tränen.

Auf einmal knallte ein Dutzend Schüsse hart nacheinander; ein einziger, hoher, entsetzter Schrei stand sekundenlang über der Menge. Ein Maschinengewehr schoß über die Köpfe hinweg, daß sich alle tief niederbeugten. »So rauschen die reifen Garben, wenn sie vom Erntewagen auf die Tenne geworfen werden«, dachte fieberhaft Ursula. Dazwischen knallten einzelne Schüsse mit dumpfen Plauzen. Eine furchtbare Panik entstand; die vordersten Frauen versuchten zu fliehen, kamen aber nicht weiter, nachdem die Massen gegen das Siegestor noch immer wie Mauern standen. So stießen und schlugen sie sich. Auf der Treppe, gegen deren Geländer einzelne Kugeln klatschten, hatten sie sich zu Boden geworfen und trommelten mit den Fäusten gegen die hohe, eichene, künstlich verzierte Türe der Bibliothek. Aber niemand mochte sie hören und niemand öffnete. Nur ein Schild hing an der Türe, daß die Staatsbibliothek heute geschlossen sei und daß man keine Bücher entleihen könne.

Inzwischen war doch Bewegung in die Massen gekommen. Aus der Adalbertstraße kamen Berittene, graue Reiter auf hohen Pferden, die blanke Säbel gezogen hatten. Von der Seite drangen sie in die Menge der Frauen ein. Man drängte sie gegen das Siegestor oder in die Seitenstraßen, in die Veterinärstraße, gegen den Englischen Garten. Auch dort wurde jetzt heftig geschossen. In wenigen Augenblicken waren aus der geschlossenen Masse der Frauen einzelne Fliehende, Niederstürzende und von Angst Gejagte geworden; die dunklen Haufen lösten sich auf, die Transparente und Fahnen schwankten, fielen, wurden zertrampelt, die Straße leerte sich. Nur einige Klumpen: Niedergetretene, ohnmächtig Gewordene, vielleicht Getroffene bedeckten den dunkelgrauen Asphalt. Ursula sah dies von der Treppe der Staatsbibliothek, auf der sie saß. Sie schlug die Arme vor ihr Gesicht und beugte den Kopf auf ihre hochgezogenen Knie. Sie wünschte, daß auch sie jetzt von einer Kugel getroffen werde.

Auf einmal berührte sie eine Hand an der Schulter. Sie wandte zusammenzuckend ihr noch von Tränen halbblindes Gesicht und sah eine Gestalt vor sich, einen Mann, den sie kennen mußte. Er beugte sich über sie. Sie sprang empor und streckte heftig die Hände zur Abwehr aus. Aber er lächelte; es war der Soldat, der sie bei ihrer Ankunft in München begleitet hatte; jetzt erkannte sie ihn. Eine feindselige Regung ergriff sie jäh. Was wollte er hier? Wahrscheinlich hatte er nur wie die andern auf die wehrlosen Frauen geschossen. Mit einem zornigen Blick sprang sie an ihm vorbei über die steinerne Treppe hinunter und floh in der Richtung der Universität.

Da begann das Schießen aufs neue. Die Schüsse strichen knapp und pfeifend wie riesige Peitschenschläge über die Straße, denn diesmal kamen Matrosen auf einem Lastkraftwagen vorbeigefahren und schossen noch während der Fahrt mit ihrem Maschinengewehr. Ursula hatte in hastigem Lauf die zur Ludwigskirche hinaufführenden Stufen erreicht. Sie wollte sich niederwerfen, flach auf den Boden, wie sie es von den Soldaten gesehen hatte, aber da wurde sie kräftig unter den Armen gefaßt und blitzschnell wieder emporgerissen. Der Offizier hatte sie eingeholt. Während die Kugeln pfiffen, sprang er, sie mit sich reißend, die Treppe hinauf. Erst in der Kirchenhalle ließ er sie wieder frei.

Er lachte, ganz außer Atem, griff sie um beide Schultern, um sie zu stützen, die schwankte, nahm ihren Arm und führte sie durch das Portal der Kirche. Auf einer der nächsten Bänke ließ er sie niedersitzen. Langsam kam sie wieder zu sich, schlug die Augen auf und erkannte ihre Umgebung.

Die steinerne Kirche war dicht von Frauen gefüllt, nachdem sie hier eine Zuflucht gefunden hatten wie Ursula. Sie lag im Dämmer da, in einem vollkommenen Schweigen, in dem selbst die Schüsse, die noch auf der Straße fielen, nur wie aus weiter Entfernung knallten. Mitten im Lärm des Bürgerkrieges hatte sie nur auf die Sammlung ihrer Gemeinde gewartet. Die Orgel war ohne Ton, kein Priester stand am Altar, darauf die Kerzen in rötlichem Scheine flackerten, aber das Ewige Licht brannte gleichmäßig leuchtend hinter dem roten Glase. Auf einmal erklang ein Murmeln. Es tönte erst leise, wie von einer einzigen Stimme kommend, aber allmählich wurde es deutlicher und schwoll an. Dann rauschte es in den Bänken, wo sie sich niedergelassen hatten: die Frauen knieten und beteten gemeinsam. Ihre zusammengepreßten Lippen lösten sich wieder und ihr zusammengefaßtes Gebet stieg zur Himmelskönigin.

Auch Ursula hatte die Hände gefaltet und war mit den andern niedergekniet. Aber sie konnte nicht beten. Das

Ave Maria war fremd für sie. Sie hatte keine göttliche Frau, die sich in diesem Augenblick der Frauen erbarmen konnte. Aber während sie auf den Knien lag, wurde sie doch wie von einer Wolke davongetragen, aus der Kirche hinaus und über die menschenverlassenen Straßen, in denen die Toten liegen mochten. Es war wie ein Engel in ihrer Nähe.

Sie beschloß ihr Gebet und blickte auf. Sie hatte an ihren Begleiter denken müssen. Aber er war gegangen, mußte die Kirche schon wieder verlassen haben. Ja, gewiß war er bereits auf der Straße, um die Verwundeten fortzuschaffen. Sie dachte plötzlich mit Freude, ja fast mit Liebe an ihn. Er hatte recht getan, daß er sie hierher gerettet hatte. Hierher gehörten die Frauen nach seiner Meinung, also auch sie. Er hatte aber eine Karte in die Tasche ihres Mantels gesteckt, die sie jetzt fühlte und in dem halben Dämmer eben entziffern konnte, darauf er gekritzelt hatte: »Vergessen sie nicht Ihren Freund Ferdinand Meth.«

Friedrich Freksa

Er schaute auf. Drunten in dem von Planken geschützten Weg, der an der Münzstätte vorbeiführte, sah er den Mann im schwarzen Paletot mit Schnauzbart stehen, diesen Verfolger mit den Gebärden eines Unteroffiziers. Der hatte ihn wieder gefunden. Nun, und wo waren die beiden anderen? Richtig, zur Rechten und am Platzl, da stand der junge Mann mit den Wickelgamaschen, und den Ausgang zum Tal versperrte der vierzehnjährige Bursche, der immer vorauslief.

Aber er fühlte sich in diesem Augenblick nicht mehr gejagt. Das Abenteuer hatte ihm Übermut und Frohsinn gegeben. Er wollte sich dran wagen. Jedem dieser Gesellen war er überlegen, wenn es auf die Faust und auf die Schlagkraft ankam, und er ließ seine Muskeln spielen, freute sich der Aufgabe und dachte: »Am Letzten sind wir noch nicht!«

An seine Ohren klangen die Worte:

»Am Bahnhof ist eine Schießerei!« Das machte ihn lebendig. »Wollen doch einmal sehen«, dachte er, »wie weit meine Geleitleute ins Feuer gehen!« Und er lief vorwärts, am Hoftheater vorbei durch die Maffeistraße auf den Promenadeplatz, sah Max Emanuel stolz das Schwert erheben, stürzte durch die Enge an der Maxburg vorüber auf den Lenbachplatz, hinüber an den Gerichtsgebäuden vorbei, die Friedrich von Thiersch aufgerichtet hatte, in den engen Paß der Luisenstraße, die zum Bahnhof führt. Hier zwitscherten Infanteriegeschosse, in der Ferne gackerte ein Maschinengewehr. Die Passanten bogen revolutionsgeübt aus, um nicht in die waffenpolitischen Unterhandlungen zweier Parteien zu gelangen, die sie innerlich nichts angingen.

Nystedt stürzte auf den Bahnhofsplatz, bog ab zur Linken gegen das Hotel Grünwald. Es war ihm zumute wie auf dem Marktplatz von St. Mihiel. Als er rückwärtsschaute, sah er, daß die Verfolger Deckung genommen hatten bei Tietz. Er aber lief durch die Dachauer Straße hinüber zur Karlstraße und hatte seine liebevollen Begleiter verloren.

Als Nystedt an der Ecke der Karlstraße auf den Lenbachplatz kam, stieß er auf Gruppen von Leuten, in deren Mitte Straßenredner mit ihren Händen fuchtelten. Er hörte den einen die Wohltaten des Kommunismus preisen. Neben dem stand ein Riesenkerl von Soldat. Er hatte kühn die Uniform und das Hemd zurückgeschlagen, so daß man die braune, haarige Mannesbrust sah. Auf dem Rücken hing ihm das Gewehr, im Gürtel prahlten die Handgranaten.

Nystedt, den noch immer der Teufel juckte, warf dem Redner die Frage ins Gesicht:

»Können Sie mir sagen, was Kommunismus ist?«

Der Redner, ein schwarzhaariger, junger Mann mit krummer, spitzer Nase, der einen steifen Hut ins Gesicht gedrückte hatte, stockte.

»Da seht ihr, Leute«, rief Nystedt, »er predigt euch den Kommunismus und weiß nicht, was es ist.«

»So sagen Sie uns doch selbst, was Kommunismus ist!« rief der junge Mann, der frech den Spieß umdrehte.

»Ich weiß es«, lachte Nystedt. »Aber Sie haben davon geredet und müssen davon erzählen können. Vielleicht paßt Ihnen meine Art von Kommunismus nicht!«

Die Leute lachten. Da trat der Soldat an Nystedt heran und forderte ihn auf, weiterzugehen.

»Warum erregen Sie das Volk?« schrie er in einem ausgesprochenen Hochdeutsch.

»Sie haben auch nicht in Bayern das Licht der Welt erblickt!« höhnte Nystedt.

»Wenn Sie nicht weitergehen, arretiere ich Sie wegen Auflehnung gegen die Ordnung«, sagte der Soldat.

»Ordnung!« rief Nystedt. Die Leute umher lachten.

»Habe ich nicht dasselbe Recht zu reden wie der Mann da?« fuhr er fort.

»Nein, ihr Bourgeois sollt überhaupt keine Rechte haben«, schrie der Soldat.

In der Menge begann es zu murren. Nystedt nützte seinen Effekt aus und rief demagogisch:

»Da habt ihr ein offenes, ehrliches Bekenntnis von Kommunismus! Er übt Gewalt!«

Danach drängte er sich in die Menge, die ihn aufnahm. Doch hatte er das peinliche Gefühl, gekniffen zu haben. Das war der Fluch des Unbewaffnetseins.

Er schlenderte ziellos weiter. Den Zug, der ihn nach Röhrmoos und Mariabrunn bringen sollte, konnte er nicht erreichen. Der Tag lag frei vor ihm. Dieses Ausgelöstsein von seiner Wohnung, von einem Beruf, von einem Ziel lieh ihm nach seiner kleinen Erregung das Gefühl, ein unbeteiligter Zuschauer der Straßenbilder zu sein. Seine Augen verschlangen gierig ein reichliches Futter. Vor der Buchhandlung von Jaffé in der Briennerstraße sah er den Verleger Schatzhaber stehen. Er war in einen großkarierten englischen Ulster gehüllt, eine breite Reisemütze aus gleichem Stoff bedeckte seinen Kopf. Im Mundwinkel des glattrasierten Gesichts hing eine englische Detektivpfeife.

Bei einer kleinen Wendung nach links gewahrte er Nystedt und rief ihm wohlgelaunt entgegen:

»Na, Sie alter Reaktionär, haben Sie keine Angst, daß Sie an die Laterne gehängt werden, wenn Spartakus obenauf kommt?«

»Diese Angst, Herr Schatzhaber, dürfen Sie mit mir teilen«, gab Nystedt zurück. »Sie können es nun einmal nicht ableugnen, daß Sie Kapitalist sind.«

Schatzhaber kniff die Augen zu und sagte gönnerhaft: »So eine Revolution besteht aus Ideen. Diese können nur ausgefalzt werden in Büchern und diese müssen verlegt werden. Mein Ehrgeiz ist es, der Verleger der Revolution zu werden. Schade, Nystedt, daß Sie nicht auch etwas Revolutionäres schreiben können. Bei Ihrem Talent müßte das Ihnen doch liegen! Handeln Sie einmal als vernünftiger Geschäftsmann. Künstler und Dichter brauchen keine Überzeugung zu haben und die Hauptsache ist, daß sie modern sind. Frische Hechte im Strom der Zeit.«

Nystedts Ironie tat es wohl, daß er diese neuerliche Auffassung der Sachlage vernahm. Er erwiderte Schatzhaber:

»Ich glaube, Sie überschätzen mein Talent! Ich bin nicht so biegsam wie die jungen Leute von heute!«

Schatzhaber faßte Nystedt wohlwollend unter den Arm und sagte:

»Der alte William Shakespeare hat gesagt: › Ein Dichter soll ein Spiegel seiner Zeit sein!‹ und der alte, weise Engländer hat recht. Der Dichter soll blinken, er soll Reflexe werfen bei allem, was geschieht. Bei all Ihrer Begabung verfehlen Sie Ihren Beruf. Sie sind kein marktgängiger Wert, weil Sie nicht modern sind. Es ist schade für Sie und schade auch für den Verleger, der Ihr großes Talentmaterial wohlwollend ansieht.«

»Herr Schatzhaber«, sagte Nystedt, »ich glaube, William Shakespeare hat gemeint, der Dichter soll seiner Zeit einen Spiegel vorhalten, damit sie ihre Schwächen und Niederträchtigkeiten klar erkennt, nicht aber schmeicheln.«

»Sie Eulenspiegel«, rief Schatzhaber und lachte über

seinen Wortwitz, mit dem er sich als Berliner Kind aus der Klemme zog. »Kommen Sie doch heute abend zu uns ins Hotel. Meine Frau hat einen großen Schwarm interessanter Menschen um sich versammelt. Wir genießen die Revolution in vollen Zügen aus nächster Nähe. Es ist rasend interessant. Theater ist nichts dagegen.«

»Wird Ihre Frau in München auftreten?« fragte Nystedt.

»Es soll im Nationaltheater ein großer Revolutionsabend stattfinden«, erklärte Schatzhaber mit Behaglichkeit. »Meine Frau wird die Marseillaise singen und die Carmagnole tanzen. Rollet hat ein Stück geschrieben — die Guillotine — eine glänzende Nervensache, sage ich Ihnen.

Die jüngeren Maler haben exzellente kubistische Visionen auf die Leinwand gesetzt. Zum Schluß wird alles aufflammen in einem Licht der Verklärung. Dazu denken Sie sich eine expressionistische Musik, die das Rückenmark direkt überredet.«

»Eine Musik *der* Art erfüllte noch einen Nietzsche mit Abscheu«, wagte Nystedt zu bemerken.

»Ah was«, sagte Schatzhaber, »Nietzsche ist jetzt ganz altes Eisen. Jetzt schaffen's die ganz jungen Leute. Wissen Sie, die große Gebärde, Sprengung der Form, Verseeligung des Daseins, das sind Dinge, die heute die Zeit bewegen.«

»Die Schauspieler haben auf der ganzen Linie gesiegt«, stellte Nystedt fest. »Die Revolution ist der Beweis dafür. Und die Kunst, diese Dirne, paßt sich natürlich den neuen Machthabern an.«

»Wissen Sie«, sagte Schatzhaber, »Sie sind tatsächlich antiquiert. Die Dirne ist doch längst für uns das Symbol der Freiheit geworden. Haben Sie denn nicht die geistige Entwicklung der letzten dreißig Jahre von Dumas bis Wedekind verfolgt? Die große Revolutionierung hat auf sexuellem Gebiet begonnen und wird nun auf politischem zu Ende geführt. Einem jeden Einsichtigen muß es doch heute klar sein. Sehen Sie, Wedekind und Heinrich Mann waren früher interessante, aber fragwürdige Poetenexistenzen. Heute wissen wir: Sie haben ein Siegel unter das Dokument der Zeit gesetzt. Ihr anderen, die ihr diese Zeit nicht verstehen wollt, werdet von ihr weggefegt.«

Sie waren vor dem Hotel angelangt, Schatzhaber durchschritt die Halle. In einem mit buntem Kretonne bespannten breiten Sessel lagerte die Gestalt der Marschallina. Ihr kastanienrotes Haar, das von dem Fensterrücken erleuchtet war, ließ um sie eine flammende Kontur erstehen, das große Gesicht leuchtete mattweiß. Die Künstlerin streckte ihrem Gatten eine lange, schmale Greifhand entgegen. Als sie Nystedt gewahrte, wand sie sich schlangenhaft aus dem Sessel empor und grüßte ihn mit einem fürstlichen Kopfnicken.

»Kommen Sie auch zu uns?« fragte sie mit klingender Stimme.

»Da ich Ihren Herrn Gemahl auf der Straße fand, Gnädigste«, sagte Nystedt ein wenig spöttisch, »wollte ich nicht verfehlen, Ihnen meine Aufwartung zu machen.«

»Wir sind überzeugt vom Siege der Menschheitsidee!« rief die Marschallina. Sie sprach diese Worte prophetisch. Sie klangen nach im Raume, wie eine Drohung aus einem klassischen Drama.

»Gibt es nur eine Menschheitsidee?« fragte Nystedt.

»Nur eine!« rief die Marschallina, »die jetzt heraufwächst durch Rußland und die Menschheit groß machen wird.«

Bei diesen Worten faltete sie die Hände und schaute mit einem frommen Madonnenblick zur Decke empor. Schatzhaber ließ kein Auge von ihr. Er nickte befriedigt, wie ein Impressario, der einer Probe beiwohnt.

Ein Kellner im braunen Frack mit goldenen Knöpfen kam und trug Rotwein auf und eine Schüssel mit weißen Brotschnitten, die gut mit Butter bestrichen und belegt waren mit Sardinen, kaltem Roastbeef, Schinken, weißem Huhn und Eiern.

»Sie spüren vom Kommunismus nicht viel?« sagte Nystedt und deutete lächelnd auf die Platte.

Die Marschallina wendete ihm ihr kühngeschwungenes Profil zu. Ihre überroten Lippen öffneten sich wie eine Tulpe. Sie sprach:

»Was hat Kommunismus mit der Mahlzeit zu tun? Die Mahlzeit ist eine irdische Angelegenheit und der Kommunismus eine himmlische.«

»Sie wissen«, sagte Nystedt, »daß ich den Kommunismus nicht für eine die Seligkeit erwirkende Religion halte. Doch ich kann verstehen, wie die Ärmsten der Armen aus Hunger zu dieser Religion gelangen. Unklar ist mir nur, wie Sie die Gleichheit aller ersehnen und sich gleichzeitig aristokratische Vorrechte anmaßen.«

Schatzhaber schüttelte den Kopf.

»Neben der großen ethischen Seite des Kommunismus«, sagte er, »gibt es noch eine praktische. Es will eine neue Intelligenz empor, die die alte von den Futterkrippen und den Genußstationen des Daseins wegdrängt. Die Masse erhält eine neue Idee. Wieweit sich diese Idee praktisch erfüllen läßt, ist gleichgültig. Das Himmelreich auf Erden werden wir freilich nie haben. Aber wir bewegen uns auf das Ziel zu, das genügt fürs erste. Sie sind bei Ihrer Begabung ein Ochse, da Sie nicht mitmachen.«

»Sprich nicht so roh, mein Freund«, sang die Marschallina. »Du kannst die kapitalistischen Gewohnheiten deiner früheren Epoche noch nicht ganz ablegen. Du mußt mehr vergeistigt reden, das überzeugt besser.«

»Laß nur, m'amie«, sagte Schatzhaber, »Nystedt war drüben in den Staaten und versteht eine deutliche Rede. Wer ein Mann ist, soll klar erkennen und praktisch handeln. Hier ist eine neue Idee. Hier ist die Macht zu dieser Idee.

Gut, wir sind uns klar, die ethische Idee des Kommunismus ist einwandfrei. Die Phraseologie lassen wir die jungen Leute machen und die Macht gelangt an uns, die wir tüchtig arbeiten. Ich kann arbeiten. Sehen Sie, Nystedt, das ist mein Programm.«

»Und wenn nun der Kommunismus keinen Bestand hat?« fragte Nystedt.

Schatzhaber zuckte die breiten Achseln.

»Dann war das Ganze für mich eine Rückversicherung. Sehen Sie, auf kapitalistische Manier verstehe ich zu leben, da habe ich vorgesorgt. Auf kommunistische *muß* ich vielleicht leben, da habe ich nun auch vorgesorgt. Wer heute diese Dinge nicht klar begreift, macht gewissermaßen ein Börsengeschäft ohne Deckung. Sie mit Ihrem reaktionären Wesen sind ein politischer Spekulant, der *va banque* spielt. Sie wollen eine Königs-Hausse managen, während die ganze politische Börse auf Königs-Baisse steht. Sie können recht behalten, das gebe ich Ihnen zu. Aber wenn nun die Revolutions-Hausse andauert, was dann? Dann schwimmen Ihnen alle Felle davon!«

Die Marschallina hatte ein schmales Bändchen geöffnet, das das Verlagssignet der Firma Schatzhaber trug.

»Hören Sie, wie schön das ist,« rief sie und begann mit ihrer geschmeidigen, bestrickenden Stimme ein Gedicht vorzutragen:

»Stern — rot — hoch,
Bretter — Augen — Barmherzigkeit!
Heilige Sehnsucht — Urgefühl,
Paradiesische Klarheit,
Unschuldlust
Schafft Herzen neurot!

Gleicher brennender Herzensschlag ins Meer!
Niederbrechen Molen und Kais!
Verschlungen wird Erde im Sündenschwall.
Hier stürzt ins letzte Blutbajonett
Der eisenbärtige Feldherr.

Feuer lodern empor, rot, heiß,
Reinigen Luft — Erde wird jung!
Sterne purpurn Seligkeit.
Von Pol zu Pol braust Lustgesang.
Heilige Brunst zeugt neues Geschlecht.
Mann sinkt in Weib.
Es sprossen Kinder der Revolution.

»Ist das nicht schön?« sang sie, als sie geendet hatte. »Ist es nicht der Fluß des Geschehenen selbst. Große, neue Kunst!«

Alfred Steinitzer

Das Schwabingertum bestand aber nicht nur aus unfähigen Künstlern, denen die neuesten, hauptsächlich von dem Millionär-Kommunisten Bruno Cassirer erfolgreich geförderten Kunstrichtungen die Möglichkeit boten, ein blödes Geschmiere für künstlerische Offenbarung auszugeben, aus stammelnden Literaten, die über den Da-Daismus nie hinauskommen, sondern auch aus Gebildeten, literarisch sogar Hochgebildeten wenn auch geistig einseitig Orientierten, die alle von dem Evangelium des schrankenlosen Individualismus erfüllt und dabei jeden politischen Urteils und jeder nationalen Gesinnung bar waren. Daß auch in diesen Kreisen das Judentum führend war, ist selbstverständlich.

Oskar Maria Graf

Christenmenschen predigten in Versammlungen, Nacktkulturanhänger verteilten ihre Kundgebungen, Individualisten und Bibelforscher, Leute, die den Anbruch des tausendjährigen Reiches verkündeten, und Käuze, die für Vielweiberei eintraten, eigentümliche Darwinisten und Rassentheoretiker, Theosophen und Spiritisten trieben ein harmlosen Unwesen. Einmal nachts ging ich über den Stachus. Ein magerer Mensch schoß auf mich zu, steckte mir hastig einen Zettel zu und lief eilends in der trüben Dunkelheit weiter. Ich trat unter eine Laterne und besah den Wisch. Nichts weiter stand darauf als: »Der Jude spricht dazwischen! Deutsche, besinnt euch!«

Friedrich Freksa

Die letzte Nacht hatte Nystedt mürbe gemacht. Erst am Abend war es ihm gelungen, seine Verfolger abzuschütteln. Denn der Mann im schwarzen Paletot hatte es jetzt zum System gemacht, ihm einen vierzehnjährigen Burschen vorauslaufen zu lassen, der an den Straßenecken halt machte, und wenn Nystedt einen Bogen schlagen wollte, wieder vorausgaloppierte. Erst in einer Menschenansammlung, die vor einem Eiergeschäft in der Lindwurmstraße rasch entstand und jeden Durchgang versperrte, konnte er unbemerkt sich an die rechte Mauerseite tragen lassen und in einem Hausgange verschwinden. Er ging in das oberste Stockwerk hinauf und setzte sich drei Stunden lang vor die Speichertür. Hier überlegte er und sagte sich:

»Ich lasse die Zeiger der Armbanduhr erst drei Stunden kreisen, dann gehe ich in der Dunkelheit aus dem Hause!«

Es war ein altes und baufälliges Haus, in dem er saß, das im Treppengang die Gerüche aller Küchen enthielt, des schlechten Fettes, verbrannter Haare. In dieser langsam vergrauenden Luft herrschte Übelkeit körperlicher und seelischer Art.

Schritte kamen langsam zu ihm empor. Er hörte Männer- und Frauengerede. Unter ihm im vierten Stock wurde halt gemacht. Eine helle Stimme fragte:

»Nicht wahr, Schatz, ich kriege dreißig! — Was? Zuviel? Was kann ich mir denn für dreißig kaufen?«

Eine mürrische Männerstimme antwortete:

»Also gut!«

Schwere Schritte knarrten bis zum ersten Stock. Eine bäuerische Stimme sagte:

»Guten Tag, Frau Zöllner! Vorsichtig mit die Oarn! Es sünt sechzig. Und da san die dreißig Pfund G'selchts. Aber geb'n's des Geld glei her! Des andre schaff' i dann morgen her! A viertel Sau.«

Eine Frauenstimme sprach leise, die Männerstimme antwortete laut:

»Ja, an Schnaps mag' i!«

Dann blieb eine Weile alles still. Leichte Schritte kamen in den zweiten Stock. Eine kreischende Frauenstimme kletterte zu Nystedt empor. Er hörte:

»Ja, das Zimmer mit dem Schlafdiwan ist noch frei. Aber es is a Herr dag'wen heute vormittag, der wollte nochmal nachschaugn. Und darum kost's jetzt zehn Mark mehr! — Ja, wenn's Ihnen zuviel is! — Also gut, treten's ein!«

Schleppende Schritte kamen zum dritten Stock empor. Eine hastige Altweiberstimme fragte:

»Hast was?«

Eine sehr tiefe Männerstimme antwortete:

»Drei Hundsfress'n und fünf Kartoffeln, des gibt wenigstens a Supp'n.«

Diese letzten schrecklichen Worte blieben in Nystedts Kopf. Während er auf das Ticken der Uhr hörte, sagte er vor sich hin: »Drei Hundsfress'n, drei Hundsfress'n!« Und kam nicht von diesen Silben los. Er griff in die Manteltasche und zog aus ihr eine halbe Flasche Macholl-Cognac, die er unterwegs gekauft hatte, da er durch einen anderen Ausgang des Spirituosengeschäftes seinen Verfolgern zu entrinnen versuchte. Er entkorkte sie und trank, da das letzte Erlebnis seinen Magen zu sehr gereizt hatte.

Die festgesetzte Zeit war um. Leise schritt er die Treppe hinab. Er hatte das Glück, gerade vor dem Schluß der Hauspforte hinauszugelangen. Befremdet schaute ihm die Hausmeisterin nach. Schnell lief er zur Rechten weiter und gelangte endlich auf den Isartalbahnhof.

»Was machst denn hier?« fragte im Wartesaal ein roter Soldat.

»Ein wenig verschnauf'n möcht ich!« sagte Nystedt und ließ sich nieder. Drei in offenen Uniformen dasitzende Kerle, die rauchten und Karten spielten, sahen ihn an. Er aber zog die Flasche Cognac aus der Tasche, stellte sie auf den Tisch und setzte sich wieder hin. Die drei lachten, tranken ihm zu, reichten ihm die Flasche und er mußte auch einen Schluck trinken. Da überfiel ihn Müdigkeit und er schlief auf seinem Stuhle ein. Mit dem Morgengrauen stand er auf, verließ den Raum und seine Schritte führten ihn hinüber zur Isar. In den Anlagen fand er eine Bank, auf der er lange weiterdöste, aber die frische Luft und ein bißchen Sonne ließen ihn die tiefste Müdigkeit abschütteln. Sein Körper war mürbe, aber sein Geist war von

der seltsamen Hellsichtigkeit, die oft ein Zeichen übernächtigen Zustandes ist.
Die Luft war prickelnd. Der Föhn sättigte sie mit Wärme.

Über der Stadt lag Schweigen, eine vollkommene Stille, in der nichts mehr an den Lärm der täglichen Straßenkämpfe erinnerte. Auf dem nahen Turme der Peterskirche glänzten die Zeiger und wiesen deutlich die fortrückenden Zeiten; die Türme der Frauenkirche hoben sich groß mit weißgrün schimmernden Hauben über dem hohen, steilbedachten, wie freischwebenden Schiff, und der Rathausturm leuchtete geisterhaft vielzerklüftet wie ein Kalkriff im Hochgebirge vor der endlosen Tiefe der Himmelskuppel. Und weiter im Umkreis des Turmes erschienen der hohe Giebel der Michaelskirche, die Residenz von ehemals und die pathetisch verzierten Türme der Theatiner. »Das ist das wahre München«, dachte Ursula Kamp.

Wilhelm von Schramm

Der Proletarierjunge stiefelte pfeifend, beide Hände tief in den Taschen seiner zerschlissenen, speckigen Hose, über den Kies auf dem freien Platz hinter dem Hause. Er ging so, als gehörten Haus und Garten ihm.
Ferdinand lachte. »Dem haben sie die Ohren mit ›Eigentum ist Diebstahl‹ und dem Recht des Proletariats gefüttert.«
Der Kleine sah herauf und erkannte seine Gastgeber und ihre Gäste am Fenster. Er grüßte nicht, sondern blickte weg und schneuzte sich in die Finger. Er wollte sich gewichtig benehmen und wählte dies ihm nächstliegende Mittel.
Ferdinand lachte immer mehr. »Die Herren der Zukunft.« Dann öffnete er unversehens das Fenster und rief hinaus: »Du, heda, Kleiner, komm einmal.« — »Ich will ihn ausfragen«, erklärte er zu seiner Schwägerin gewendet, »so erfahre ich am ehesten, was eigentlich los ist.«
Kurt legte ihm die Hand auf die Schulter. »Laß das bleiben, was willst du mit dem dreckigen Bengel hier.«

Marie Amelie von Godin

Sein Einwand kam zu spät. Der Junge hatte Ferdinands Stimme gehört, zögerte, um nicht allzu willfährig zu erscheinen, kam auf das Haus zu und verschwand in der Türe.

Kurz darauf trat er ein, ohne zu klopfen. Er sah sich im Kreise um, die Lider halb über die Augen gesenkt, weil er seine Neugier nicht verraten wollte. »Einer hat mir gerufen«, sagte das Kind.

Der Geruch nie gewechselter Wäsche war um ihn, der fürchterliche Armeleutegeruch, der Marie Gabrieles Ekel erregte, wie nichts anderes. Die zertretenen Stiefel, seit einem Jahr nicht mehr geschmiert, hatten Holzsohlen. Marie Gabriele hatte sich durch Kurts Rückkehr noch nicht genug um ihn kümmern können. Noch immer steckten seine Hände tief in den Taschen. Wie er so dastand, ins Kreuz geworfen, schlaublöd lächelnd, wußten sie, die ihn anschauten, das war der Feind. Seine Begehrlichkeit würde gegen die Ausgeglichenheit ihrer schönen überkommenen Lebensformen Sturm rennen. Dies Kind, solche Kinder waren die Brut des Umsturzes, genährt von Haß, voll der frechen, bedenkenlosen Entschlossenheit, sich den Weg über den ehedem Herrschenden zu bahnen.

Friedrich Freksa

Der warme Föhn erfüllte noch immer die Stadt. Ein italienischer Himmel von silbriger Bläue überflimmerte die Ludwigstraße. Die weißen Löwen vor der Feldherrnhalle leuchteten in marmorner Pracht. Oben in Schwabing knatterten ein paar Maschinengewehre, aber das störte die große Menge nicht, die von der Ecke der Briennerstraße die Theatinerstraße entlang promenierte und den Platz vor der Residenz erfüllte. Die Damen hatten es sich nicht versagen können, ihre Eleganz zu zeigen. Unter den Herren waren viele Offiziere in Zivil. Sie waren zu erkennen an ihren aufgerissenen, ungläubigen Augen, an der gezwungenen Haltung des Rückens und dem nervösen Griff der Hände an die ungewohnte Krawatte.

In der Residenz waren des milden Wetters wegen die

Fenster weit geöffnet. Vom Dache wehte der rote Lappen der Revolution. Die protzige Wachmannschaft ließ die Beine aus dem Fenster baumeln. Sie brockten sich Brot in den Kaffee und löffelten ihn aus. Sie tranken Bier aus Flaschen. Ihre roten Armbinden setzten viele bewegliche rote Tupfen in das strenge Bild der Fassade. Mit wildem Gerassel kam ein Lastautomobil durch die Dienerstraße gestoben. In theatralischer Pose stand die Mannschaft, Arbeiter in schwarzen Mänteln, mit grauen Soldaten gemischt, umwogt von einer gewaltigen roten Fahne, neben den Maschinengewehren. Wie Knüppel hielten sie die Gewehre in ihrer Hand! Die Münchner Luft mit ihrem klaren Lichte lieh diesem Treiben einen spielerischen, humoristischen Schimmer. Die Stadt verleugnete, trotz des Ernstes der Zeit, ihre Lust am Karneval, an der »Maschkera« nicht. Alle diese Menschen schritten ungewiß daher wie auf Nebeln. Keiner, selbst die fanatischsten Revolutionäre nicht, dachte in dieser Stimmung weiter als von heute auf morgen. Allen wurden die Hälse gestrafft und die Augen geweitet durch die Neugier. Was wird die nächste Stunde bringen?

Die Lage in München hatte sich immer mehr zugespitzt. Die Revolte des 9. November, die sich ursprünglich nur als ein Aufstand gegen den Krieg, den Kriegsdienst und Hunger gewendet hatte, war immer mehr Sache von zweifelhaften Elementen und extremen Forderungen geworden. Am 7. April wurde die Räterepublik erklärt. Die gemäßigten Sozialisten hatten noch eine Zeitlang zu verhandeln und die Macht in München zu behaupten versucht, sie war ihnen jedoch aus den Händen geglitten, weil ihre Mahnung zu Mäßigung und Vernunft von Leuten wie Levien, Leviné-Nissen und anderen östlicher Herkunft einfach niedergeschrien wurde. Der Straßenpöbel ergriff die Macht. So verließ die Regierung München, empörte Aufrufe erlassend, die die Münchner Rätediktatur außerhalb der Gesetze stellten. Der Landtag war dem neuen Mini-

Wilhelm von Schramm

sterpräsidenten Hoffmann und seinem Anhang nach Bamberg gefolgt.

Meth hatte das alles kommen sehen. Er war nicht mit der Regierung gegangen, obwohl man ihn hatte gewinnen wollen; er hatte sich vielmehr selbständig gemacht, nachdem nach Eisners Erschießung sein Antrag auf die Verstärkung der Schutzwehr abgelehnt worden war. Er sah keinen Grund zu fliehen — im Gegenteil, denn immer noch war er eine tatsächliche Macht in München, auch für die Räte. So blieb er denn, wo er war; es fiel ihm nicht ein, diese Stadt zum Schauplatz des Chaos werden zu lassen, das kommen mußte, sobald er mit seiner Truppe abrücken würde. Er war für die Revolution, aber er war als ein guter Soldat für sie; auch sie brauchte Führer, Manneszucht, Willen und kontrollierten Fortgang. Die Häupter der Räteregierung aber, die er alle kannte, waren Stümper, Schwärmer, ja Landesfeinde, die keine Kraft zum entschlossenen Handeln hatten und nur das Werkzeug der Straßeninstinkte waren. Also blieb Ferdinand Meth und ließ seine Posten beziehen, wie wenn nichts geschehen wäre.

Und war denn wirklich so viel geschehen? Man wurde jetzt von den Räten »regiert«, das heißt man war eigentlich herrenlos. Die schreiendsten Aufrufe wurden erlassen, alle Tage gab es die stürmischen Volksversammlungen drunten in Schwabing oder im Wagnersaal, in denen blutige Reden gehalten wurden, aber das Leben ging weiter im großen und ganzen, wie es bisher gegangen war. Die Räte und ihre Drohungen hatten den Münchner Bürger auch jetzt nicht aus der Ruhe gebracht. Er vermied zwar die Straßen und öffentlichen Versammlungen, aber in seinen Stammlokalen fand man ihn jetzt wie immer, wo er mit Gleichgesinnten beisammensaß und die Faust in der Tasche ballte. Die Räte rechneten nicht mit ihm, weil er sich still verhielt, weil er sich gleichgültig stellte und keine Geschichten machte; aber sie kannten nicht sein Beharrungsvermögen und seinen Ingrimm, der sich einmal befreien und losschlagen mußte, wenn die Umstände günstig waren. Das wußte Meth. Er mißtraute diesem gespielten Gleichmut, aber zu gleicher Zeit zwang er ihm unwillkürlich Achtung ab.

Er benützte die Zeit, um stärker auf seine Truppe einzuwirken. »Die Revolution fängt erst an«, pflegte er in den kleinen Ansprachen zu sagen, die er jetzt öfters bei den täglichen Appellen hielt. »Sie muß von Grund auf umgestalten. Aber dazu braucht es Macht und schußbereite Gewehre und Maschinengewehre. Denn von selbst wird nichts. Wenn das Volk sich verwandeln soll, dann helfen keine Drohung und keine Mahnung, sondern nur gute Soldaten. Diese Soldaten sind wir. Wir müssen bereit sein, einzugreifen, wenn die Ohnmacht der andern erwiesen ist und die Neuordnung beginnen soll.«

Ähnlich sprach Meth mit den Unterführern, nur ging er hier mehr in Einzelheiten. Er vermißte den Plan oder doch wenigstens den organischen Fortgang bei dieser sogenannten Revolution. Er hatte auch nicht gehört, daß an einem solchen Plane gearbeitet wurde, wie man der Arbeit überhaupt bei den jetzt verantwortlichen Stellen gern aus dem Wege ging und seine Zeit in endlosen, unfruchtbaren Debatten vertrödelte. Deshalb hatte sich Meth von diesem sogenannten politischen Leben zurückgezogen. Wer hatte noch Zeit dafür? Es mußte gehandelt werden, aber planvoll und Zug um Zug. Es war keine Zeit zu verlieren. Die Reaktion, wenn sie vorübergehend wieder ans Ruder kam, sollte neue Tatsachen finden und neue Verhältnisse. So hatte er sich die Revolution gedacht. Aber diese Revolution gestaltete nicht, sondern wurde zur Anarchie, nachdem die Männer an der Regierung keine Gewalt mehr über die Massen hatten. Sie wurden von diesen Massen bestimmt, anstatt sie selber zu bestimmen und zu führen. Ihr revolutionäres Bramarbasieren brachte keine Entscheidungen.

Wer aber brachte die Entscheidung? fragte sich Meth. Die moderne Gesellschaft und Wirtschaft war ein so vielverzweigter und künstlicher Apparat, daß ihn niemand mehr überschauen konnte. Jeder Eingriff an falscher Stelle konnte den Mechanismus des Ganzen zugrunde richten. Was geschah mit den Massen dann? Das Schicksal der Arbeiterschaft hing an diesem vielfältigen Apparat. Wer ernährte diese vielen Millionen, wenn der sie speisende Mechanismus nicht mehr in Ordnung war? Wer ernährte die Städte, die riesenhaft allenthalben das Land bedeckten, wenn die Verbindung zwischen den Städtern und Bauern zerrissen war? Darüber grübelte Meth. Er hatte aber noch niemand gefunden unter den neuen Herren, mit denen er sachlich beraten konnte. Sie wiesen höchstens auf Rußland hin. Man war jedoch nicht in Rußland und fand nicht die primitiven Verhältnisse vor wie dort: man war im empfindlichen Herzen des alten Abendlandes.

Also Verzicht auf die Revolution? Das fragte sich Meth alle Tage. Der Weg, den die Räte eingeschlagen hatten, führte ins Chaos. Die Not des Landes und Volkes schrie unterdessen zum Himmel. Aber die Führer fehlten. Sie fehlten im entscheidenen Augenblick der sozialistischen Revolution in Deutschland. Auch wenn die Volksgenossen zu Tausenden fielen, erschlagen wurden, verhungerten und sich gegenseitig zerfleischten — das machte es noch nicht, daß ein neues Reich entstand. Die Revolution der Gesinnung war zunächst die einzig sichere Revolution. Die *Menschen*, ihre Beziehungen und ihre Gemeinschaftsordnung mußten von Grund auf verwandelt werden. Aber das ging nicht durch guten Willen und gütliches Zureden allein: Man brauchte Macht und neue Autorität dazu und Führer, die sie zur Geltung brachten.

Die Räte haßten und fürchteten Meth, das wußte er. Er kannte sie ja und kannte die Künstler und Literaten, die er einmal für Freunde des Volkes gehalten hatte. Die Ereignisse hatten ihn eines Besseren belehrt, so daß er nichts mehr von ihnen wissen wollte. Bereits seit Anfang des neuen Jahres hatte er sich von allen zurückgezogen und nur noch seinem Kommando gelebt. Er war in den Augen der Räte also ein Fremdkörper in München geworden;

denn er übte eine scharfe Kontrolle aus über die Stadt, verhinderte Unrecht, Raub, Plünderung und willkürliche Morde; er ließ keine wilden Demonstrationen zu und warb in der Stille für seine Truppe, die zu Anfang der Rätezeit auch unsicher geworden war. Er hatte sie kleiner gemacht, fest in die Hand genommen und geschlossene Zellen um zuverlässige Unterführer gebildet. Bisweilen hielt er auch größere Übungen ab, und man mußte ihn offen gewähren lassen. Er hatte erklärt, daß er die neue Räteregierung nicht anerkenne, nachdem sie keine tatsächliche Macht besitze. Sie war in der Tat so schwach, daß sie nichts gegen ihn unternehmen konnte, nur daß es hin und wieder einmal zu Schießereien zwischen seinen Soldaten und den roten Matrosen kam.

Anfang April fand eine Verhandlung zwischen Ferdinand Meth und Ernst Toller statt, dem neuen Oberkommandierenden der Roten Armee. Sie waren sich schon seit Monaten nicht mehr begegnet, nachdem sie sich früher zuweilen getroffen hatten. Die Kreise Tollers, die jetzige Räteregierung, die Künstler und Literaten, interessierten Ferdinand Meth nicht mehr. Er traf nur Gustav Landauer noch manchmal, der ihn mit sanftem Vorwurf fragte, wie er denn immer noch so ein wilder Soldat sein könne — Landauer nämlich mißbilligte alle Gewalt und sah in jedem den Menschenbruder. Er war ein ehrlicher Schwärmer, das wußte Meth, aber ein Revolutionär? Nun, die anderen waren es gleichfalls nicht und hatten nicht einmal Menschenliebe. Aber noch weniger hatten sie Macht und Autorität. Sie brauchten Meth und deshalb hatte ihn Toller, nachdem er das Oberkommando erhalten hatte, zu sich gerufen. Aber Meth kam nicht. Also kam Toller an einem der nächsten Tage selbst ins Wittelsbacher Palais.

Er kam nicht allein, sondern mit einer Suite von Adjutanten und Leibgardisten, in seinem Anzug betont proletarisch, aber mit hohen, gelben, gewichsten Stiefeln. Meth, der ihn in seinem Arbeitszimmer erwartet hatte, sah sich auf einmal von einem schwatzenden, durcheinanderlärmenden Haufen umringt. Er versuchte sich mit Toller zu unterhalten; doch es gelang nicht, diese lauten Genossen zur Ruhe zu bringen oder hinauszuschicken. Sie wollten mitreden und mitverhandeln, da half keine Bitte und kein Befehl. So verfiel Ferdinand Meth auf den Gedanken, ein Fäßchen Bier im Vorraum anzapfen zu lassen, um das sich wirklich dann alle sehr schnell versammelten.

Die beiden setzten sich also schließlich ohne Zeugen zu den Verhandlungen hin. Toller hatte Papier aus der Tasche gezogen und überreichte es Meth, ohne ein Wort zu sagen. Meth sah es an. »Ein Kriegsplan?« fragte er. Toller lächelte. »Nein, ein Stück, ein Drama, mein dichterisches Bekenntnis.« »Sehr interessant«, sagte Meth; er hielt die Bogen in der Hand und wußte offenbar nicht, was er damit beginnen sollte. Toller nahm sie wieder an sich, blätterte darin und zeigte ihm eine Stelle. »Sie haben dieselbe Wandlung durchgemacht wie ich, Genosse Meth«, sagte er, mit dem Zeigefinger auf einen pazifistischen Kernsatz weisend, »wir sind doch beide der gleichen Meinung über Gewalt und Krieg! Also hoffe ich, daß wir uns rasch verständigen.« »Gewiß«, sagte Meth. Aber die Bogen des Dramas schob er beiseite.

Toller schien ein wenig pikiert. »Haben Sie wirklich gedacht, daß ich Ihnen da einen Kriegsplan bringe?« fragte er, während er etwas gezwungen lächelte. Ferdinand nickte nur. Er hatte wirklich nichts anderes von dem Oberkommandierenden der Roten Armee erwartet. »Oder vielleicht einen Plan zur Durchführung des Sozialismus«, sagte er. Toller meinte, das habe Zeit. Er rückte näher zu Meth heran. »Sie müssen mich kennen lernen«, sagte er, »bevor wir verhandeln, sollen Sie die Qualitäten des Mannes wissen, mit dem Sie ja über kurz oder lang zusammengehen müssen. Sie interessieren sich doch für die Literatur! Deshalb habe ich Ihnen zuerst mein Stück da mitgebracht, damit Sie sehen, daß ich kein Landsknecht bin.« Meth hatte die Blätter wieder ergriffen und drehte sie hin und her.

»Ich kann Ihnen mit gleichem nicht aufwarten«, sagte

er. »Denn ich habe nichts niedergeschrieben, daraus Sie mich kennen lernen würden; Tagesbefehle und praktischer Kram ist das einzige, was ich schreibe.« »Nun, das ist gut«, sagte Toller. »Die Revolution braucht ja auch Praktiker und nicht nur Geistige und besessene Seelen — da gibt es beinahe bei uns zu viel.« Er sah Meth wieder an, und dieser nickte. Es entstand eine Pause.

Von Unruhe gepeinigt, lief Nystedt durch die Straßen. Er sah nichts, er hörte nichts. Irgendwo konnte er eine heiße, bittere Flüssigkeit, die sich Kaffeesatz nannte, hinunterstürzen, irgendwo kaufte er eine Tafel Schokolade, irgendwo ein Brötchen. Die ausgemergelten, schlecht ernährten Menschen der Stadt, Arbeiter und Bürger, fluteten alle zum Zentrum. Zwei Diskussionsredner traten an einer Ecke auf und haspelten ihre eingelernten Sätze für und wider den Kommunismus her, bis der eine dem andern erklärte: »Ja, Freinderl, du hast recht! I werd auch Kommunist!« was soundso viele aus der Zuhörerschaft mit Jubelrufen begrüßten. Beschämt schlichen die Bürger aus dem Kreis. Wollte einer das Wort ergreifen, fiel alles über den bessergekleideten Mann her.

Eine Menge drängte sich an einer Ecke um ein Plakat zusammen. Nystedt ward mit hingerissen in den Strom der Neugierigen. Bald stand er an erster Stelle. Der Anschlag lautete:

Friedrich Freksa

S o l d a t e n !
Die Verräter der Revolution haben den Kampf proklamiert. Sie wollen die Arbeiterklasse niederschmettern. W o l l t   i h r   d a b e i   h e l f e n ? W o l l t   i h r   e u r e   A r b e i t e r b r ü d e r   n i e d e r s c h i e ß e n ?

Wenn ihr das wollt, was ist dann euer Schicksal? Ihr werdet wieder ins Sklavenjoch gespannt. Eure Offiziere, eure Peiniger sind dann wieder eure Herren. Ihr seid dann wieder die Knechte. Das könnt ihr nicht wollen! Deshalb müßt ihr kämpfen Schulter an Schulter mit den Brüdern aus der Werkstatt.

Ihr habt Waffen!

Gebraucht sie gegen die Verräter, gegen die Meuchelmörder des Volkes! Gebt die Waffen, die ihr nicht braucht, an die Arbeiter ab! Sie werden mit euch kämpfen! Viele eurer Kasernenräte haben euch und die Arbeiter verraten! Verhaftet sie! Wählt neue Kasernenräte! Wählt euch wirkliche Führer im Kampf! Es geht um ein hohes Ziel. Es geht um eure Freiheit. Es geht um das Schicksal der Revolution. Nieder mit den Verrätern! Nieder mit Epp, mit Schneppenhorst und ihren verbündeten Halunken! Nieder mit der Regierung Hoffmann, der Regierung der kapitalistischen Ausbeuter!

Hoch der Kommunismus! Hoch die Räterepublik!! Auf zum Kampf!

Kommunistische Partei:
Spartakusbund.

Nystedt empfand einen heftigen Zwiebelgeruch. Er sah auf. Ein breitschultriger Mann mit steifem Hut rieb sich den Arm. Er grunzte:

»Ob das wahr is mit dem Noske?«

Nystedt antwortete unbedacht:

»Einmal muß doch Ordnung und Ruhe werden in dem Durcheinander!«

»Ruhe und Ordnung?« sagte der Mann laut und reckte sich auf, »Sie san gwiß auch oaner von die Offizier, die wo am Werk san? Sie ham was vor gegen die Freiheit vom Volk!«

Nystedt wandte sich ab, da schrie der Mann laut auf:

»Dös is a oaner, die wo das Volk verraten!«

»Wir beobachten diesen Spion schon lange!« klang eine scharfe norddeutsche Stimme. Nystedt schaute sich um und sah in das Gesicht des schnauzbärtigen Mannes im schwarzen Paletot, der den Filzhut in den Nacken geschoben hatte und ihn höhnisch angrinste.

»Gewiß, das ist der Spion!« schrie ein andrer und der junge Bursche in Windjacke drängte herzu.

»Pfui, der Burschoa!« rief eine Frau im schmutzigroten Blusenkleid, die auf den Schultern einen kostbaren Marderpelz trug.

»Was geht hier vor?« begehrte eine heisere hochdeutsche Kommandostimme auf. Ein schnurrbärtiger Feldgrauer mit einer Matrosenmütze auf dem Kopf drängte sich herzu.

»Der is g'wen, der is g'wen!« rief ein Mädchen mit grünkariertem Umschlagtuch und die Frau im Marderpelz stimmte zu.

»Der damische Burschoa, der damische . . .«

Ein zweiter Matrose kam heran.

»Gehst glei mit, Burschoa dreckater! Obst glei mitgehst?«

»Sie hoam oan derwischt!« rief es aus der Menge, die sich enger zusammendrängte. Die beiden Matrosen faßten Nystedt rechts und links unter beim Arm. Ein Gejohl stieg auf.

»Wo geht's mit eahm hi?« fragte die Frau im Marderpelz.

»Zum Maxgymnasium!« sagte der Feldgraue mit der Marinemütze.

»Dem geht's nicht gut aus! Hier das Volk aufwiegeln wollen. Wir wissen von den Plänen der Offiziere genau Bescheid!« fügte er drohend hinzu.

»Ha, an Offizier ham's derwischt, an Offizier!« rief die Menge.

Das alles überfiel Nystedt wie ein Traum. Er ging zwischen den beiden Matrosen dahin, sah die verzerrten Gesichter, die gierigen Augen, die geifernden Mäuler. Die Schimpfwörter knallten an seinem Ohr vorbei wie Pfropfenschüsse aus einer Kinderpistole. Er fühlte den Boden nicht, auf den er trat. Eine Pforte tat sich auf, er wurde in einen Gang geführt, in dem bewaffnete und unbewaffnete Menschen herumstanden. Ein Mann mit langen schwarzen Haaren in einer Litewka lief mit einem Bündel Papieren in der Hand vorbei. Nystedt ward in ein Zimmer gebracht. Schulbänke standen übereinander in einer Ecke. Auf dem Katheder thronte ein Feldwebel mit blondem Schnurrbart. An Tischen und Pulten saßen Zivilisten und Soldaten mit Schriftstücken und lasen. Bier- und Weinflaschen standen herum. In der Schulbank zur Linken lagen zwei und schliefen. An großen Nägeln an der Wand hingen an Riemen Gewehre. Auf einem Fensterbrett lagen Eierhandgranaten wie Früchte.

»Was ist mit dem da?« herrschte der Feldwebel den Zug an, der Nystedt herbeischleppte.

Der Mann im steifen Hut, die beiden Frauen und die zwei Matrosen begannen gleichzeitig zu sprechen.

Der Feldwebel erhob die Hand, gebot Ruhe und fragte:

»Was hat der Mann gemacht?«

Der Matrose, der Nystedt verhaftet hatte, antwortete, der Gefangene hätte die Menge aufgewiegelt, hätte gegen die Räteregierung gehetzt und den Stadtkommandanten Eglhofer als einen Lumpen bezeichnet.

Der Blick des Feldwebels wurde starr. Wütend schaute er auf Nystedt und knurrte:

»So, so!«

Der Mann mit dem steifen Hut trat vor und schrie Nystedt ins Gesicht:

»Dös wollt i moana, g'schimpft hat er ganz aus'gschamt, der Burschoa, der mistige!«

Die Frau im Marderpelz rief:

»Zerreißen sollt' mer die Mistviecher, die windigen, die Offizier.«

Das Mädchen im karierten Umschlagtuch bestätigte:

»Ja, ganz gemein hat er daherg'redt, ganz gemein!«

»Die Zeugenaussagen werden protokolliert!« kommandierte der Feldwebel, wandte sich an Nystedt und fragte barsch:

»Was hast dazu zu sag'n?«

Nystedt antwortete:

»Vor dem Anschlag bin ich von dem Herrn da gefragt worden, was ich meine, ob es wahr sei, daß Noske komme. Ich habe nur bestätigt, was der Spartakusbund selbst verbreiten läßt. Weiter ist kein Wort gefallen. Alles andere haben die Herrschaften dazugehört.«

Das dicke, borstige Gesicht des Mannes im steifen Hut schwoll blau-violett auf.

»So«, sagte er, »und von der Ruh und Ordnung hast nix g'sagt, dös wo jetzt an Verbrechen is in der Revoluschion?«

Jetzt öffnete sich die Tür. Herein trat der Schnauzbart im schwarzen Paletot. Er ging zum Feldwebel und sagte ihm einige Worte ins Ohr. Das Gesicht des Feldwebels wurde starr.

»Schreiben Sie«, rief er einem verkümmerten Menschen zu, der zur Rechten an einem kleinen Schreibmaschinentisch neben dem Pult saß.

»Wie heißen Sie?« brüllte er Nystedt an. »Wo wohnen Sie?«

Die Personalien wurden aufgenommen, der Feldwebel beschloß das Protokoll:

»Ich verhafte Sie wegen Aufreizung des Volkes gegen die Räteregierung. In den Keller mit ihm!«

»Derschiaßn sollt ma's alle mitanand, die Offizier, die verrecktn, derschiaßn!«

Alle nickten. Einer der Schläfer in der Schulbank fuhr auf und fragte mit blödem Gesicht und gähnendem Maul:

»Derschiaßn?«

»Das kommt später, Xaverl!« rief der verkümmerte Schreiber dem Manne zu, der sich sofort wieder ausstreckte und grunzte:

»Laßt's ma doch mei Ruah!«

Ein Unteroffizier mit einem Schlüsselbund kam. Nystedt sah, wie ihn der Schnauzbärtige verkniffen angrinste, dann rissen die beiden Matrosen Nystedt hinaus auf den Gang, führten ihn durch eine Reihe von Menschen hindurch, die ruhig miteinander weiterschwatzten, ohne groß auf den Gefangenen zu achten.

Nystedt wurde ein paar Stufen hinabgeführt. Er sah sich in einem Souterrain. Eine eiserne Tür wurde geöffnet. Eine Art Halbkeller nahm ihn auf. Zur Rechten gewahrte er einen Lattenverschlag, der den Keller teilte. Ein Schloß knirschte, aus den Latten sprang eine Tür auf, in die er hineingeschoben ward. Es ward ihm bedeutet, da zu bleiben. Der Unteroffizier schloß das Vorhängeschloß ab. Schritte stampften davon, das eiserne Tor fiel ins Schloß. Nystedt hatte Zeit, sich umzuschauen.

Julius Kreis

Sonntag, den 13. April, nachmittags: Posten vor dem Ministerium des Äußern. Karabiner Revolver, Handgranate.

»Entschuldigen Sie«, sage ich zu ihm und zücke eine Zigarette, »können Sie mir vielleicht sagen, wer jetzt gerade regiert?«

»Ja«, sagt der Mann, »i woaß selber net. Bei uns im Lehel gilt d' Regierung Hoffmann, und in Schwabing ham s' no d' Räterepublik.«

Marie Amelie von Godin

Der Adel, die Bürger zitterten in ihren Wohnungen und Palästen über das Ungeheuerliche des dem einzelnen in der Stadt freilich nur in den größten, aber gerade dadurch beunruhigendsten Zügen bekannten Geschehens. Das noch nie Dagewesene geschah: Die Häuser boten niemand mehr Sicherheit. Sie waren Menschenfallen.

Kraftwagen, dicht besetzt von rasenden Soldaten, ratterten durch die verlassenen Straßen. Bald hieß es, daß nach langen Listen angesehene Adelige, angesehene Bürger festgenommen wurden. Das Gerücht trug die Namen der Betroffenen von Tür zu Tür. Viele irrten nun von Freund zu Freund und wagten sich nicht nach Hause, wo man sie suchen konnte.

Friedrich Freksa

Der Unteroffizier und die beiden Zivilisten nahmen Nystedt mit. Der Unteroffizier sagte:

»Balst ma an Hunderter gibst, kriegst was z'fressen!«

Nystedt nahm hundert Mark, reichte sie dem Unteroffizier und gab den beiden Zivilisten, die gierigen Blicks dabeistanden, je einen Fünfziger.

Sie führten ihn in einen Mannschaftsschlafraum voller Mief. Zur Rechten und Linken waren Betten übereinandergestellt, faule, träge Gestalten lagen darin. An einem schmierigen Tisch saßen Männer in Hemdsärmeln und aßen aus Kochgeschirren. Ein überheizter Ofen brachte die übelriechende Luft zum Brodeln.

»Wart a bissel«, sagte der Unteroffizier, ging in einen Raum und brachte eine große Schüssel Rindsbraten mit Bratkartoffeln und sagte:

»Da friß dich satt! Magst a Bier a?«

Als Nystedt nickte, holte er eine Flasche, stellte sie vor ihn hin und sagte:

»Trink nur glei so!«

Nystedt aß und trank sich satt, denn er fühlte, er brauchte Kraft. Er hatte sich mit einer völligen Empfindungslosigkeit überzogen und dachte nur an das, was kommen müsse: Gewinnung der Freiheit. Als er gegessen, winkte der Unteroffizier. Der Gefangene ward hinabgeführt ins Kellergeschoß, die eiserne Tür tat sich auf, der Lattenverschlag wurde geöffnet, die eiserne Tür fiel zu. Nystedt horchte aufmerksam. Hatte der Unteroffizier vergessen, die Tür abzuschließen?

Als die Schritte verhallt waren, bog Nystedt die lose Latte zurück und schlich zur Tür. Ein kleiner Stein mochte in das Eisenband unten gerutscht sein, die Tür war nicht fest ins Schloß gefallen, der Riegel hielt sie nur locker eingeklemmt. Nystedt vermochte sie zu öffnen. Das Abenteuer mit dem Zwang, das Gitter zu zerbrechen, war überflüssig geworden. Er klappte seinen Mantelkragen hoch, zog die Mütze ins Gesicht, schlug die Tür zu und ging den Gang hinunter, eine Treppe hinauf und befand sich in einem oberen Gang in der Höhe der Straße.

Er sah das Tor. Ruhig, als gehöre er zum Hause, wollte er hinaus. Da hielt ihn der Posten an: »Ausweis!«

»Ich wollte ihn mir holen«, sagte Nystedt, »aber es dauert mir zu lang.«

»Gehen Sie nur auf Zimmer Nummer 7, der Feldwebel wird es gleich haben.«

Nummer 7 war der Raum, wo Nystedt verhört worden war. Er hütete sich, noch einmal dorthin zu gehen. Er schlenderte den Gang hinunter. Irgendwo mußte sich die Gelegenheit bieten, aus dem Hause hinauszukommen. Er stand vor einer großen Pforte. Er öffnete sie. Kalte Luft strömte ihm entgegen. Er war in der Turnhalle. Ruhig machte er die Tür zu und schritt in die Halle hinab. Der Tag verdämmerte. Im Schatten von ein paar Sprunggeräten war er fürs erste sicher. Er schaute sich um. Die Fenster führten, als er sich an ihnen emporgezogen hatte, hinaus auf eine kleine Ecke des Schulhofes, die von einer zwei Meter hohen Mauer abgesperrt war gegen einen Garten.

Nystedt öffnete das Fenster, schwang sich hinaus, glitt in den Hof, sprang mit einem kleinen Anlauf auf die Mauer, glitt sofort hinunter und strebte durch den Garten dem Türausgange zu. Er hatte so schnell gehandelt, daß der Vorgang kaum bemerkt werden konnte. Aber erst als er durch den Garten in den Hof gedrungen war und vom Hof die Straße erreicht hatte, ward er sich bewußt, daß er dennoch verfolgt werden könnte. Er schritt daher im schnellen Schritt die Straße entlang. Als er um die Ecke gebogen war, hörte er hinter sich etwas heranhasten. Er begann zu laufen, winkend, als liefe er einer vor ihm fahrenden Droschke nach. Die Droschke war frei, sie hielt, Nystedt sprang auf.

Oskar Maria Graf

»Putsch! Barrikaden!« keuchte Achenbach. Vom Bahnhof herüber kamen Schüsse, dann wieder Maschinengewehrsalven und schließlich Kanonendonner. Wir rannten, was wir konnten, die Nymphenburger Straße hinunter auf den Stiglmairplatz zu. Vor dem *Löwenbräukeller* war ein Geraufe und Geschrei. Das Schießen war jetzt ganz nah und ungewöhnlich heftig. Immer mehr und immer mehr Leute stürmten die Dachauer Straße hinunter.

»Was ist's denn? . . . Was? Putsch?« fragte ich einen dahinrennenden Arbeiter.

»Ja! Die Hoffmann-Regierung und die Mehrheitler!« flog abgehackt zurück. Weg war der Mann. In der Luft knatterten Flugzeuge und spien weiße Blätterwolken. Dahin, dorthin rannten Menschenrotten und haschten nach den herabfallenden Flugblättern, balgten sich um sie, lasen und fingen wild zu schimpfen und zu fluchen an. Rotarmisten und Soldaten legten an und feuerten nach den Fliegern, schossen, schossen. Das Trommelfell drohte einem zu zerspringen.

»Schneppenhorst-Lügen! Mehrheitssozialistische Verräterei!« hörte ich, »Weitergehen! Zum Kampf! Zum Bahnhof!« Endlich bekam ich einen Mann zu fassen, der ein Flugblatt hatte, las hastig: »An die werktätige Bevölkerung Münchens! Arbeiter und Soldaten!« Erschnappte noch »der Zentralrat für abgesetzt erklärt«, fing noch auf »landfremde Agitatoren, die nur eine eigennützige Politik verfolgen«, dann zerriß der Mann das Blatt. »Die Schufte! Die Hunde!« knurrte er. Ich pfiff, aber kein Gegensignal kam. Das Schießen und Krachen, das Lärmen und Rennen übertönte alles. In der Luft blinkten, über die Köpfe hinweg, unablässig kleine Funken aus den Gewehrläufen und lösten sich in Rauchwölkchen auf. Ich schob mich mit aller Mühe vorwärts, stieß um mich, lief wieder etliche Schritte und gelangte bis an den Rand des Bahnhofplatzes. Der sah aus wie eine immerfort sich ablösende Ebbe und Flut. Von der Prielmayer-, von der Schützen-, Schiller- und Bayerstraße heraus liefen bewaffnete Massen andauernd Sturm gegen den feuerspeienden Hauptbahnhof, glitten brüllend und heulend wieder zurück und stürmten mit erneuter Erbitterung vor.

»Nie-ieder! Nie-ieder! Nie-ieder!« dröhnte auf, die Maschinengewehre knatterten, die Stürmenden jagten abermals vor und schossen, was aus ihren Gewehren herausging. Im Rauchgeschwader tauchte Sontheimer auf, schwang das Gewehr und schrie zurück: »Vorwärts! Sturm! Sturm!« Zwei Gewehre hatte er außerdem umgehängt, auf seinem Bauch baumelten zwei Feldstecher, eine breite rote

Schärpe trug er, drinnen steckte ein mächtiger Revolver. Um ihn herum pfiffen die Kugeln. »Vorwärts! Auf! Sturm!« brüllte er abermals, und alles stürzte hinter ihm nach, wieder ein Kanonenschuß, Fensterscheiben klirrten, Getroffene fielen um, Boden und Häuser zitterten, die Menge, in der ich steckte, wogte weiter, vor mit dem Stürmern und mit furchtbaren Geschrei in den krachenden Bahnhof.

Keine Waffe! Einfach so wie ein Fleischklumpen sich wegschießen lassen, tobte immerfort durch meinen wirren Kopf, und mit zusammengebissenen Zähnen, mit festverkrampften Fäusten ließ ich mich weiterdrängen. Auf einmal schrie ich mit aller Wut in die Ohren der um mich Gestauten: »Ja, Herrgottsakrament, was ist's denn eigentlich! Gegen wen geht's denn eigentlich?!« Derart bellte ich, daß die an mich gepreßten Körper erschreckt erzitterten. Ich war nahe daran, einfach irgendwen anzupacken und ihn in Stücke zu zerreißen, bloß aus dem blindwütigen Drang heraus, nicht ganz und gar umsonst niedergeknallt zu werden. Nebenher lief immer der Gedanke: Dumm! Saudumm! Immer kommst du ins Gedräng', und nie hast du einen Zweck.

Seitdem kann ich mir ungefähr vorstellen, auf welche Art ein Feigling zu einem Helden wird.

»Gegen die Bamberger! Gegen Hoffmann, Rindvieh!« kam es zurück, und deutlich empfand ich eine Erleichterung. »Na also! Dann ist's ja gut! Nur los! Nichts wie los!« gab ich Antwort. Es ging unter. Das Schießen hatte ziemlich aufgehört, schallend schrie es durch die hohen Hallen: »Sieg! Sieg! Hoch die Räterepublik!« Der Bahnhof war genommen und von Kommunisten besetzt. Lachende Gesichter kamen in mein Blickfeld. Von der Arnulfstraße aus war unsere Masse in die Halle gedrungen, bei der Bayerstraße kam ich mit ihr hinaus. Das dichte Gemenge floß wie ein gehackter Brei auseinander, rann über den Platz und in die Straßen. Das Aufatmen aller teilte sich dem einzelnen mit. Jetzt erst erfuhr ich, was geschehen war. Einige Mehrheitssozialisten hatten in der vorhergehenden Nacht etliche Kasernenräte insgeheim für die Regierung Hoffmann gewonnen, im Namen der gesamten Garnison München einen Anschlag gegen die Räterepublik verbreiten lassen, das Standrecht verkündet, die wichtigsten Gebäude besetzt, den Zentralrat für abgesetzt erklärt, Mühsam, Wadler und noch irgendwelche Räte verhaftet und nach Niederbayern verschleppt. Hierauf forderte der Zentralrat zum Generalstreik auf, die Kommunisten übernahmen die Führung der bewaffneten Betriebe und Massen, die Putschisten wurden zurückgeschlagen, entwaffnet und davongejagt.

Ein neuer Zentralrat regierte, die Kommunisten ergriffen die Macht, die sogenannte zweite Räterepublik hub an, schier über Nacht erstand die bisher wohl begonnene, aber sehr lässig durchgeführte Organisierung der »Roten Armee.«

Inmitten dieses Chaos war eine winzige junge Kommunistische Partei dazu bestimmt, einen Apparat aufzubauen, der zwei unvergleichliche Wochen lang das gesamte Leben Bayerns beherrschte.

Rosa Meyer-Leviné

In diesen Tagen der Räteregierung kamen viele auswärtige Besucher nach München angereist, um sich über die Lage zu informieren. Auch Ausländer: Franzosen, Schweizer, Italiener, Österreicher. Wir sollten über alle Absichten und Handlungen Auskunft geben. Ich wurde beinahe von jedem Journalisten nach meinem Alter gefragt. Ich versuchte die Fragenden mit der Bemerkung zu trösten, daß die Älteren auch keine revolutionären Erfahrungen hatten, getragen werden muß die Revolution von der Begeisterung der Jugend.

Karl Retzlaw

Eines Tages, ich war gerade mit Mairgünther für einige Stunden im Polizeipräsidium, wir hörten und lasen Berichte der Ressortleiter, als mir ein Beamter einen Brief in die Hand drückte. Er war von einer älteren Frau, die mich dringend sprechen wollte. Sie erzählte, daß ihr Sohn nach

Protestdemonstrationen im Januar gegen die Ermordung Karl Liebknechts und Rosa Luxemburgs zu einer Gefängnisstrafe verurteilt worden sei und diese Strafe im Gefängnis Stadelheim verbüße. Die Frau bat, ihren Sohn besuchen zu dürfen.

Mir kam die Erzählung der Frau kaum glaubhaft vor, weil im ersten Erlaß der Räteregierung die Freilassung der politischen Gefangenen angeordnet worden war. Ich rief den zuständigen Polizeidezernenten, der mir von dem im Süden Münchens gelegenen großen Gefängnis Stadelheim erzählte. Ich hatte vorher nie von dem Gefängnis gehört. Mit mehreren Begleitern fuhr ich hinaus.

Vor der hohen Mauer des Gefängnisses waren noch Stacheldrahtverhaue errichtet, als ob ein Angriff auf das Gefängnis befürchtet wurde. Ich verlangte in der Wache am Tor zuerst den Personalrat zu sprechen, der auch sofort herbeieilte und mich in sein Büro führte. Sein Büro war eine Zelle. Ich unterrichtete ihn, daß die politischen Gefangenen sofort freizulassen seien. Er erklärte sich für nicht zuständig und führte mich zum Direktor des Gefängnisses. Es war ein Dr. Pöhner. Dieser Pöhner wurde später der berüchtigte Polizeipräsident in München.

Pöhner erklärte, daß er keinen Erlaß der Regierung über die Freilassung der politischen Gefangenen erhalten habe und verweigerte die Freilassung.

Wilhelm Weigand

Hermann mußte zu Fuß bis ans Maxmonument gehen, um ein Auto zu bekommen. Als er bei sinkender Dämmerung am Haupttore der Polizeidirektion vorfuhr, schlug ihm der dumpfe Braus aufgeregter Stimmen aus dem hell erleuchteten Bau entgegen. An der Haupttreppe standen bewaffnete Rotgardisten, die Zigaretten rauchten und keinen Versuch machten, die einströmende Menge, Frauen, Kinder, Soldaten, Matrosen, alte Männer, aufzuhalten. Hermann fragte einen Soldaten, einen einäugigen, blutjungen Burschen, ob der Polizeipräsident Mairgünther im Hause anwesend sei; der Gardist zuckte die Achseln und wies ihn in den zweiten Stock, wo man ihm nähere Auskunft erteilen werde.

Auf der engen Treppe zu den oberen Geschossen begegnete er Gruppen lachender Frauen, die lose Wäsche, Handtücher und Bettzeug auf den Armen trugen und den emporeilenden Bekannten eine Nummer zuschrien, die Hermann als die Nummer des Zimmers betrachtete, aus der die Beutestücke stammten. Das Polizeigebäude war offenbar der Plünderung preisgegeben; Hermann blickte im Vorübergehen in einen Saal, wo schreiende Männer mit roten Armbinden in Schubfächern wühlten und Akten und Werkzeuge auf den Boden schmissen. Der Salon in der Wohnung des Polizeipräsidenten, von dem aus man eine offene Zimmerflucht übersah, bot ein Bild wüster Zerstörung: auf einem Sofa, das in der Mitte des Zimmers stand, lag ein kostbares zerknittertes Meßgewand aus grünem Brokat mit vergoldeten Stickereien, und auf einem ungedeckten Tisch voller Speisereste standen Steinkrüge, schmutzige Teller, Weinflaschen und leere Gläser in wüstem Durcheinander. Ein vorübergehender junger Bursche, der in Hermann einen Gesinnungsgenossen witterte, sagte grinsend: »Da is's gestern nacht fei zünfti zuganga. Gsuffa hamer, bis mer umg'fallen san.«

Auf Hermanns barsche Frage, wo er den Polizeipräsidenten finden könne, erwiderte der Bursche mit einem bösen Blick: »Mußt 'n halt such'n. Im Haus is er scho' —.«

Und Hermann eilte weiter: in allen Räumen war siegreiches Lumpenproletariat am Werke, mit den vorhandenen Akten und Wertgegenständen aufzuräumen. Er begegnete einigen Matrosen, die photographische Platten unterm Arm trugen und leise redend deren Wert abschätzten. Ein alter Rotgardist schwang eine Ledertasche mit chirurgischen Instrumenten und lachte, als die Tasche aufging und ihr Inhalt klirrend auf den Boden stürzte. Und plötzlich flammte eine jähe Helle aus einem engen Innenhof empor: da unten lag ein Berg Akten, an dem von unten her die Flammen leckten, und von oben flogen neue Aktenbündel, Bücher, Lichtbilder in das Feuer, aus dem plötzlich die Flammen hell emporloderten und Wirbel kleiner glühender Papierfetzen in die helle Nachtluft emporstiegen und über den Dächern verwehten.

Karl Retzlaw   Das Prüfen der Akten würde eine Zeit von Monaten in Anspruch genommen haben, auch das Heraussuchen nur der politischen Akten würde lange dauern. Bedenken brauchten nicht zu bestehen, weil kulturell wertvolle Dokumente nicht in Polizeiakten zu finden sind. So war es am zweckmäßigsten, alles zu vernichten. Menschenleben sind wichtiger als bedrucktes Papier.

Zwei Tage lang brannten die Akten auf dem zementierten Hof des Polizeipräsidiums. Wohl an die hundert Helfer aus der Bevölkerung, der Partei und der Roten Armee warfen die Akten aus den Fenstern in die Flammen. Damit retteten wir Hunderten von politisch und antimilitärisch Verdächtigen aus der Zeit der Zusammenbruchs-Monate 1918/19 Freiheit und Leben. Auch Tausende von Kleinbürgern atmeten auf. Sie waren vielleicht einmal vor Jahrzehnten mit dem Fahrrad ohne Licht gefahren oder hatten an Wirtshausschlägereien teilgenommen. Sie alle galten auf Lebenszeit als vorbestraft. Jetzt war der Alpdruck von ihnen genommen. Man erzählte mir, daß es seit den Tagen des Zusammenbruchs, November 1918, nicht so viele lachende Gesichter in München gegeben hätte wie jetzt. Alle Leute, denen ich in den Gängen des Polizeipräsidiums begegnete, auch die Beamten schmunzelten.

Ernst Toller   Die ›Scheinräterepublik‹, wie die Kommunisten sie nannten, ist zugrunde gegangen, die ›wahre‹ Räterepublik beginnt ihr Werk.

Kaum eine Woche ist vergangen, seit die Kommunistische Partei erklärt hat, diese Räterepublik könne nicht lebensfähig sein, die inneren und äußeren Bedingungen fehlten, die Arbeiterschaft sei nicht reif, die Lage im übrigen Deutschland denkbar ungünstig, die Übernahme der

Regierung nur ein Dienst für die Reaktion. Der Sieg der Arbeiter wirft alle Bedenken der Kommunisten über den Haufen, der bewaffnete Kampf habe die Einheit des Proletariats geschaffen, im Gegensatz zur Scheinräterepublik sei diese Räterepublik das Werk der Massen, die Kommunistische Partei als revolutionäre Kampfpartei gehöre in diesem Augenblick an die Spitze der Kämpfe, vielleicht lasse sich die Räterepublik so lange halten, bis die kommunistische Revolution auch in Österreich gesiegt habe, und sich ein revolutionärer Block Österreich-Ungarn-Bayern bilden könne.

Kommissionen werden gewählt, sie sollen die rote Armee neu organisieren, die Gegenrevolution bekämpfen, das Finanz- und Wirtschaftswesen aufbauen, die Lebensmittelversorgung regeln. Die Polizei wird aufgelöst, die rote Garde übernimmt den Sicherheitsdienst der Stadt. Der Oberbefehl über die rote Garde wird dem Kommunisten Eglhofer übertragen. Eglhofer war einer der Führer der Kieler Matrosenrevolte im Herbst 1918, man ließ die Matrosen antreten, jeder zehnte, auch Eglhofer, wurde zum Tode verurteilt, später wurde er zu lebenslänglichem Zuchthaus begnadigt, die Novemberrevolution hatte ihn befreit. Organisatorische Fähigkeiten fehlten ihm, so war er auf einen Stab von Mitarbeitern angewiesen, die er wahllos heranzog.

Die erste populäre Handlung der Regierung ist die Beschlagnahme der gehamsterten Lebensmittel, es bleibt bei der Beschlagnahme. Die bürgerlichen Zeitungen dürfen nicht mehr erscheinen, zum Regierungsorgan wird das Mitteilungsblatt des Vollzugsrats der Betriebs- und Soldatenräte bestimmt. Die Betriebe arbeiten nicht, der Generalstreik mit unbestimmter Dauer ist verkündet.

In Bamberg hat die Regierung Hoffmann das bayerische Volk zu den Waffen gerufen und von der Reichsregierung in Weimar militärische Hilfe erbeten. Zwei Armeekorps rücken in Nordbayern ein. Die Berliner Zeitungen bringen Schreckensnachrichten über München, der Bahnhof, so heißt es, sei in Trümmer geschossen, in der Ludwigstraße würden die Bürger zusammengetrieben und bildeten lebendige Ziele für die Schießübungen der roten Garde, Gustav Landauer, der der Räteregierung gar nicht mehr angehört, habe den Kommunismus der Frauen eingeführt.

In München ist es ruhig. Das Revolutionstribunal schreckt mehr durch seine Ankündigung als durch Taten, niemand wird zum Tode verurteilt, niemand erschossen, niemand beraubt oder mißhandelt.

Am 15. April abends spricht Leviné in einer Versammlung der Betriebsräte. Mitten in seine Rede tönen Sturmglocken, niemand weiß, wer den Befehl gegeben hat, keiner kennt die Ursachen, Gerüchte schwirren, in der Stadt sei von Bürgern ein Putsch angezettelt.

Sturmglocken. Nicht das dumpfe Dröhnen der großen Glocken, an die der Klöppel mit gedämpfter Wucht schlägt. Hundert Armesünderglöckchen wimmern in klagender Eintönigkeit, gehetzt, kraftlos. Aber diese wimmernde Eintönigkeit, unheimlich und drohend, zerrt an den Nerven, erregt das Blut, jagt das Herz.

Vor dem Hofbräuhaus entsichern die Wachen ihre Gewehre.

— Wo wird geläutet? frage ich.

— Auf den Türmen der Frauenkirche.

Vor einem Jahr, als man mich beim Streik verhaftete, weigerte ich mich, die Uniform anzuziehen und Waffen zu tragen. Ich haßte Gewalt und hatte mir geschworen, Gewalt eher zu leiden als zu tun. Durfte ich jetzt, da die Revolution angegriffen war, diesen Schwur brechen? Ich mußte es tun. Die Arbeiter hatten mir Vertrauen geschenkt, hatten mir Führung und Verantwortung übertragen. Täuschte ich nicht ihr Vertrauen, wenn ich mich jetzt weigerte, sie zu verteidigen, oder gar sie aufrief, der Gewalt zu entsagen? Ich hätte die Möglichkeit blutiger Folgen vorher bedenken müssen und kein Amt annehmen dürfen.

Wer heute auf der Ebene der Politik, im Miteinander ökonomischer und menschlicher Interessen, kämpfen will, muß klar wissen, daß Gesetz und Folgen seines Kampfes von anderen Mächten bestimmt werden als seinen guten Absichten, daß ihm oft Art der Wehr und Gegenwehr aufgezwungen werden, die er als tragisch empfinden muß, an denen er, im tiefen Sinn des Wortes, verbluten kann.

— Ihr seid sicher, daß die Weißen Sturm geläutet haben?
— Ja, sie haben schon den Bahnhof besetzt.
— Wer kommt freiwillig mit?
Sieben Arbeiter springen vor.

Wir gehen durch eine schmale stille Gasse, als wir uns der Theatinerstraße nähern, knattern Maschinengewehre vom Marienplatz.

— Hinlegen!
Wir kriechen vorwärts. Durch die Theatinerstraße jagt ein Auto.

— Halt! rufe ich und schieße in die Luft.
Springend stoppt das Auto. Ein beleibter Herr entsteigt ihm, die Hände voller Zigarettenschachteln.

— Nicht schießen! schreit er, ich habe österreichische Zigaretten.

Die Gesichter meiner Kameraden strahlen, zehn Hände strecken sich nach den Zigaretten.

— Wer sind Sie?
— Entschuldigen Sie nur, ich bin der österreichische Konsul.
— Sie kommen vom Marienplatz?
— Ja.
— Wer hat geschossen?
— Ich weiß nicht.
— Sind Sie weißen Truppen begegnet?
— Ich habe nichts gesehen. Bitte, nehmen Sie doch die Zigaretten, es sind echte österreichische.
— Sie sollen uns sagen, was Sie wissen.
— Ich weiß gar nichts. Ich habe nur Angst. Wollen Sie nicht doch die Zigaretten nehmen?
— Hurra, schreien meine Leute, Österreicher!
— Bundesgenossen, sagt der Konsul.

— Gutes Kraut, sagen meine Leute.
— Darf ich jetzt nach Hause fahren?
—Jetzt schon! ruft einer und steckt sich eine Memphis an.
Wie Indianer pirschen wir zur Frauenkirche, finster drücken die Zwiebeltürme auf das Kirchenschiff. Wir klopfen am Haus des Küsters. Eine Frau öffnet das Fenster, schreit: »Ach Jessas!« und schlägt den Laden zu.
Wir trommeln gegen die Tür.
Die Haustür wird geöffnet, im Hemde die Küstersfrau steht zitternd vor uns.
— Wo ist der Küster?
Hinter dem Rücken der Frau duckt sich ein altes Männchen, mit einem Hemd bekleidet.
— Erbarmens Eahna und erschießens ihm nicht, er hat eh den Ischias!
— Niemand will Ihren Mann erschießen, auf wessen Befehl haben Sie Sturm geläutet?
— Ich hab net gläut.
— Aber hier wurde doch eben Sturm geläutet?
— Na, na, ich schwörs, erschießens mi bloß net!
Ich beruhige den alten Mann.
— Können Sie mir sagen, welche Kirche geläutet hat?
— Na, net wer ichs sagen können. Ich kenn alle Glocken von Müncha ausanand, besser wie meine eignen Kinder. Wenn Westwind is, nacha tönt die Glocke von St. Peter als wia wenn a Madl lacht, und von der Ludwigskirchen, als wia wenn a Jungfrau s'erste Kind kriegt. Und wenn sich der Wind draht, nacha . . .
— So sagen Sie uns doch endlich, welche Kirche jetzt Sturm läutet.
— Jetza, i moan halt, die Paulskirchen. Aber bei dem Wind, in dera Nacht, könnt i net drauf schwörn.
— Gehen Sie jetzt schlafen und erkälten Sie sich nicht.
— Wo er eh scho den Ischias hat, kreischt die Frau und schlägt die Haustür zu.
Wir ziehen weiter. Der Marienplatz ist menschenleer. Durch die Kaufingerstraße marschieren wir zum Bahnhof.

Als letzter stampft ein hinkender Invalide, in der einen Hand den Krückstock, in der andern das Gewehr, mit seinem Stock hämmert er den Takt unseres Marsches.

Im Hauptbahnhof lagern die Unsern.

— Wo sind die Weißen?

— Sie haben die Paulskirche besetzt.

An einem Pfeiler steht ein verlassenes Maschinengewehr, wir nehmen es und schleichen zur Paulskirche. Fünfzig Schritt vor der Kirche stellen wir das Maschinengewehr auf. Vor Aufregung schießt der Mann am Maschinengewehr auf den Turm, schwer rollt das Echo zurück.

— Habts es gehört? sagt der Schütze, dös hat gesessen.

Ringsum die Fenster öffnen sich. Eine Stimme brummt in tiefem Baß:

— Des is ja noch schöner, jetzt schiassens gar mitten in da Nacht.

Im Sturmschritt laufen wir zur Kirche, die der Feind besetzt hält. Der Feind meldet sich nicht. Friedlich schweigt die Glocke.

Wieder klingeln wir den Küster heraus.

— Wer hat Ihnen den Befehl zum Sturmläuten gegeben?

— Des wenn i wüßt!

Ein Arbeiter packt den Küster.

— Du Hund! Du hasts mit die Weißen!

— Was, mit die Weißen? Woher soll i jeden damischen Spartakisten kenna? Die Sektion Sendling hat den Befehl zum Läuten gebn.

Im Sektionslokal der Kommunistischen Partei Sendling sagt man uns, der Befehl sei von der Stadtkommandantur gekommen, die Weißen marschierten gegen München, die Arbeiter zögen ihnen entgegen.

Auf der Straße halten wir ein Lastauto an. In einem Gasthaus an der Nymphenburgerstraße machen wir halt.

— Wo sind die Weißen?

Niemand weiß es.

In der Schenke sitzen drei Soldaten vom Schweren Reiter Regiment, trinken ihre Maß und schimpfen auf das schlechte Bier. Die Pferde sind an den Bäumen festgebunden. Ein Soldat gibt mir sein Pferd, die beiden andern begleiten mich. Wir reiten in der mondhellen gestirnten Aprilnacht durch das friedliche Land, hören wir Stimmen, reiten wir ins Dunkel des schützenden Waldes, wird auf Leviné oder Toller geschimpft, sind wir beruhigt, es sind Freunde.

Wir nähern uns dem Bahnwärterhaus vor Allach, ein Mann läuft eilends ins Haus, wir springen vom Pferd und ihm nach, der Mann steht am Telephon, den Hörer in der Hand.

— Mit wem telephonieren Sie?

Keine Antwort. Ich nehme den Hörer.

— Eine Patrouille? fragt eine Stimme am andern Ende des Drahts.

— Ein Regiment, antworte ich.

— Ein Regiment?

— Eine Division.

Pause.

— Wer ist da? fragt die Stimme.

— Ich bin's.

Drüben wird der Hörer eingehängt.

— Sie haben mit den Weißen telephoniert, schreie ich den Bahnwärter an. Der schweigt.

Wir haben keine Zeit, wir müssen weiter. Bevor wir losreiten, zerschneiden wir die Telephondrähte.

Bei Karlsfeld erreichen wir Münchener Arbeiter und Soldaten, die spontan, ohne militärische Leitung, die weißen Truppen, die München vom Norden überfallen wollten, zur Umkehr gezwungen und vor sich hergetrieben haben. Nun, da sie den Angriff abgewehrt und die Fühlung mit den weißen Truppen verloren haben, zerfällt die einheitliche Wucht der vorstürmenden Massen, es bilden sich ratlose Gruppen.

Wir reiten auf der Chaussee in der Richtung Dachau weiter. Plötzlich pfeifen Kugeln, mein Pferd scheut.

— Zurück! rufe ich.

Wie ich mich umwende, sehe ich das Pferd des einen Kavalleristen sich aufbäumen, der Reiter, getroffen, stürzt zu Boden. Wir haben den Toten erst am nächsten Morgen bergen können. In seiner Tasche finden wir einen Brief:

— Liebe Mutter, wie geht es Dir! Mir geht es gut, ich sitze hier im Gasthaus und warte auf die Weißen. Sie greifen München an. Ich weiß nicht, was die nächsten Stunden bringen werden. Ich sage mir, lieber ein Tod in Ehren.

Im Karlsfelder Gasthaus sind die Vertrauensleute der Münchener Arbeiter versammelt.

— Der Toller soll die Führung übernehmen! ruft einer.

— Von einem Geschütz? antworte ich. Ich denke daran, daß ich im Krieg Artillerieunteroffizier war.

— Na, vom Heer, ruft ein alter weißhaariger Krupparbeiter.

Ich sträube mich und versuche zu erklären, daß ein Heerführer andere Fähigkeiten braucht.

— Oana muaß sein Kohlrabi herhalten, sonst gibts an Saustall, und wennst nix vastehst, wirst es lerna, die Hauptsach is, Dich kennen wir.

Ich weiß nichts zu erwidern, welche Gründe konnten auch dieses törichte, rührende Vertrauen von Männern, die eben eine aktive, militärisch geführte Truppe besiegt hatten, erschüttern?

So werde ich Heerführer.

In den Reihen der Arbeiter finde ich einige junge Offiziere, die in der alten kaiserlichen Armee gedient haben. Ein »Generalstab« wird gebildet, die Arbeiter werden in Bataillone gegliedert, Stellungen vor Dachau bezogen, der Feind hält Dachau besetzt.

— Ein Generalstab braucht Karten, sagt der Chef der Infanterie, ein neunzehnjähriger Student.

— Recht hat er, sagt ein Bierbrauer, der im Krieg Gefreiter war.

In den frühen Morgenstunden fahre ich mit dem Chef der Infanterie zum Kriegsministerium nach München. Auch die reaktionären Offiziere im Kriegsministerium wußten, daß ein Generalstab Karten braucht, sie haben vorsorglich die Geländekarten von Dachau beiseite geschafft.

Wir fahren nach Karlsfeld zurück. Aus München sind Verstärkungen eingetroffen, fünfhundert Arbeiter aus der Fabrik von Maffei, bewaffnet und militärisch gegliedert.

Vom Kriegskommissar Eglhofer wird mir ein Befehl überbracht.

— Dachau ist sofort mit Artillerie zu bombardieren und zu stürmen.

Ich zögere, diesen Befehl zu befolgen. Die Dachauer Bauern stehen auf unserer Seite, wir müssen unnütze Zerstörung vermeiden, unsere Kräfte organisieren.

Wir stellen den Weißen bis zum Nachmittag dieses Ultimatum:

Zurückführung der weißen Truppen bis hinter die Donaulinie, Freilassung der am 13. April entführten Mitglieder des Zentralrats, Aufhebung der Hungerblockade gegen München.

Denn seit dem zweiten Tag der Räterepublik ist München durch die Bamberger Regierung blockiert. Als die Engländer im Krieg über das deutsche Volk die Hungerblockade verhängten, war man empört, jetzt versucht die Bamberger Regierung, das eigene Volk auszuhungern.

Die Weißen schicken als Parlamentäre einen Oberleutnant und einen Soldatenrat. Wir verhandeln nur mit dem Soldatenrat.

— Kamerad, Du kämpfst gegen Kameraden, Du gehorchst denen, die Dich bedrückt haben, unter denen Du gelitten, gegen die Du Dich im November aufgelehnt hast.

— Und Ihr? antwortet er. Was habt Ihr aus München gemacht? Ihr mordet und plündert.

— Wer sagt das?

— Unsere Zeitungen schreiben so.

— Willst Du Dich überzeugen? Du darfst nach München fahren, niemand wird Dir etwas tun, Du kannst Dich umschauen und sehen, daß Du belogen wirst.

Der Offizier, wütend und ungeduldig, fährt den Soldatenrat an:
— Keine Antwort! Kein Wort weiter!
— Ach, Ihr seid schon wieder so weit!
Der Offizier steht auf, drängt hinaus, der Soldatenrat flüstert mir zu:
— Wir schießen nicht auf Euch.
Von zweien unserer Leute begleitet, fahren die Parlamentäre nach Dachau zurück. Nach zwei Stunden hören wir, daß die Bamberger Regierung unsere Bedingungen angenommen habe, nur in einem Punkt gäbe sie nicht nach, die weißen Truppen würden sich bis Pfaffenhofen zurückziehen, die Regierung wolle den Stützpunkt diesseits der Donau nicht aufgeben.

Nachmittags um vier Uhr krachen Geschütze. Haben die Weißen die Vereinbarung gebrochen?

Unsere eigenen Schützen hatten geschossen, auf Befehl eines unbekannten Soldatenrats.

Einer unserer Parlamentäre kommt von Dachau zurück, der Kommandant habe ihm gedroht, die beiden anderen Parlamentäre an die Wand zu stellen, sie verdienten kein anderes Schicksal, da die rote Armee durch den Bruch des Waffenstillstands ehrlos gehandelt hätte.

Ich trage als Führer der Truppen die Verantwortung für das Leben unserer Leute, ich entschließe mich, im Auto nach Dachau zu fahren und selbst den Vorfall zu klären.

Das Auto erreicht unsere vorderste Linie, ich sehe keine Soldaten. Wir fahren weiter, erreichen die Barrikaden, die die Weißen auf der Chaussee nach Dachau errichtet haben. Sie sind zerstört. Plötzlich wird das Auto von Maschinengewehr- und Infanteriefeuer bestrichen.

— Weiterfahren! rufe ich dem Chauffeur zu.

Ich sehe unsere Truppen in Schützenlinien vormarschieren.

— Wer hat den Befehl gegeben? frage ich einen Zugführer.
— Ein Kurier.

Auf den Gedanken, daß der Vormarsch das Werk eines Provokateurs war, komme ich nicht, erst später erfahre ich, daß der Soldatenrat Wimmer, der bei der Einnahme Münchens mit den weißen Truppen einzog, eigenmächtig um Verwirrung zu schaffen, Kanonade und Angriff befahl.

Was soll ich tun? Mitten im Gefecht den Rückzugsbefehl geben ist nicht möglich, jetzt heißt es, die vormarschierenden Truppen unterstützen.

Ich fahre nach Karlsfeld zurück, schicke Reserven den Kämpfenden nach und schließe mich einem Trupp an.

Das Feuer von drüben verstärkt sich.

Meine Gruppe zaudert, sie verlangt Artillerie zur Unterstützung, ich weigere mich, den Befehl zu erteilen, springe mit ein paar Freiwilligen vor, die andern folgen, wir erreichen unsere Infanterie, wir stürmen Dachau.

Als das Gefecht einsetzt, stürzen sich die Arbeiter und Arbeiterinnen der Dachauer Munitionsfabrik auf die weissen Soldaten, am entschlossensten sind die Frauen. Sie entwaffnen die Truppen, treiben sie vor sich her und prügeln sie aus dem Dorf hinaus. Der Kommandant der Weissen rettet sich auf einer Lokomotive. Unsere Parlamentäre, deren Erschießung schon befohlen war, retten sich im Durcheinander der Flucht.

Fünf weiße Offiziere und sechsunddreißig Soldaten werden gefangen. Unsere Truppen besetzen die Stadt.

Erich Wollenberg

Die Weißen waren gut organisiert, sie hatten durch den Waffenstillstand teilweise den demoralisierenden Eindruck der Schlappen des vergangenen Tages überwunden. Die Weißen hatten Geschütze, Maschinengewehre und beherrschten von ihrer Stellung auf dem Schloßberg die flache Moosgegend im Süden.

Auf dem Schloßplatz waren die Geschütze aufgestellt, gegen die Ebene gerichtet. Dort standen auch zahlreiche Maschinengewehre. Als die Roten in dichten Schützenlinien kurz vor Ablauf des Waffenstillstands vorgingen, waren die Weißen schon alarmiert. Der Major gab den Befehl, die Schützenlinien bis auf eine bestimmte Entfernung herankommen zu lassen und dann in die dichten Massen hineinzufeuern. Die Wirkung wäre eine vernichtende gewesen.

Da drängten sich die Dachauer Arbeiter, in erster Linie Frauen, die der Krieg in die Pulverfabrik geworfen hatte, an die Kanoniere und versuchten, auf sie einzuwirken, »nicht auf die Brüder zu schießen«. Offiziere jagten die Frauen weg. Doch die mischten sich wieder unter die unentschlossenen Soldaten. Ein Leutnant legte auf eine Arbeiterfrau seinen Revolver an — kräftige Proletarierfäuste packen ihn, er wird entwaffnet. Ein riesiger Tumult entsteht. Panikartig flieht der Stab auf Automobile, ganze Abteilungen reißen aus. Andere ergeben sich. Außer dem einen Leutnant werden noch zwei Offiziere und ein Militärarzt verhaftet, entwaffnet und in Ställe eingesperrt. Die anrückende Rote Armee empfängt aus den Händen der Arbeiter vier Offiziere, etwa 150 Mann, vier Geschütze — ohne Protzen und Bespannung — viele Maschinengewehre. In der Pulverfabrik lagern über eine Million Schuß Infanteriemunition.

Mit den Reserven kommt Toller nach Dachau. Er nimmt die Offiziere in Ehrenhaft, schickt sie nach München und läßt sie in einem der komfortabelsten Hotels unterbringen. Dort schlemmten sie »unter Bewachung«, bis der Zusammenbruch der Räterepublik sie befreite. Den gefangenen Soldaten gab Toller sofort die Freiheit wieder und ließ sie gehen, wohin sie wollten. Ein geringer Teil begab sich nach München, vereinzelte traten in die Rote Armee ein, die meisten kehrten nach Hause zurück.

Toller feierte sich als der »Sieger von Dachau«. In Zehntausenden von Flugblättern verkündete er noch in der Nacht in München seinen Sieg.

»Ja, da sind wir«, sagte, tief aufatmend, der Sieger von Schleißheim. »Es war ein glorreicher Tag.«

Einen Augenblick blieb er so, von allen Schauern des Er-

Wilhelm Weigand

folgs umwittert, stehen; dann ging er auf Frau van Sweeten zu, um ihr die Hand zu reichen. Und heller Jubel brach los, und mit vollen Gläsern umdrängten ihn die Freunde und Genossen.

»Nun, wie fühlen Sie sich, junger Mann?« fragte Sifferling, dessen Mundwinkel zuckten.

Brüll warf sich in die Brust, und seine Augen blickten wie in eine glorreiche Ferne: »Mir war zumute wie Napoleon, als er die Brücke von Lodi gestürmt hatte: Ich meinte, ich ginge in die Luft, in eine märchenhafte Höhe, und alles wäre mein eigen —«

»Ich sage es immer: die Weltgeschichte lebt von der Wiederkehr des Gleichen«, bemerkte Sifferling trocken.

»Sparen Sie Ihre Weisheit!« bemerkte Frau van Sweeten mit einer Stimme, die vor Unwillen bebte.

»Die Stunde sollte man mit Schampus feiern«, rief Ferstl; doch Brüll, der seine soldatische Haltung bewahrt hatte, machte eine abwehrende Geste: »Ich kann leider nicht lange verweilen. Die Stunden sind kostbar. Wir sind nicht umsonst bei Napoleon in die Schule gegangen —«

Ernst Toller

Ich, der »Sieger von Dachau«? Die Arbeiter und Soldaten der Räterepublik haben den Sieg erfochten, nicht ihre Führer. Ohne Unterschied der Partei eilten sie herbei die Revolution zu schützen, auch sozialdemokratische, auch parteilose Arbeiter, sie warteten auf keine Parole, die einheitliche Front der Werktätigen formierte sich in der Tat.

Die Weißen ziehen sich bis nach Pfaffenhofen zurück. Eglhofer sendet einen Kurier, die gefangenen Offiziere sollten sofort vor Standgerichte gestellt und erschossen werden. Ich zerreiße den Befehl, Großmut gegenüber dem besiegten Gegner ist die Tugend der Revolution, glaube ich.

Oskar Maria Graf

Am andern Tag fand in der Ludwigstraße die erste und letzte Parade der Roten Armee statt. Am Kriegsministerium vorbei defilierten die Reihen, rote Fahnen wehten und

»Hoch«-Rufe erschallten. Dichte Gafferscharen bevölkerten die Trottoire. Vom offenen Fenster herab sprach Eglhofer, der Kommandant der Armee. Entschlossen und ungeziert, in Matrosenuniform, stand er da, manchmal hob er seine Faust. Wer ihn hörte, mußte ihm glauben.

Zur Feier des ersten Mai rüsteten die drei sozialistischen Parteien. Die Mehrheitssozialisten wollten den üblichen Umzug und Versammlungen, die Unabhängigen dasselbe und die Kommunisten Kampf bis auf den letzten Blutstropfen. Die Schulhäuser und öffentlichen Gebäude waren wie damals in den Kriegsjahren Kasernen. Aus und ein ging es dort. Trupps und Abordnungen kamen, vollbesetzte Lastautos fuhren von dannen, hinaus zur Dachauer Front.

Im Hotel *Vier Jahreszeiten* wurden Mitglieder einer antisemitischen, gegenrevolutionären Organisation verhaftet, die heimliche Verbindung mit den Regierungstruppen unterhielten und mit gefälschten Stempeln gegen die Rätediktatur arbeiteten. Die Zeitungen meldeten, daß sie als Geiseln im Luitpoldgymnasium untergebracht worden seien.—

Antoinette Rauhenthaler wurde mit verbundenen Augen die Straßen entlanggeführt. Sie hatte die Arme erheben müssen und wurde ab und zu mit dem Kolben gestossen, wenn sie sie sinken lassen wollte. Sie durfte nicht sprechen. Der Marsch dauerte lange, ein Leben lang, dachte sie, denn ihre erhobenen Arme schmerzten. Endlich erreichte man einen Hof, ein Gefängnis, wie sie vermutete. Hier mußte sie warten und hörte viele Stimmen, schwere Tritte und Gelächter. Ein Gewehr schlug sie nach einer Weile gegen die Schulter, dann wurde sie eine steinerne Treppe hinabgestoßen. Man riß die Binde von ihren Augen: da erkannte sie, daß sie sich nicht einem Gefängnis, sondern in einem kellerartigen Raum befand.

Es war düster in diesem Keller, die Luft von scharfen und dennoch unbestimmten Gerüchen erfüllt. Acht oder neun Gefangene waren schon da und hockten am Boden oder

Wilhelm von Schramm

auf Kisten und schmutzigen Kohlensäcken. Sonst war keine Einrichtung vorhanden, nicht einmal eine hölzerne Lagerstatt. Zwei Rotgardisten mit aufgepflanztem Seitengewehr, eine Reihe von Stielhandgranaten am Gürtel, bewachten den Eingang und hinderten jedes Gespräch, jeden Versuch zur Verständigung unter den Gefangenen.

Eine furchtbare Müdigkeit hatte sich Antoinettes bemächtigt. Sie legte sich auf die Kohlensäcke und schloß die Augen. Sie glaubte das Ungeziefer am ganzen Leibe zu spüren: Mäuse und Ratten sprangen um ihre Beine und huschten an ihrem Gesicht vorüber, aber sie achtete nicht darauf. Sie hielt krampfhaft die Augen geschlossen und hoffte schlafen zu können. War es nicht gut so, daß man nicht sprechen brauchte und sprechen konnte? Daß man sich ganz allein überlassen war? Allein hatte man alles in seinem Besitz: die höchste Liebe, die reinste Hoffnung, die ewigen Heiligtümer, ja Gott sogar, den man nicht nennen konnte, der so allmächtig über dem Treiben der Erde thronte, daß man immer befürchten mußte, seine Ruhe zu stören und seinen Namen zu mißbrauchen. Und doch fühlte sie ihn, fühlte ihn nahe, im Halbschlaf, von Ungeziefer gequält.

Aber nach einigen Stunden erwachte sie wieder und schlug die Augen auf. Ihre Gedanken und Lebensgeister regten sich stärker. Sie sah sich um. Wer waren die Mitgefangenen? Warum pferchte man sie in diesem Keller zusammen? Was hatten die zwei älteren Männer verbrochen, die da auf einer Kiste nebeneinander hockten? Hatten sie sich an einer Verschwörung gegen die Roten beteiligt? Sie sahen nicht danach aus. Der eine schien ein Gelehrter, von Gedankenarbeit verzehrt, der andere nur ein kleiner Beamter, ein untersetzter, beleibter Spießer mit einer stählernen Brille vor seinen Augen. Die anderen Gefangenen saßen oder lagen zu weit von ihr, als daß sie sie deutlich hätte erkennen können. Einer hatte sich eben erhoben, ein junger Mensch, offenbar ein Student, weißblond und aufgeschossen, der sich jetzt in dem freien Raume des Kellers zwischen den Posten und ihrem Platze erging, indem er drei Schritte nach vorwärts machte, sich auf dem Absatz kehrte, zurückging und wieder mit seinen drei Schritten begann.

Allmählich gewöhnten sich Antoinettes Augen besser an die herrschende Dämmerung. Sie sah auch Uniformierte am Boden liegen. Da wurde sie aufmerksamer. Machte ihr da nicht einer ein Zeichen? Kannte er sie? Sie richtete sich auf und beugte sich zu ihm vor. Auch der Soldat versuchte sich aufzurichten. Da sah sie, daß er ein Holzbein hatte. War es Carl? Ein freudiger Schrecken durchzuckte sie. Aber wie sah er aus! Sein Gesicht war mit Blut und Erde verschmiert, ein Auge blutunterlaufen. Trotzdem schien er zu lachen, während er unverwandt auf Antoinette blickte. Endlich sah sie die Reste des roten Dreiecks auf seinem Ärmel, den Adler hatten sie abgerissen. Wirklich, es war einer von den Soldaten Ferdinands, ja es war Carl. Sie grüßte ihn mit den Augen. O nicht gleichgültig sein, dachte sie; nie, nie die Hoffnung verlieren!

Antoinette begann ihre Lage zu überdenken. Man hatte sie nicht gefesselt; die Wachsamkeit der Soldaten, die alle zwei Stunden wechselten, war nicht die gleiche; nur sprechen durften sie nicht miteinander; da war offenbar strenger Befehl erlassen worden — aber sonst drückten manche ein Auge zu und zeigten eine Art gutmütigen Mitgefühls mit den Gefangenen. Man würde sich bald untereinander verständigen, und dann würde Carl bestimmt eine Nachricht an Meth gelangen lassen. Wenn Ferdinand wußte, daß man sie hier gefangen hielt, dann werde sie bald befreit — Antoinette bebte bei dem Gedanken an ihren Freund.

Der Keller war ein abscheulicher Aufenthalt. Man hatte einen Kübel in die Ecke gestellt, den Männer und Frauen benutzen mußten — jetzt verpestete sein Gestank die feuchte und modrige Luft noch mehr. Und doch war es gut, daß man hier bleiben durfte, nachdem man nicht wußte, was draußen mit einem geschehen konnte. Das dachte Antoinette. Sie rieb sich heimlich Schmutz in die Hände, in ihr Gesicht und zerraufte sich ihre Haare. Schmutzig und abstoßend wollte sie sein für die roten Soldaten. Sie wollte für Ferdinand leben, ihr Kind gebären; sie wollte auf allen Besitz verzichten, wenn sie Ferdinand wiedersah! Ja, alles Geld und Geschmeide sollten sie haben, wenn Sie nur einen Aufschub erwirkte, bis Ferdinand sie befreien konnte.

Antoinette erhob sich mit festem Entschluß und ging zur Türe des Kellers vor, wo vor kurzem die beiden Posten gewechselt hatten. Sie fand den einen im Halbschlaf gegen die Mauer gelehnt, den anderen dagegen wachend, die kleinen, unruhigen Augen tückisch, in feindseliger Neugier auf die Gefangenen gerichtet. Antoinette wandte sich an den halb Schlafenden, da er ihr näher war, und zupfte ihn leicht am Ärmel. Er erwachte, sah sie verwundert an und schien nicht zu verstehen, als sie ihn bat, zum Kommandanten geführt zu werden. Zum Kommandanten? Er wußte nicht, wer das war, und mußte zuerst seinen Genossen fragen. Aber dieser gestattete keine weitere Unterhaltung. »Zurück da«, sagte er barsch und hielt Antoinette das blanke Seitengewehr unter die Nase. »Verboten, alles verboten! Sprechen gibt's nicht bei uns!« Antoinette erwiderte, es sei eine dringende Angelegenheit. Der Bursche zeigte grinsend auf den Kübel — und als Antoinette auch jetzt noch nicht gehen wollte, zum äußersten entschlossen, packte er sie und stieß sie zurück, daß sie taumelte und fiel. Er spuckte ihr ins Gesicht, trat mit dem Fuß nach ihr und hieß sie verächtlich eine schmutzige Schlampe und weiße Hure.

Bei diesem Schimpfwort stürzte sich der Student auf den Rotgardisten. Er schien nur auf diesen Anlaß gewartet zu haben, denn mit einem Satz warf er sich auf den Posten und schlug ihn nieder. Im Nu war ein allgemeiner Tumult entstanden. Die Gefangenen sprangen auf und drängten gegen die Tür. Auch sie schrien jetzt. Der zweite Posten war gleichfalls niedergestoßen worden, hatte sich aber schnell wieder aufrichten können und stach nun mit dem Seitengewehr um sich. Auf seinen Kameraden jedoch, sein Gesicht, seinen Kopf, seine erhobenen Hände hagelten weiter die Faustschläge des blonden Studenten nieder.

Da kamen schwere Stiefel über die Steintreppe heruntergestolpert. Ein greller Feuerstrahl fuhr in das Dämmer und warf ein zerreißendes Dröhnen gegen die Kellermauern. Die Gefangenen prallten zurück und warfen sich nieder. Einer wälzte sich am Boden. Der rasende junge Student, der nicht getroffen worden war, ließ von seinem ursprünglichen Gegner ab und trat seinem neuen Widersacher so wütend gegen den Leib, daß dieser ächzend zusammensackte. Dann fiel Licht durch die Türe; der eine Rotgardist hatte sie aufgerissen und lief davon. Der Student riß ein Gewehr an sich und stürmte ihm nach, die Kellertreppe hinauf. Draußen schoß er, alle fünf Schüsse des Magazins schnell hintereinander.

Da kam schon Antwort. Es krachte zuerst vereinzelt, dann zerschlug eine Salve die Scheiben des Kellerfensters. Auf einmal hörte man schreien, wahnsinnig, durchdringend, schrill, als hätte sich einer die Seele damit aus dem Leib gerissen. »Deutschland erwache!« schrie eine gellende Knabenstimme über den Hof und noch einmal »Deutschland erwache!« und »Deutschland erwache!«, bis der Ruf von einer neuen Salve zerschmettert wurde. Dann kollerte es gegen das Kellerfenster. Es wurde dunkel; ein Körper war draußen liegen geblieben, röchelte und verzuckte. Dunkles Blut floß an der Kellermauer herunter.

Und dann tobten sie über die Treppe und stürzten sich auf die Gefangenen.

Das ist der Tod, sagte Antoinette. Sie sagte es laut, ohne Schrecken, obwohl sie wußte, daß sie kamen, sie zu erschießen. Ja, er trat leibhaftig unter die Türe, gräßlich anzuschauen und doch wie in einem überirdischen Leuchten. War ihm von Gott nicht die Gestalt eines Erzengels verliehen worden? Ein blauer Sternenmantel floß um seinen vernichteten Körper. Er kam auf sie zu. Trug er nicht die Züge Ferdinand Meths? Antoinette breitete ihm die Arme entgegen; die Tränen stürzten aus ihren Augen.

Aber ihr Leib, der noch an die Erde gebunden, wankte. Er fiel und schlug mit dem Kopf heftig auf den steinernen Boden. Doch nur kurze Zeit lag er da. Dann wurde er aufgehoben und über die Treppe emporgeschleift. Ein Kolbenstoß traf ihn gegen den Rücken. Antoinette spürte indessen nichts davon. Sie war schon entrückt. Es war ihr so leicht, als ob sie auf einer himmlischen Wolke wanderte. Sie hörte nichts mehr von dem Lärm, dem Kommando, dem Krachen der Schüsse — das irdische Leben war schon erloschen. Nur Freiheit war noch in ihr und ewige überirdische Liebe.

Ernst Toller Abends versammeln sich die Betriebsräte zum letzten Mal, ohnmächtig sehen sie dem Ende entgegen, ihre Macht ist dahin, die Arbeiterschaft zerfallen, die rote Armee in Auflösung, sie fordern das Proletariat Münchens auf, die Waffen niederzulegen, schweigend den Einmarsch der Weißen hinzunehmen — die Revolution ist besiegt.

Da stürzt ein Mann aufs Podium, ruft, daß im Luitpoldgymnasium neun Gefangene erschossen sind, Bürger der Stadt München. Entsetzen packt die Versammlung. Diese Arbeiter, die wissen, daß sie vielleicht morgen schon an die Wand gestellt werden, erheben sich schweigend von ihren Sitzen, wann je haben die Weißen ähnlich auf die Kunde von der Erschießung gefangener Arbeiter geantwortet?

Welche Folgen mag diese Verzweiflungstat haben, Hunderte von Menschen auf unserer Seite werden dafür büßen.

Ich laufe ins Luitpoldgymnasium, die Besatzung hat es schon verlassen. Ein paar junge Burschen finde ich und zwei frühere russische Gefangene, die zur roten Armee übergetreten sind. Ich rate jenen, sich davonzumachen, diesen, sich der Uniform zu entledigen und sich zu verbergen. Den Russen halfen keine Alltagskleider, einen Tag später waren sie vogelfrei, Freiwild jedes tollgewordenen

Spießers. Ein münchener alldeutscher Verleger rühmte sich später in einer christlichen Zeitung, daß sie ihm, vor einer Kiesgrube aufgestellt, als lebendige Schießscheiben gedient hätten. Allein in einem Vorort Münchens wurden mehr als zwanzig Russen getötet. So still und tapfer sie als Soldaten der Revolution gelebt hatten, so still und tapfer standen sie vor den Gewehrläufen des Exekutionspelotons.

Hinter einer verschlossenen Türe höre ich Schreie.
— Da sind noch Gefangene, sagt einer.
— Wo ist der Schlüssel zur Tür?
Niemand weiß es.

Wir rütteln am Schloß, die Tür gibt nicht nach, wir schlagen sie ein.

Das Schreien und Weinen wird greller und trostloser, plötzlich verstummt es. Die Tür bricht auf, drinnen in den Winkeln hocken und knieen sechs Menschen in Todesangst.

Da wir ihnen sagen, daß wir nicht gekommen sind, sie zu erschießen, sondern sie zu befreien, wollen sie es nicht glauben.

Wen hat man da gefangen gesetzt? Keine Führer der Konterrevolution, kleine armselige Menschen, ein alter Dienstmann ist darunter, der, weil es regnete, ein Plakat der roten Garde von der Litfaßsäule riß, um es über seinen Karren zu decken, ein Hotelwirt, den ein entlassener Kellner denunziert hat, ein unzufriedener Arbeiter.

Ein Soldat führt mich zu dem Schuppen, in dem die Erschossenen liegen, nicht Geiseln, wie später die Zeitungen lügen, acht waren Mitglieder der völkischen Thule-Gesellschaft, man hatte bei ihnen gefälschte Stempel der Räteregierung gefunden und faksimilierte Unterschriften ihrer Führer. Als die Kunde kam, daß die weißen Truppen jeden gefangenen Rotarmisten, ja selbst Sanitätsmannschaften gnadenlos töten, hatte der Kommandant des Luitpoldgymnasiums ohne Wissen eines verantwortlichen Führers den Befehl zu ihrer Erschießung erteilt. Eine

Frau ist unter den Toten, ein jüdischer Maler. Ich zünde ein Streichholz an und sehe im trüben flackernden Licht die unheimlichen Gestalten.

Der Soldat erzählt mir, wie sie gestorben sind, aufrecht und ohne Furcht, einer hat sich eine Zigarette angesteckt und ist mit der Zigarette im Mund an die Mauer gegangen.

Mit der gleichen Tapferkeit werden morgen die Unsern sterben.

Wie ich vor den Toten stehe, denke ich an den Krieg, an den Hexenkessel im Priesterwald, an die zahllos Hingemordeten Europas.

Wann werden die Menschen aufhören, einander zu jagen, zu quälen, zu martern, zu morden?

Wilhelm von Schramm

Der Aufmarsch gegen München geriet in Gang. Von Norden, Süden und Westen kamen die Truppen, die einen mit Bahntransporten, die anderen schoben sich auf dem Landmarsch immer näher gegen die Landeshauptstadt heran. Donauwörth, Augsburg und Ingolstadt, wichtige Stützpunkte der Roten, waren nach kurzem Kampf bereits den Weißen in die Hände gefallen; nun schloß sich allmählich der waffenstarrende Ring um München. Die Stadt war abgeschnitten. Es gab keine Fernzüge mehr und keine Frachten und Posten. Auch die regulären Nachrichten versiegten. Dafür schwirrten allenthalben Gerüchte, die von einem furchtbaren Wüten der Weißen wissen wollten, genau so wie sich draußen im Lande wilde Nachrichten von der blutrünstigen Räteherrschaft verbreiteten.

Allerdings sah es in München um diese Zeit bereits wie in einer belagerten Festung aus. Die Stadt schien in manchen Straßen wie ausgestorben, in anderen nur noch von wüstem Gesindel beherrscht. Bei dem geringsten Anlaß läuteten alle Glocken Alarm. Tag und Nacht zogen bewaffnete Banden ohne militärische Ordnung umher, bereit, jeden niederzuschießen, der sich ihnen verdächtig zeigte. Die Bürger waren aus dem Straßenbilde verschwunden.

Ich arbeitete im stillen weiter, obwohl auch das nur eine schwache Ablenkung von den gräßlichen Ereignissen gab. Ein Konzert in Stuttgart, das am 29. April 1919 stattfinden sollte, hielt ich für unmöglich, da München vom Verkehr abgeschnitten war; ich hatte aber nach Stuttgart das Absage-Telegramm noch nicht abgesandt. Am 27. besichtigte ich am Promenadeplatz, dem jetzigen Ritter-von-Epp-Platz, in einem Antiquitätengeschäft, dessen Inhaberin mir bekannt war, die schönen alten Möbel. Wir sprachen von den furchtbaren Ereignissen; ich erwähnte, daß ich übermorgen in Stuttgart singen sollte, daß ich aber absagen müsse, da der Bahnverkehr aufgehoben sei.

Hans Kothe

Die Frau erzählte mir, daß vor zwei Tagen eine Bekannte von ihr, die auch nach Württemberg reisen wollte, mit dem Vorortszug nach Maisach gefahren sei. Der Vorortsverkehr sei aufrechterhalten; von dort sei sie mit einem Fuhrwerk zu der Station gefahren, von der aus der Fahrverkehr wieder beginne, und habe so ihr Ziel erreicht. Mir kam der Gedanke, blitzschnell das gleiche zu versuchen, ich fuhr sofort nach Hause, machte mich zur Abreise bereit und eilte in aller Morgenfrühe zum Bahnhof.

Es ging tatsächlich ein Vorortszug nach Maisach. Nun war ich der Hölle entronnen und stand früh 6 Uhr mit Laute, Koffer und Mantel einsam auf friedlicher Flur. Ich ging von Haus zu Haus und fragte nach einem Fuhrwerk, das mich zur nächsten Bahnstation, von der aus wieder Züge verkehrten, bringen würde. Endlich am Ende des Ortes fand ich einen Metzger, der mich mit einem Einspänner zunächst nach Mering — einer Station zwischen München und Augsburg — und schlimmstenfalls bis Augsburg fahren wollte.

So stieg ich in den Einspänner, einen kleinen offenen Wagen ohne irgendwelchen Schutz. Ich hatte einen dünnen Mantel an, die Laute im Segeltuchsack stand auf dem Boden des Wagens an mich gelehnt. Der Himmel war wolkig, ich freute mich über die Wanderfahrt, der Wind wehte, die Wolken flogen, oft brach die Sonne durch und zeigte mir die unbekannte Landschaft im bunten Lichtwechsel. Vor uns baute sich in der Ferne eine blauschwarze riesige Wand auf. Rasend wuchs sie, man fühlte, daß Sturmhände am Werke waren; sie raste auf uns zu und wir kutschierten ihr mit dem zerbrechlichen Wägelchen im ängstlichen Trab des unruhig werdenden Pferdes entgegen. Und schon brach es los auf uns ungeschützte Fahrer und auf das Instrument. Ein Augenblick war es, der Hagel prasselte, bedeckte alles, Pferd, Wagen, Fahrer und auch das Instrument. Mit starren Händen hielt ich es, so daß es nicht auf seiner Breitseite getroffen wurde. Der Frühlingsboden war wie eine Winterdecke, alles war eingehüllt, mit zugekniffenen Augen sah man auf die weite Straße. Was wird das Instrument zu dieser Sturmmusik sagen? Die Saiten werden entsetzt reißen und die Resonanzdecke wird Sprünge bekommen!

Inzwischen hatte sich aber Neues vorbereitet. Der Höhepunkt der Fahrt war es, als wir aus einem leicht abwärtsfallenden Hohlweg auf freies Gelände kamen und uns auf der Straße Truppen entgegenzogen. Wir kamen näher. Ich wußte und fühlte, das sind Entsatztruppen auf dem Marsche nach München; begeistert hob ich die Hand und rief hurra, was die Abteilung des Eppschen Freikorps mit leuchtenden Augen erwiderte.

So kamen wir nach Mering. Zerschlagen und lahm stieg ich vom Wagen und ging in die warme Stube des Gasthauses. Eine heiße Suppe und dann heißer Kaffee waren eine köstliche Labung. Im Gastzimmer und draußen waren Soldaten; nach der Erfrischung stellte sich die Sorge ums Weiterkommen ein; der verhagelte Fuhrmann hatte genug. Ehe ich mit ihm weiter verhandelte, kundschaftete ich bei den Soldaten aus, daß ein Militär-Lastauto mit Mannschaften nach Augsburg fahre. Ich erzählte von meiner Ausreise aus München und von meinem morgigen Konzert in Stuttgart und erhielt ohne große Schwierigkeiten die Erlaubnis, bis Augsburg mitzufahren. Die zweite Station war gesichert. Wir ratterten im Auto Augsburg zu;

eine Viertelstunde vor der Ankunft kam uns eilig ein Nachzügler des ersten Hagelsturms entgegen und schüttete alle weißen Kugeln, die er auftreiben konnte, über uns. Wir lachten, die Türme Augsburgs waren schon nahe. Nun kam das längste Stück, Augsburg — Stuttgart. Wenigstens war nach Westen der Bahnverkehr nicht völlig gesperrt. Ich brachte mein Anliegen vor, durfte einen Güterzug nach Ulm benützen und fand dort noch Anschluß nach Stuttgart, wo ich nachts eintraf. Das Kunststück war gelungen; ich bezog übermütig das Hotel Marquard und ruhte so gut und tief, wie lange nicht.

Über das Konzert hatte ich mir keine Sorge gemacht, ich hatte nicht abgesagt, war da, folglich fand das Konzert statt. Im Frühstückszimmer bereitete ich mich geruhsam auf den Tag vor. Ich ließ mir die Zeitungen bringen, um die Vornotizen für den Konzertabend zu lesen. Da krachte unversehens von heiterem Himmel das dritte Hagelwetter nieder. Das hätte mich fast sprachlos gemacht. Die erste Zeitung schrieb: »Kothe-Abend. Der heutige Abend kann nicht stattfinden, da München vom Verkehr abgeschnitten und der Eisenbahnverkehr eingestellt ist, der Künstler deshalb nicht kommen konnte.« Die zweite Morgenzeitung ebenso!

»Hm.« Ich legte die Zeitungen weg und sagte nochmal: »Hm.« Nach dieser äußerlichen Beruhigung ging ich in die Telephonzelle und erklärte der Konzertdirektion, ich sei da und säße im Marquard beim Frühstück, das durch dieses Gespräch unterbrochen sei. Dann rief ich die erst später erscheinenden Zeitungen an, bat sie um Berichtigung: daß der Sänger eingetroffen sei und der Abend stattfinde.

In noch gespannterer Erwartung als in Berlin und Weissenfels ging ich zum Sieglehaus, in dem der Abend sein sollte. Sieh da: außer mir gingen noch einige Leute in das Haus. Vom Künstlerzimmer aus warf ich einen Blick in den Zuhörerraum, es waren mehrere Reihen im Saal besetzt, und es kamen noch mehr Leute bis zum Beginn. Dieses Mal war der Begrüßungsapplaus gerechtfertigt: Der Sänger konnte nicht kommen und ist doch da! Es war selbstverständlich, daß ich einige, das Wunder aufklärende Worte sprach, die den Zuhörern Spaß zu machen schienen. Aber nicht genug damit, nach jedem Lied kamen immer noch Zuhörer, die erst spät erfahren hatten, daß das Konzert doch stattfinde. Daß der Abend sich besonders herzlich gestaltete, war wohl natürlich. Der Kritiker der »Schwäbischen Chronik« erzählte zu Anfang seines Berichtes den Lesern das Geschichtlein meiner wunderbaren Reise.

Ich mußte in Stuttgart einige Tage zuwarten und erfuhr durch die Zeitungen von dem schweren, blutige Opfer fordernden Befreiungskampf der geliebten Heimatstadt München am 1. Mai 1919.

Wilhelm von Schramm

Am 30. April drangen die Truppen der Bamberger Regierung in München ein. Sie kamen nicht einmal zuerst von Norden, von Dachau, wie man erwartet hatte, sondern von Süden und Osten, die Tegernseer Landstraße oder die wenig gesicherte Ismaninger Straße herauf und hatten sich bald des Maximilianeums bemächtigt, wo die Abteilung der Schutzwehr zu ihnen übergegangen war. Von dort beherrschten sie die rechtsseitigen Isarviertel wie die wichtigsten Straßen der Innenstadt mit ihren Maschinengewehren. So war der Ring der Verteidigung schon durchbrochen. Die Roten flohen. Ihre Verbände lösten sich auf und zerstreuten sich, nachdem die Räteregierung in alle Winde zerstoben war und keiner der Führer sich selber opferte. Nur vereinzelte Trupps, Kameradschaften und kleine Kommandos leisteten noch verzweifelten Widerstand und kämpften, bis sie vernichtet wurden. Von diesen wurden auch in der Stadt Barrikaden errichtet. »Es lebe die proletarische Revolution!«, das war der Ruf, der noch manchmal den vordringenden Freikorps entgegenschallte. Doch auch aus dem Hinterhalt wurde gekämpft und die Soldaten aus Kellerluken, von Dächern und Fenstern heimtückisch niedergeschossen — ein unheimlicher Kleinkrieg wütete in der heimgesuchten Stadt.

Aber bereits am 1. Mai war der geschlossene Widerstand niedergeschlagen. Neue Truppen der Bamberger Regierung drangen von allen Seiten herein. Die Mörser und schweren Haubitzen hatten nicht in Stellung zu gehen brauchen, nachdem die Feldgeschütze bereits die Barrikadenkämpfer niederkartätschten oder die Minenwerfer sie von den Dächern herunterschossen. So wurden die Truppen, sich schrittweise vorwärtskämpfend, Herren der Straßen und allmählich der ganzen Stadt. Nur an einzelnen Orten, vor allem in Giesing, am Hauptbahnhof, um den Stiglmaierplatz, auch um die Schleißheimer Straße, behaupteten sich noch mehrere Tage rote Widerstandsnester. Dort flackerte immer wieder Gefechtslärm auf.

Kein Mensch war mehr sicher. Wer einen Feind hatte, konnte ihn mit etlichen Worten dem Tod überliefern. Jetzt waren auf einmal wieder die verkrochenen Bürger da und liefen emsig mit umgehängtem Gewehr und weißblauer Bürgerwehr-Armbinde hinter den Truppen her. Wahrhaft gierig suchten sie mit den Augen herum; deuteten dahin und dorthin, rannten einem Menschen nach, schlugen plärrend auf ihn ein, spuckten, stießen wie wildgeworden und schleppten den Halbtotgeprügelten zu den Soldaten. Oder es ging schneller: Der Ahnungslose blieb wie erstarrt stehen, die Meute stürmte heran, umringte ihn, ein Schuß krachte und aus war es. Lachend befriedigt gingen die Leute auseinander. *Oskar Maria Graf*

Am nächsten Tag begann die Hysterie einer Stadt, die »befreit« wurde. *Gustav Regler*

Es sind viele Städte seitdem »befreit« worden; wenige aber von einem so unbedeutenden Feind, der gleicher Abstammung war. Die Zeitungen nannten es »die Reinigung von dem roten Gesindel«. Die württembergischen Soldaten, die die »Reinigung« vollzogen, brüsteten sich damit, daß es eine biblische Rache war. »Auge um Auge, Zahn um Zahn«, sagte ihr Plakat.

Das Gros der Bevölkerung hätte das kleine Häufchen der Roten vielleicht schalten lassen. Hätten sie gesiegt, so hätte sich die Bevölkerung auch gefügt. Aber nun erschienen die anderen, und das entschied über die Revolution; die tausend Arbeiter, die Toller und Landauer nachgefolgt waren und mit den Gewehren nicht ihre Quartiere, sondern ähnlich wie in Berlin einige offizielle Gebäude verteidigten, waren mit einemmal auf einer Insel, an die von allen Seiten der Sturm tobte. Wenn einer sich aus den besetzten Gebäuden verirrte, konnte er damit rechnen, daß er von einer wartenden Menschenmenge ergriffen und zerstampft wurde; vor einer Woche noch war die Stadt ohne jede Leidenschaft gewesen; aber die Zeitungen hatten das Ihre getan.

Ich wurde in der Königinstraße verhaftet; es war entwürdigend, weil es dumm war; die Soldaten bestanden nicht einmal auf einer Leibesvisitation; ich hatte lange Haare — das genügte als Indiz. Aus dem nahen Garten hörte man die Schüsse der Hinrichtungen.

Ich stolperte, von Gewehrkolben gestoßen, bis zur nächsten Ecke, wo ich zu meinem Erstaunen einen ganzen Haufen Gefangener antraf. Vier Soldaten bewachten sie. »Noch einer!« sagten die Soldaten und stießen mich auf die Gruppe zu.

Wir standen ziemlich gedrückt eine Viertelstunde auf dem Platz, als etwas Merkwürdiges geschah: Es mußte unter den Gefangenen ein Mitglied der roten Regierung gewesen sein. Ich hörte, daß einer flüsterte: »Türme!« Er flüsterte noch drängender: «Los! Ich werfe mich zwischen die Gewehre.« Dann kam ein Wagen um die Ecke gebraust.

Es ging alles sehr schnell. Man konnte denken, ein Betrunkener sitze am Lenker; der Wagen sprang auf den Bürgersteig zu und erfaßte die erste Wache, torkelte dann zurück auf die Straße und stieß zwei andere nieder. Der letzte Soldat floh, sein Gewehr erschrocken in die Straßenrinne werfend.

Wir stoben auseinander; ich setzte über die kleine Mauer, die mich vom Englischen Garten trennte, und stand vor einem schmalen, aber wasserreichen Bach. Ich watete hindurch und klomm das moosbewachsene Ufer hinauf.

Verblüfft blieb ich dann oben stehen. Der Frühling, o mein Gott, das war der Frühling! Grüne Wiesen weit und breit. Schlüsselblumen, Vergißmeinnicht, Flaum von Blättern an den Bäumen. Stille, auf leichtem Wind treibend.

Ein Mann trat aus einem Busch. Er war in Zivil, hatte aber eine weiße Armbinde an; an seinem Gürtel hing eine Pistole.

»Hier werden Sie erschossen«, sagte er freundlich zu mir. »Sie können hier nicht weiter.«

Ich sah an dem Mann vorbei hinauf zu dem kleinen Tempel griechischen Stils, der einen Grashügel schmückte; Männer wurden eben dort aufgestellt, es ging sehr rasch. Eine Salve bellte, man sah Pulverdampf, man sah die Schützen nicht, aber die aufgestellten Männer fielen vor den griechischen Säulen nieder wie die Zinnsoldaten.

Die Detonationen waren kurz wie die von Auspuffgasen eines Autos. Siebenmal puffte es. Der Zivilist mit der Armbinde sagte: »Da kommen neue!«

Ich trat zur Seite und wandte mich um. Sie kamen langsam. In der gleichen halbgeordneten Gehweise kamen sie. Zwanzig hutlose, kragenlose Zivilisten, angeführt von zwei Württembergern im Stahlhelm; auch ein Schornsteinfeger war unter ihnen.

Ich trat in die Wiese hinein. Einen Augenblick war ich entschlossen, nachzugeben und mich dem Zug anzuschließen. Ich weiß noch heute, daß es wie ein Lustgefühl war. Aber da erkannte ich unter den Gefangenen Strasser, den Theaterreferenten und Schriftführer unseres Studentenbundes. Strasser, der das Staatstheater hatte übernehmen wollen, um es »von Grund auf zu revolutionieren«. Strasser, der den Hamlet im Smoking und den Geist in preußischer Uniform wollte auftreten lassen. Strasser, der sagte: »Es ist alles Theater, aber es soll kein Schmierentheater sein.« Da ging er nun, und alles war eine blutige

Provinz-Schmiere. Weil er die Hörsäle der Hochschule den Söhnen der Arbeiter hatte öffnen wollen, wurde er nun von denselben Arbeitern über den Haufen geschossen. Schlimmer noch: von den Söhnen selbst. Ich sah dicht vor mir die Gesichter der vorderen Garden. Der Sohn des Ziegelbrenners. Der Sohn des Drehers. Der Sohn des Bergmannes.

Ich wagte auf Strasser zu schauen. Ich wollte mich vergiften an der Bitterkeit, die im Gesicht des Freundes sein mußte. Aber Strasser überraschte mich durch die aufregendste Geste, die er hätte machen können. Er sah schnell weg von mir, indem er einen Finger an den Mund legte: Vorsicht, Feind in der Nähe — so hieß das. Vorsicht, nichts verraten! Wen verraten? Was verraten? Es war Wahnsinn; es war paradox; und doch war es groß, war römisch, war voll einer gespenstischen Würde.

Ich zog sofort ein gelangweiltes Gesicht; ich wollte Strasser zeigen, daß ich seinen Wunsch achtete. Strasser sollte seinen »guten Abgang« haben — war nicht so das Wort in der Theatersprache? Ich gähnte sogar und hob die Hand vor den Mund. Dann drehte ich mich um und ging langsam zur Stadt zurück. Meine Ohren waren weit geöffnet; ich wartete auf die Salve, die Strasser töten mußte. Ob es nun ein günstiger Wind war oder eine Verzögerung der Hinrichtung, es kam keine Salve. Ich ging und ging, aber nur der Vogelgesang war in der Luft. Es war Frühling.

Oskar Maria Graf

Überall zogen lange Reihen verhafteter, zerschundener, blutiggeschlagener Arbeiter mit hochgehaltenen Armen. Seitlich, hinten und vorne marschierten Soldaten, brüllten, wenn ein erlahmter Arm niedersinken wollte, stießen mit Gewehrkolben in die Rippen, schlugen mit Fäusten auf die Zitternden ein. Ich wollte aufschreien, biß aber nur die Zähne fest aufeinander und schluckte. Das Weinen stand mir hinter den Augen. Ich fing manchen Blick auf und brach fast um, sammelte mich wieder und sah einem anderen Verhafteten ins Auge.

Das sind alle meine Brüder, dachte ich zerknirscht, man hat sie zur Welt gebracht, großgeprügelt, hinausgeschmissen, sie sind zu einem Meister gekommen, das Prügeln ging weiter, als Gesellen hat man sie ausgenützt und schließlich sind sie Soldaten geworden und haben für die gekämpft, die sie prügelten. — Und jetzt?

Sie sind alle Hunde gewesen wie ich, haben ihr Leben lang kuschen und sich ducken müssen, und jetzt, weil sie beißen wollten, schlägt man sie tot.

Wir sind Gefangene! —

Mit großen, verstörten Augen schauten die Leute der Arbeitergegenden auf die Züge und preßten schweigend die Lippen aufeinander.

Ich kam nach vielen Kreuzundquerläufen zur Ludwigstraße. Da schoß es schon nicht mehr. Das elegante Volk tummelte sich hier und in den Hofgartencafés. Gut gekleidete, beleibte Bürgerwehrler und Lebemänner mit Monokel unterhielten sich geschäftig mit Soldaten und Offizieren, feine Damen spendeten Zigaretten, Zigarren und Schokolade, kokettierten und schäkerten mit den geschnürten Leutnants.

Ein Zug Verhafteter kam daher. Sofort lief alles darauf los, schrie und johlte, spuckte, schimpfte und drohte. Feine Damen verabreichten heldenmütige Ohrfeigen, altmodische Offiziersfrauen feixten entrüstet und schwangen ihre ausgebleichten Sonnenschirme, Bürgerwehrler versetzten hinterlistige Püffe und die Lebemänner lächelten beifällig. Niemand verwehrte es ihnen.

Tage hindurch hörte man nichts mehr als Verhaftungen und Erschießungen. Einundzwanzig Mitglieder eines katholischen Gesellenvereins, die ahnungslos eine Versammlung in einem Nebenzimmer abhielten, wurden festgenommen, in einen Keller geschleppt und buchstäblich abgeschlachtet.

Die Räterepublik war zu Ende. Die Revolution war besiegt. Das Standgericht arbeitete emsig.

Theophil Christen

Freitag den 2. Mai, als die Straßenkämpfe noch mitten im Gange waren, wurden wir am frühen Nachmittag in unserer Wohnung verhaftet. Ein Soldat führte Gesell ab, ein anderer mich. Durch die Beethovenstraße wurde geschossen. ›Gehen Sie rasch‹, befahl der drei Schritt hinter mir marschierende biedere Schwabe, ›ich will nicht Ihretwegen angeschossen werden.‹ Ich dachte auch an meine eigene Haut und gehorchte willig. Am Bavariaring bekamen wir plötzlich Flankenfeuer von der Theresienwiese her. Erst suchten wir hinter Baumstämmen der Allee Deckung, dann öffnete sich uns eine gastliche Haustüre.

Als die Schießerei beendigt war, wurde ich ins Stielerschuhhaus verbracht und fand dort Freund Gesell wieder. Wir gaben unsere Namen zu Protokoll und warteten der Dinge, die da kommen sollten. Mehr und mehr füllte sich der Raum mit Arrestanten. Staub, Kleiderdunst und Zigarettenrauch schufen eine widerliche Atmosphäre.

Eine vornehme Gesellschaft war es gerade nicht, in der wir uns befanden; meist stumpfsinnige Kerle oder Galgengesichter. Am Boden kauerte ein kleiner Russe mit blutendem Kopf, der anscheinend nicht wußte, wie ihm geschah. Ein Unteroffizier machte sich dick und wichtig und prophezeite bald diesem, bald jenem, er werde an die Wand gestellt und erschossen werden. »Ja, Birschle«, höhnte er zwei verdächtige Halbwüchsige, »ihr hand heit zum leschte Mal gesch...« Uns suchte er als ›Spartakistenführer‹ zu behandeln und behauptete zuerst, er habe Gesell heute früh beim Kampf an einem Waldrand gesehen. Wir hatten aber den ganzen Vormittag in unserer Wohnung gearbeitet.

Ein neuer Zug von Gefangenen trat ein, geführt von einem schnauzigen Unteroffizier. Die bereits vorhandenen Arrestanten mußten sich in den Hintergrund zurückziehen und erhielten strenges Sprechverbot. Einer der Unglücklichen scheint das Verbot übertreten zu haben. Wütend drängt sich der Unteroffizier zu ihm hin, stellt sich dicht vor ihn, glotzt ihn an und schreit: »Vafluchta Hund!

Noch ein Wort und ich haue dir in die Fresse. Vastanden? Vafluchta Hund!«

Unter solchen und ähnlichen Auftritten gingen die Stunden dahin. Wir legten uns endlich auf die Strohsäcke der Soldaten und schliefen auch glücklich ein. Gegen 8 Uhr wurden wir endlich zum Hauptmann geführt, der uns erklärte, er lasse uns wieder frei, da die angekündigte Klage gegen uns nicht eingegangen sei; wir sollten uns aber zu seiner Verfügung halten. Wir waren angenehm überrascht und haben in der folgenden Nacht mit besonderem Wohlbehagen dem Genusse eines guten Zivilbettes gefrönt.

Der folgende Tag verlief ohne weitere Ereignisse. Eine telephonische Verbindung mit Landauer, um dessen Schicksal wir besorgt waren, gab es nicht. Wir beschlossen daher, am folgenden Sonntag — es war der 4. Mai, ein schöner Frühlingstag — einen Ausflug nach dem beliebten »Forsthaus Kasten« zu unternehmen und unterwegs bei Frau Eisner vorzusprechen. Aber die Straße nach dem Waldfriedhof war an der Stadtgrenze durch Militärposten gesperrt. Wir schwenkten ab, um uns nach dem Tiergarten Hellabrunn zu begeben. Vor Thalkirchen standen wieder Posten. Einer der wachthabenden Soldaten erkannte Gesell und meldete seine Entdeckung dem kommandierenden Leutnant.

Dieser, in der Voraussetzung, einen besonders gefährlichen Spartakistenführer vor sich zu haben, bekam einen richtigen Wutanfall und behandelte uns in übler Weise. Offenbar ärgerte ihn unsere Frechheit, als Schuldbeladene am hellichten Tage spazieren zu gehen. Nachdem sein Unwille sich etwas gelegt hatte, kommandierte er drei Mann an und führte uns in die Stadt ab. Unterwegs hetzte er überall, wo Bürgergruppen standen, die Leute gegen uns auf.

»Schauts euch nur die saubern Brüder an! Der rechts mit dem Schlapphut ist der Finanzminister Silvio Gesell, der andere ist der Dr. Kreß, der Freund von Gandorfer.«

Wen er damit meinte, weiß ich nicht. Meinen Namen hatte er offenbar falsch verstanden, und ich stand unter

Sprechverbot, durfte ihn also nicht korrigieren. Was lag auch daran! Uns aber drohte er: »Wenn einer von euch davonlaufen will, da sag ich ihm, er kriegt so viel Kugeln in Ranzen, daß er nimmer weit kimmt!«

Die biederen Münchener Bürger begnügten sich anfänglich, Maul und Nase aufzusperren. Später aber, in der inneren Stadt, wurde es schlimmer. Schon auf dem Sendlingertorplatz schlug die durch den Hetzleutnant geschürte Erregung höhere Wogen. »Pfui Teifi!« tönte es von links; »an die Laterne aufg'hängt g'hörens« von rechts. »Warum habt ihr sie nicht gleich an die Wand g'stellt?« riefen andere. »Nein«, prahlte der Leutnant, »die müssen wir lebendig fangen«.

Durch die Sendlingerstraße wird das Getümmel zusehends größer. »In der Stadt drin nicht schießen«, befiehlt der Leutnant. »Wenn einer ausreißen will, dann sofort mit dem Kolben drauf, aber glei mitten auf den Schädel.«

Stumm und stolz erhobenen Hauptes schritten wir durch die grölende Menge, während der Prahlhans fortfuhr, uns wie Zirkustiere dem Publikum vorzuführen. Die Erregung steigerte sich, und es kam so weit, daß ein besonders mutiger Münchener Spießer vortrat und mir ins Gesicht spie, ohne daß der Leutnant es ihm verwehrte. Ein anderer schlug mit dem Stock Gesells Hut vom Kopf. Endlich wurden wir in die Residenz eingeliefert, noch im Eingang von der aufgebrachten Menge umjohlt. Der Leutnant traktierte uns noch mit ein paar Gewehrstößen und übergab uns dann der militärischen Gerechtigkeit.

Albert Bühler

Am 3. Mai dann in der Frühe kam die Polizei und hat mich geschnappt. Sie haben mich in die Ettstraße in Zelle 9 im 1. Stock gebracht. Nach einer Stunde holten sie mich wieder zur Vernehmung: Name, was ich alles gemacht habe usw. Als ich wieder zurück kam, fragte mich der Polizist, der mich begleitete, welche Zelle ich gehabt habe »9?« Nein »19«, sagte ich. So kam ich in eine andere Zelle, da war unter anderen auch der Oskar Maria Graf. A Mordsdrumm Schädel, Pratzen hat er gehabt wie a Schäffler und Haxen. Der Graf hatte einen Mut, das war unwahrscheinlich. Er hat sich wundervoll gehalten, wir haben sogar in der Zelle gesungen. — Der Mayer Gustl hat mir noch Bücher ins Gefängnis geschickt, den Bebel.

Jeden Tag in der Frühe wurde eine Gruppe zusammengestellt, zum Abtransport. Eines Tages kamen sie auch wieder in der Früh gegen 4 Uhr, dann haben sie meinen Namen gesagt. Neben mir war ein älterer Genosse gelegen (wir lagen auf dem Boden). Er sagte zu mir: »Mein lieber Freund, du bleibst jetzt da, du bist nicht da!« Ich ging nicht hinaus. Im Hof wurden die Häftlinge mit Gewehrkolben auf die Lastwagen getrieben entweder nach Stadelheim oder zum Schlachthof.

In den kleinen Zellen waren der Silvio Gesell, ein großer schlanker Mann und der Leviné-Niessen. Der Gesell hat uns den Rest von seinen Mahlzeiten herübergeschickt. Ich war 10 oder 12 Tage drinnen, wußte nicht mehr, was ich machen sollte. Schließlich fragte ich einen Wärter: »Was ist überhaupt mit mir?« Da sagte er: »Na, dich Bürscherl suchen wir ja schon lange!«

In den ersten Maitagen 1919 ist noch viel Blut in München geflossen. Man hatte Posten und Streifpatrouillen der Weißen meuchlings niedergemacht, nun wurde erschossen, wer nur mit einer Waffe getroffen wurde oder sich sonst verdächtig machte. Es wurde ganze Arbeit getan.

Wilhelm von Schramm

Die Mitglieder der Räteregierung waren geflohen oder verbargen sich. Es ist nicht bekannt geworden, daß einer von ihnen mit seinen Leuten im Kampf auf einer Barrikade gefallen wäre. Nur der Schwärmerischte von ihnen, der alle Menschen in Liebe umfassen wollte, Gustav Landauer, der Verfasser des Aufrufs zum Sozialismus, bezahlte mit Blut und Leben. Er wurde aufgegriffen und auf der Flucht erschossen von den Soldaten, denen er als ein wahrer Teufel in Menschengestalt erscheinen mochte.

Gustav Regler — Sie haben ihm die Hose heruntergerissen und ein Gewehr in seinen After gesteckt und das Gewehr in seinen Körper entleert; einige Kugeln sollen zum Gehirn herausgekommen sein.

Wilhelm von Schramm — Es mußte wieder Ordnung geschaffen werden nach diesen Wochen des Chaos — da war nicht lange nach einem einzelnen Menschenleben zu fragen.

Jakob Haringer — In München sagte ich Tor, als nach den herrlichen Stunden der Freiheit wieder die Weißgardisten einmarschiert, einer Rotte Spießer meine Meinung. Sie fielen an sechzig über mich her und verprügelten mich. Dann sollte ich erschossen werden. Stand, eine Zigarette rauchend an der Wand. Welche Teufel nur retteten mich, als bereits geladen war? Damals sagte mein bester Freund, der für mich bürgen sollte: »In diesem Fall ist sich jeder selbst der Nächste.« Ich kam ins Gefängnis. Unter meiner Zelle erschossen sie, um sich zu unterhalten, die roten Helden.

Wilhelm von Schramm — Manche lagen auch auf den Knien, bevor sie erschossen wurden, schrien laut, beteten und wimmerten um Gnade. Aber hier wurden nur Todesurteile vollstreckt.

Wilhelm Weigand — Im weiten Hof des Schlachthauses war eine Schützenkette aufgestellt, und ein Dutzend jüngerer Männer, standrechtlich Verurteilte mit roten Armbinden, ging gerade auf eine rote Ziegelmauer zu. Einige der Verurteilten gewährten einen seltsamen Anblick; sie gingen ohne Schuhe und in Unterhosen einher, und aus dem aufgeregten Gerede einiger Frauen, die hinter der Schützenreihe standen, konnte Hermann entnehmen, warum die Rotgardisten in diesem Aufzug zum Tode schritten. Eine ältliche Frau, die damit beschäftigt war, eine zerrissene Unterhose in einen neuen Rucksack zu stopfen, zeterte, während schon die Salven krachten: »Der Lump! Alleweil hab' ich g'sagt, es wär' g'scheiter, du tätst dein Lohn net versaufen mit deine Spezi. Jetzt host es! Aber die Hosen hat er ausziehen müssen — und d' Schuh' aa.«

Hermann krampfte es vor dem Ausbruch dieser namenlosen Gefühlsroheit das Herz zusammen, und in das Entsetzen, das er vor der Äußerung des Proletarierweibes empfand, mischte sich ein Grauen vor der ganzen Gesellschaft, die an dieser Welt der Tiefe heiter und gewissenlos vorübergangegen war. Und noch ein Vorgang setzte ihn in Erstaunen: ein alter Pater aus dem nahen Kapuzinerkloster sprach ihn an und fragte, wo die Verurteilten wären, die zu beichten wünschten. Hermann verwies ihn an einen herzutretenden Offizier; dieser wies den Mönch in ein Zimmer und erklärte dann Hermann, daß gut die Hälfte der Gefangenen, die mit der Waffe in der Hand getroffen und zur Erschießung verurteilt worden waren, geistlichen Zuspruch verlangte. Die Leichen der Gefallenen und Erschossenen lagen reihenweise an der Mauer; es waren Gesichter darunter, aus denen die nackteste Gemeinheit und ein wüstes Leben sprach; wieder andere trugen gute Kleidung und zeigten die Züge guter Rasse und genossener Bildung.

Alle Leichenschauhäuser seien schon überfüllt. Dutzende lagen dort, Dutzende wurden noch zugefahren. Nur wenige kannte man. So wurden die Unbekannten zur Schau gestellt. In langen Reihen zog man an ihnen vorüber, die Mütter und Väter, die einen Sohn, Kinder und Frauen, die einen Vater und schließlich Mädchen, die einen Geliebten suchen wollten. Es lagen auch Frauen hinter den Scheiben, Greise und Kinder, die blinde Kugeln getroffen hatten. Den ganzen Tag dauerte diese stumme und schlürfende Prozession. Nur manchmal erklang ein Schrei, wenn man einen der Toten wiedererkannte. Weinende wurden hinausgeführt, ohnmächtige Frauen fortgeschafft. Das war das Ende des Bürgerkrieges und die Ernte der roten Tage. Die Roten büßten es, daß sie sich gegen ihr Volk erhoben hatten. Sie waren die Hand am Leib des Volks, die man abhauen mußte, weil sie Ärgernis erregte.

Wilhelm von Schramm

Drittes Buch

JUSTIZ

Grüß Gott, Herr Hitler!« *Frateco*
Hitler erschrak. Er war in Gedanken versunken und hatte ganz vergessen, daß er auf jemanden wartete. Es dauerte einen Augenblick, bevor er sich des Namens entsinnen konnte:

»Grüß Gott, Herr Drexler!«

Es war im Münchener Hofbräuhaus.

Kurz vor fünf Uhr nachmittags. Zehn, zwanzig besetzte Tische. Überall sorgenvolle Gesichter, die das namenlose Elend des verlorenen Krieges widerspiegelten. Nicht einen Schritt ist die Menschheit weitergekommen! Nicht eine einzige Spur ist von dem starken Willen, von der großen Begeisterung geblieben, die 1914 das deutsche Volk beseelten. Überall Not und Armut, Kummer und Verdruß! Verdruß um die Schmach der Erniedrigung.

Von Zeit zu Zeit das Geräusch der Drehtür; Freunde treffen sich hier; ein flüchtiger Händedruck wird gewechselt. Not und Unheil belasten die Atmosphäre. Unsichtbare und doch fühlbare Angst und Sorge . . .

Man spricht über die Börse, die wirtschaftliche Lage, über Versailles. Wovon sollte man auch sonst reden! Das gesprochene Wort beengt weniger. Man muß reden, will man nicht ersticken.

Wo sind all die Menschen mit ihren Hoffnungen geblieben? Der Krieg hat sie zertreten und vernichtet. Auch Hitler hatte gehofft — und wurde enttäuscht. Wieviele Illusionen hatte er sich gemacht! — Doch vergebens. Sie scheiterten alle und dennoch erfüllten ihn immer neue Erwartungen, die ihn begeisterten und alle früheren Enttäuschungen vergessen ließen. Mußte nicht einmal die Stunde der Erfüllung anbrechen?!

In den letzten Tagen war ein »Ereignis« in sein Leben getreten. Die Revolution mußte einem starken, reaktionären Regime weichen. Mit Späherblick verfolgte die Regierung jede freiheitliche Bewegung, in der sie eine Verschwörung vermutete. Als eine Versammlung der ›Deutschen Arbeiter-Partei‹ angekündigt wurde, — eine Partei, deren Namen man bis jetzt noch nie gehörte hatte — sandte die Militärbehörde einen Soldaten hin, der sich über die Absichten und das Streben der neuen ›Bewegung‹ informieren sollte. Es war nicht ausgeschlossen, daß wiederum eine Revolutionsgefahr im Anzug war. Schon der Name der neuen Partei klang verdächtig.

Der beauftragte Soldat aber war Adolf Hitler.

Als er abends frühzeitig das Sterneckerbräu betrat, war der kleine Saal etwa zur Hälfte gefüllt: vielleicht von 25 dem Arbeiterstande angehörenden Männern. Vorsitzender war ein gewisser Anton Drexler.

Gelangweilt hörte Adolf Hitler den einleitenden Worten zu, die ein Willkommensgruß sein sollten. Doch die Mitteilung des Vorsitzenden, daß Herr Gottfried Feder über die ›Brechung der Zinsknechtschaft‹ sprechen werde, weckte sein Interesse.

Und Feder begann seine Rede. Er sprach flott und mit Überzeugung. Man konnte merken, daß er seinen Stoff gründlich beherrschte und von allen Seiten zu beleuchten verstand. Seine Worte entflammten:

»Nicht die Feinde Deutschlands aus dem Weltkriege sind für uns die größte Gefahr, sondern das internationale Kapital! Das Börsenkapital trägt auch die Schuld daran, daß der Friede zu einer Höllenqual geworden ist! Das internationale Kapital ist die größte Gefahr für die nationale Ehre und Größe. Eine scharfe Scheidung des Börsenkapitals und der Staatsverwaltung ist die einzige Möglichkeit, uns gegen die Internationalisierung der deutschen Wirtschaft zu wehren, ohne dadurch die staatliche Unabhängigkeit zu gefährden!«

Der Soldat Hitler, der Mann, den seine Vorgesetzten gesandt hatten, um Bericht zu erstatten, war der einzige, der sich durch Feders Rede begeistern ließ. Er glaubte, daß Feder eine Wahrheit verkündigte, welche für das deutsche Volk von großer Bedeutung sein müßte. Also der Internationalismus, der marxistische Sozialismus, war die größte Gefahr für die nationalen Interessen! Das Börsenkapital befand sich in jüdischen Händen. Feder kämpfte also gegen die Juden und Marxisten! Gegen dieselben, die an dem Treubruch, an der verbecherischen Entthronung des Kaisers Schuld hatten. Sie waren nicht nur Urheber dieser gewissenlosen Revolution, — sie hatten auch den wirtschaftlichen Verfall verursacht, der dem deutschen Volke verhängnisvoll zu werden drohte.

Kurz vor dem Ende des Krieges hatte Adolf Hitler eine Gasvergiftung bekommen, die seine Sehkraft stark gefährdete. War die Gefahr einer Erblindung auch gewichen, so war doch ein viel größeres Unglück über ihn hereingebrochen.

Adolf Hitler war sehend blind geworden . . .

Er konnte es nicht begreifen, daß ein moderner Kulturstaat nicht mehr national orientiert sein dürfte. Waren dem einseitigen Nationalismus nicht genug Opfer gebracht worden? Hatte das unsagbare Elend des Weltkrieges nicht deutlich genug den überspannten Nationalismus vor Augen geführt?

Hitler klatschte begeistert; applaudierte wie ein Wahnsinniger!

Er mischte sich in die Debatte. Sprach über Judentum und Marxismus, über Dinge, von denen er eigentlich gar nichts wußte, die aber seiner Ansicht nach die beiden größten Gefahren für das deutsche Volk waren.

Einige Tage später erhielt er die Mitteilung, daß er als siebentes Mitglied in die »Deutsche Arbeiter-Partei« aufgenommen sei. Es war ein schwerfällig und schlecht geschriebener Brief, der gleichzeitig die Aufforderung enthielt, kommenden Mittwoch die Mitgliedskarte in Empfang zu nehmen.

Aber Hitler kam nicht. Er beantwortete den Brief mit einigen Zeilen, in denen er den Vorsitzenden Anton Drexler bat, in genau vierzehn Tagen, nachmittags um fünf Uhr im Münchener Hofbräuhaus mit ihm zusammenzutreffen. Eher könnte er sich leider nicht freimachen. Das war aber nicht der wahre Grund. In Wirklichkeit wollte Hitler sich mit den wesentlichen Unterschieden der politischen Parteien vertraut machen. Die »Deutsche Arbeiter-Partei« mußte einen eigenen, »neuen« Charakter bekommen.

Dieses Mal wollte er klug seine »Chancen« wagen . . .

Gerade in diesem Augenblick erschien Drexler.

»Ich habe mich verspätet«, begann er nervös. »Im letzten Moment noch wurde ich von Harrer aufgehalten.« Er sah nach seiner Uhr. »Ich hoffe, daß Sie es mir nicht weiter übelnehmen werden.«

Hitler sah den anderen an. »Ich liebe Pünktlichkeit«, sagte er trocken.

Drexler stutzte. Was bildete dieser Kerl sich ein? Nicht nur, daß er ihn hierher beorderte, — er wagte es sogar noch, ihm Vorwürfe zu machen!

»Ich hoffe, daß Sie es mir nicht weiter übel nehmen.« — Dieselben Worte, diesmal etwas spöttisch.

Es entstand eine kurze Pause.

Keinen Augenblick stand die Drehtür still. Ein Kommen und Gehen! Kellner eilten geschäftig hin und her, machten ihre Bestellungen am Buffet; unangenehm klang das Geklapper von Tassen und Tellern.

»Herr Drexler«, begann Hitler, »ich werde mich so kurz wie möglich fassen. Sie verstehen wohl, daß ich Sie nicht hierher gebeten habe, nur um die Mitgliedskarte in Empfang zu nehmen. Ich hielt es für angebracht, ruhig und unter vier Augen mit Ihnen zu sprechen. Es bleibt dasselbe, ob die ›Deutsche Arbeiter-Partei‹ sechs oder sieben Mitglieder zählt. Bedeutender wird sie dadurch nicht. Mit Ausnahme eines Mannes — Feder — gehört auch Ihre Partei zu den vielen, die durchweg aus Rädelsführern und leeren Köpfen bestehen. Als ich vor vierzehn Tagen Ihre auserlesene Schar versammelt sah, konnte ich mich gerade nicht daran begeistern. Etwas wurde mir besonders deutlich: mit wenigen Ausnahmen vielleicht wissen Ihre Mitglieder nicht, was sie wollen, und besuchen wahrscheinlich die Versammlung mit dem einzigen Zweck, für einige Stunden den Zank und Streit in ihren Familien zu vergessen . . .«

Drexler stand auf. Eine unerhörte Frechheit! Was bildete der Kerl sich ein! ?

In der ersten Aufregung wollte er der Unterredung ein Ende machen. Doch Neugier hielt ihn zurück.

»Es ist nur ein Anfang . . .«, brachte er heraus. »Vergessen Sie nicht, daß die Deutsche Arbeiter-Partei kaum vier Wochen besteht! Außerdem sind wir jetzt, wenn wir Sie mitzählen dürfen, unserer zehn . . .«

Hitler schwieg einen Augenblick. Er winkte dem Ober und bestellte.

»Gerade darum wird Ihre ganze Bewegung zu keinem einzigen Resultat führen«, sagte er trocken. »Besonders im Anfang sind Männer nötig, welche genau wissen, was sie wollen. Vergessen Sie nicht, daß die ersten Mitglieder die Träger, das Fundament sein müssen! Wie wollen Sie für eine Bewegung werben, deren Pioniere ins Blaue hinein schwätzen? Wie wollen Sie der Außenwelt zu einer Partei Vertrauen einflößen, die kein festes Programm hat? Mein lieber Herr Drexler! Sie haben zehn Mitglieder, auf die Dauer werden es wahrscheinlich zwanzig oder dreißig werden, möglicherweise hundert, zweihundert, doch welches Ziel hat Ihre Partei? Ich denke nicht daran, mich anzuschließen, — es sei denn, daß wir uns heute nachmittag einigen können.«

Drexler überlegte. Als er Hitlers Brief empfing, hatte er sicherlich nicht gedacht, derartiges zu hören. Etwas Wahres war wohl daran! Mit unverhohlener Bewunderung sah er den andern an.

»Wie meinen Sie das?«

»Das will ich Ihnen sagen, mein lieber Herr! Wenn ich mich einmal dazu entschlossen habe, der Deutsche Arbeiter-Partei beizutreten, — dann gibt es für mich kein Weichen mehr. Dann gibt es für mich nur noch eins: Das Ziel! Dann gibt es einen Kampf auf Leben und Tod! Was bisher gefaselt wurde — mit Ausnahme von Feder —, zeugt nicht von einem scharf durchdachten Feldzugsplan. Und der muß die Voraussetzung einer jeden neuen Bewegung sein, die darauf Anspruch erhebt, zu existieren. In den letzten Monaten sind die neuen Parteien wie Pilze aus dem Boden geschossen, doch wieviele sind wieder eingegangen? Und wo liegt die Ursache? Weil die Gründer meist keine Ahnung davon haben, wie man aus einem ›Verein‹ eine ›Bewegung‹ und aus einer ›Bewegung‹ eine ›Partei‹ macht. Die meisten kleinen Parteien ersticken in ihrem eigenen lächerlichen, engen Kleinbürgertum. Feder hat durch seine Rede den Abend noch gerettet, doch ist es himmelschreiend, daß in der darauffolgenden Debatte, kurz nachdem Feder über nationale Interessen und Nationalgefühl gesprochen hatte, ein Idiot — verzeihen Sie mir diese Titulierung für einen der ›Träger‹ Ihrer Partei — für eine Trennung zwischen Bayern und Preußen plädierte! Ist das nicht ein Beweis dafür, daß Ihre Partei keine Zusammenarbeit und Eintracht kennt? Von ›Eintracht‹ kann man eigentlich garnicht mal reden! Praktisch läuft alles darauf hinaus, daß der eine nicht weiß, was der andere will.«

»Sie dürfen nicht vergessen . . .«

Aber Hitler unterbrach ihn. »Verzeihen Sie, lieber Herr Drexler! Meine Zeit ist nur kurz bemessen. Hier auf diesem Zettel habe ich Ihnen ganz kurz die Voraussetzungen niedergeschrieben, unter denen Ihre Partei sich überhaupt behaupten kann. Vor allem muß man die Sache vom psychologischen Standpunkt aus betrachten. Gerade Menschenkenntnis habe ich mir im Laufe der Jahre angeeignet. Wir müssen vor allem die Mittel benutzen, mit denen sich die große Masse suggerieren läßt. Wenn Sie sich mit diesem vorläufigen Programm einverstanden erklären können, erwarte ich Bericht, wann die nächste Versammlung stattfinden soll. Ich werde dann selbst sprechen und meine Ansicht so deutlich und verständlich wie möglich auseinanderlegen. Nur in diesem Falle kann ich mich anschließen und noch mit der ausdrücklichen Versicherung, daß Sie mir die Führung übertragen. Sie können natürlich Vorsitzender bleiben. Doch die ganze Organisation und Propaganda überlassen Sie mir. Sind Sie mit diesen Bedingungen nicht einverstanden, so höre ich nichts mehr von Ihnen, und unsre Wege trennen sich. Grüß Gott, Herr Drexler!«

Er erhob sich und reichte dem andern die Hand. Drexler war zu verdutzt, um etwas entgegnen zu können. Das hochmütige und selbstbewußte Auftreten Hitlers beleidigte ihn. Doch tief im Innern fühlte er, daß er trotz alledem Respekt vor diesem Manne haben mußte.

»Herr Hitler!« Hitler drehte sich an der Tür nochmals um. »Jedenfalls muß ich diese Angelegenheit mit Herrn Harrer besprechen, der Vorsitzender unsrer Reichsorganisation ist. Ich selbst bin der Leiter des Bezirks München.«

Über Hitlers Gesicht glitt ein Lächeln. Es lag etwas wie Spott in seinen Augen. »Ich dachte, daß die ›Deutsche Arbeiter-Partei‹ in München gegründet worden sei. Wieviel Mitglieder zählt Ihre Organisation im Ganzen?«

»Einundzwanzig.« Drexlers Stimme klang unsicher. Er schämte sich des hochtrabenden Namens seiner ›Partei‹.

»Sie dürfen nicht vergessen . . .«

»Ich vergesse nichts, werter Herr!« Hitler klopfte ihm herablassend auf die Schulter. »Lesen Sie nur mein Programm! Was aus der ›Deutschen Arbeiter-Partei‹ werden kann, weiß ich nicht; aber daß wir in einem Jahr einundzwanzigtausend Mitglieder haben werden — dessen bin ich sicher!«

Es gab in Bayern und München keine fremdblütigen bolschewistischen Agitatoren mehr. Sie waren verschwunden, erschossen, über die Grenze geflohen, manche auch

Wilhelm von Schramm

eingekerkert und noch auf das Urteil wartend, das man über sie fällen würde. Es würde ein hartes Urteil sein, aber es mußte nach dem Gesetz und in seinen Grenzen gesprochen werden.

Die roten Tage waren vorüber. München schien kleiner geworden und völlig umgewandelt. Es war nicht mehr die Stadt der Weltrevolution im Herzen des Abendlandes, sondern der Ort, wo sich ein neues Deutschland mit nationalem Bewußtsein sammelte. Man hatte es mit dem roten Umsturz versucht; es war schief gegangen und würde immer schief gehen müssen, nachdem auf dieser Seite nicht die richtigen Führer standen, die Offiziere und echten Soldaten — so resignierte man, schmückte die Gräber der tausend Gefallenen und ging von neuem der Arbeit nach, wo man sie fand. War es nicht recht gewesen, daß man den Fremdblütigen und ihren Verheißungen gegenüber ein wenig mißtrauisch gewesen war? Ein kleines Häuschen, ein Schrebergärtchen war greifbar — ungreifbar war die Weltrevolution.

Alois Lindner

Am 9. Dezember 1919 begann mein Prozeß.

Ich wurde angeklagt zweier Verbrechen: des Mordes in Tateinheit mit dem Verbrechen eines Mordversuches. In der Anklageschrift stand der schöne Satz: »Die Tat wurde nach genauer Überlegung und Verabredung aus reiner Mordlust verübt.« Das Urteil war, ehe meine Sache noch verhandelt wurde, schon fertig.

Ich wurde nach *Neudeck* transportiert. Unserem Wagen voraus fuhr ein Auto mit bewaffneten Soldaten, mich bewachten sechs Kriminalbeamte, hinter uns kam noch ein Militärauto. Meine Aufregung war einem Galgenhumor gewichen.

Morgens um 8 Uhr begann die Verhandlung. Es war noch eine halbe Stunde Zeit. Ich wurde in eine enge Zelle gesperrt. Nachher wurde ich, von zwei Schutzleuten bewacht, durch einen langen Korridor, an vielen Gaffern vorbei, die Treppen hinauf, zum Gerichtssaal geführt. Der

Richtertisch war noch leer, und der Protokollführer saß auf seinem Platz. Der Zuschauerraum war überfüllt. Der Verteidiger kam und reichte mir die Hand. Der Staatsanwalt nahm seinen Platz ein. Er hatte das Gesicht eines bösen Vogels.

Mein Kopf brauste. Ich hätte mich am liebsten auf diese Justizfratze gestürzt und sie gewürgt, bis sie gestanden hätte: »Nein, es ist nicht so, wie es in meiner Anklageschrift heißt. Ich habe das nur geschrieben, weil du ein Revolutionär und ein Arbeiter bist, der unseren Staat bekämpft. Ich muß dich aber vernichten und diesen Richtern als Mörder hinstellen!« So schwärmten die wilden Gedanken; der Habicht aber beugte sich über seine Akten.

Nun kamen die Richter. Es waren auch *Volksrichter* dabei. Würdevoll und ernst rückten sie ihre Stühle zurecht. Da war ein hagerer alter Krämer, der die Augen senkte, wenn ich ihn ansah, oder die Decke des Saales betrachtete. Ich sah, wie ihn seine Richterwürde verlegen machte.

Neben ihm saß sein Kollege, auch ein Mann aus dem Volke. Er war wohl Hausbesitzer oder Rentner.

Der andere Volksrichter war sicher auch ein Rentner. Er war bedeutend sicherer, er hatte bestimmt schon oft als Volksrichter sein Urteil gesprochen. Da er einen mächtigen Bauch hatte, mußte er seinen Stuhl beträchtlich weit vom Tisch abrücken.

Der schwarzgekleidete Vorsitzende setzte seine Mütze auf und eröffnete den Prozeß:

»Im Namen des *Volkes* . . .«

Der Staatsanwalt verlas die Anklageschrift. Nach der Rede des Staatsanwalts protestierte ich und lehnte das Gericht als rechtwidrig ab und verlangte, vor ein Schwurgericht gestellt zu werden. Auch mein Verteidiger lehnte das Gericht ab. Der Staatsanwalt und die Richter lächelten. Der Vorsitzende stellte fest, daß laut der und der Verfügung das Gericht zuständig und verfassungsmäßig sei.

Ich wurde zu 14 Jahren Zuchthaus verurteilt.

Felix Fechenbach

Erst acht Tage nach der Urteilsverkündung werde ich ins Zuchthaus abtransportiert. Vom Strafvollstreckungsgefängnis Stadelheim bis zum Untersuchungsgefängnis am Neudeck bin ich in dem berüchtigten Zellenwagen. Am Neudeck ist Umparkierung. Ich komme mit einer ganzen Anzahl Gefangener, die alle auf dem Wege in eine Strafanstalt sind, in einen großen, neuen »Zeiserlwagen«, der die einzelnen Gefangenen nicht mehr durch Zellen voneinander trennt. Eine bunte Gesellschaft ist da beisammen. Wir können uns ungestört unterhalten. Der Wagen bleibt noch eine Weile auf dem Gefängnishof stehen, bis die Begleitpapiere an den Transporteur übergeben sind. Wir sind solange ohne Aufsicht. Ein Gefangener zieht aus irgendeiner geheimen Falte seiner Kleidung Streichholz, Reibfläche und eine Zigarette. Sie wird gemeinsam geraucht. Jeder darf einen Zug tun. Auf diese Weise macht die Zigarette so lange die Runde im Wagen, bis sie ausgeraucht ist.

Ein kleines achtzehnjähriges Dienstmädchen sitzt verschüchtert in der Ecke neben mir. Sie hatte ein Kleidungsstück an sich genommen, das ihrer Dienstgeberin gehörte und wollte auch einmal fein gekleidet sein. Die Richter hatten für ihren Schönheitssinn kein Verständnis und schickten sie auf einige Zeit ins Gefängnis. Jetzt war sie auf dem Schub in ihre österreichische Heimat. Man hat sie als »Ausländerin« ausgewiesen.

Die männlichen Insassen des Wagens machen rohe Witze mit ihr; sie kann sich nicht dagegen wehren und sitzt nur immer hilflos und ängstlich in ihre Ecke gedrückt, wie ein verfolgtes Tierchen. Die andern lassen schließlich von ihren derben Späßen ab, weil sie auf nichts eingeht.

Nun geht es los mit gegenseitigem Erzählen, warum man hierher gekommen und wieviel Jahre man »gefaßt« habe. Diebstahl, Einbruch, Hehlerei, das ist es meist. Sie haben alle »nur« ein paar Jahre Gefängnis. Einer ist dabei, der die »Häuserltracht« schon an hat. Man hat ihn aus dem Gefängnis geholt, wo er eine Strafe verbüßte, und ihn neuerdings vor Gericht gestellt, weil ein weiterer Diebstahl von ihm bekannt geworden war. Er ist »Spezialist auf Hoteldiebstähle« und betrachtet seine Verurteilung nur als eine Art Betriebsunfall. Vor Gericht hat er, wie er erzählt, »Generalbeichte« abgelegt und auch Diebstähle eingestanden, die dem Staatsanwalt unbekannt waren. So habe er in einem Aufwaschen seinen »Knast« weg, während er anders gewärtig sein müsse, neuerdings vor Gericht zu kommen und dann käme er nicht so gelinde davon.

Über einen geradezu bewunderungswürdigen Galgenhumor verfügt dieser Hotelspezialist. Er unterhält die ganze Gesellschaft.

Als ich auf die Frage nach meinem »Knast« von meinen elf Jahren Zuchthaus erzähle, muß ich nicht gerade ein frohes Gesicht gemacht haben. Der mit dem Galgenhumor fühlt das Bedürfnis, mich zu trösten und er tut das auf seine Art:

»Balst ins Häuserl kemmst und legst di auf d' Nacht in d'Klappen, nachert fragst dein Nachbarn, wievui Jahr daß er hat. Und wenn der sagt »himmiblau« (Himmelblau = lebenslang), sichst, nachert gfreut di 's Leben erst wieder.«

Inzwischen war der Zeiserlwagen weitergefahren. Ein Polizeibeamter hatte neben der Tür Platz genommen. Wir waren bald im Polizeigebäude. In der Kanzlei werden wir aufgenommen. Ich bitte darum, man möge meinem Rechtsanwalt telephonieren, daß er mir einen kleinen Geldbetrag schicke, damit ich mir während des Transportes Lebensmittel kaufen könne. Ein Beamter trägt meine Bitte dem Diensttuenden vor. Der lehnt schroff ab:

»Der Fechenbach ist Zuchthausgefangener. Der braucht nichts mehr.«

Das ist in einem so gehässigen Ton gesagt worden, daß ich es bereute, die Bitte ausgesprochen zu haben. Ich muß die Nacht über im Polizeigebäude bleiben. Am andern Morgen um vier Uhr beginnt der Abtransport. Nach einem kurzen Aufenthalt in der Kanzlei komme ich zwischen zwei Polizeibeamte in Zivil und werde abgeführt.

Vorher habe ich noch ein Stück Brot und ein wenig Käse bekommen. Das Mittagessen.

Kaum haben wir die Straße betreten, wendet sich der eine Beamte zu mir:

»Herr Fechenbach, machen Sie keine Schwierigkeiten, ich muß Sie fesseln. Es ist meine Pflicht.«

Im gleichen Augenblick schnappt die Schließzange um mein rechtes Handgelenk zu. Ich fühle das kalte Metall, aber es wandelt sich in meinem Bewußtsein zu brennender Glut.

Wir gehen zum Bahnhof.

Albert Daudistel

Die Julisonne schien blind. Der Morgen war schwül. Matrose Muck betrat frei mit einem Polizisten in Zivil den Münchner Hauptbahnhof. Das geschäftige Menschengewimmel, die Frauen und Mädchen, das Rauschen und Pusten ließen den Räterevolutionär vergessen, daß er sich auf Transport nach einem Zuchthaus befand, in welchem er seine Festungshaft abbüßen sollte. Matrose Muck grinste, rauchte und schwätzte. Denn die lange Untersuchungshaft mit ihren Läusen und Entbehrungen hatte sein Empfinden verfeinert: der Gefangene war froh. Sein Begleiter lachte.

Beide waren am letzten Abteil des fahrtbereiten Zuges angelangt. »Lassen wir erst das Fräulein einsteigen!«

Matrose Muck nickte, stellte seine Reisetasche ab und half der jungen Dame, die wegen ihres engen Rocks nicht hochkommen konnte, mit beiden Händen nach — — ins Schubabteil. Dann stiegen er und sein Begleiter ein. Der Polizist begrüßte den Transporteur der Gefangenen. Matrose Muck setzte sich lächelnd. Sie rückte näher. Die Kupeetür wurde zugeschlagen. Der Zug begann seine Reise.

Lebhaft unterhielten sich die beiden Schutzleute. Es roch nach Käse. Das Mädchen schnüffelte. Der Matrose hatte seine Reisetasche geöffnet: »Herr Wachtmeister, das Fräulein darf doch?«

Der Transporteur der Gefangenen winkte ab:

»Ja!« Und eiferte weiter in dem Gespräch mit seinem Kollegen.

Matrose Muck strich Limburger auf. Immer im gleichen Rhythmus rollten die Räder. Die Gefangene griff zu, biß und kaute. »Guten Appetit!«

Der Matrose lachte: »Danke schön! Ich wünsche gute Verdauung, Liebling!«

Da begann das Fräulein zu würgen und zu husten. Dem Revolutionär tränten die Augen. Lachend klopfte er ihren Rücken: »Na, nun schluck doch! Endlich!«

»Pfui, so was — — bei dieser Hitze!«

Matrose Muck erhob sich: »Herr Wachtmeister, mögen Sie auch eine Nase voll Wind?«

Der Polizist schaute nach der Käsestulle: »Ich habe nichts dagegen!« Der Festungsgefangene öffnete das Fenster. Die Gefangene atmete auf. Matrose Muck setzte sich und gab ihr schnell einen Kuß: »Ist's so besser?«

Der Fenstervorhang flatterte. Sie flüsterte: »Ja!«

Müde lasen die beiden Sicherheitsbeamten die Zeitung. Die Käsestullen waren verzehrt. Schläfrig lehnte die Gefangene ihren Kopf an die Schulter des Matrosen und raunte: »Wie lange hast Du?«

Der Revolutionär lächelte ihr ins Ohr: »Fünf Jährlein!«

Als wäre ihr ein Eimer Eiswasser übergeschüttet worden, so zuckte sie auf. Unwillkürlich öffnete das Mädchen den Mund: »Ooh!«

Der Polizist nickte. Der Gendarm begann zu blättern. Ergriffen stotterte die Gefangene: »Zuchthaus?«

Matrose Muck reichte ihr grinsend eine Zigarette und Feuer: »Nee! — — Festungshaft im Zuchthaus!«

Beide dampften. Sie staunte: »Wie??«

Lachend erwiderte der Gefangene: »Gemäß der Verordnung von 1893 über den Vollzug der Festungshaft!«

Die Bremsen fingen an zu quietschen. Der Gendarm stand auf und schaute gegen die Windrichtung. Verwundert frug das Mädchen: »Aber warum im Zuchthaus?«

Matrose Muck faßte ihr Kinn: »Sehr einfach, Kind! Es

war einmal ein Vogelhändler, der tat Kanarienvögel in einer Rattenfalle ausstellen, weil alle Käfige überfüllt waren! Compris?«

Die Gefangene sann. Der Revolutionär zog sie an sich: »Und wie lange wollen sie Dich einsperren?«

Das Mädchen senkte den Blick und murmelte: »Zwei Jahre — — Zellengefängnis!«

Matrose Muck vergaß sich: »Schade!«

Ein Ruck! Sie erschrak. Der Polizist erwachte und schaute fremd. Der Zug hielt. Der Gendarm winkte aus dem Kupee: »Hier! — — Kollege, Kollege! — — Hallo!«

Gleich wurde die Tür des Abteils aufgerissen. Drei gefesselte Sträflinge mit zwei Transporteuren stiegen ein. Matrose Muck empfing die neue Reisegesellschaft mit schallendem Gelächter. »Servus, Jungs! Immer rinn! Los, los, los! Haha! Schnell. Setzt Euch! Hurra, wir fahren!« Die Sträflinge und die beiden Wachtleute starrten nach dem Festungsgefangenen. Matrose Muck aber drang: »Menschenkinder, glotzt nicht wie abgestochene Kälber! Oder liegen Eure Zungen auch in Eisen? Los! Quasselt, prahlt, feixt!«

Schon war der Zug wieder auf freier Strecke. Lachend erhob sich der Begleiter des Revolutionärs: »Aber, Herr Muck!« Und wandte sich flüsternd an die verwundert schauenden Wachtleute.

Die Gefangene hatte längst ihr Gesicht mit ihren Händen bedeckt. Ihr Körper zuckte im Lachkrampf.

»Unsinn! Hier wird nicht gemuckt! Los, erzählt! Was hast Du ausgefressen? Nichts! Du, Du? Alle unschuldig? Die verflixten Staatsanwälte! Könnt Ihr singen?«

Die Gesichter der Sträflinge erhielten Leben. Auch die Wachtleute lachten. Matrose Muck schnellte hoch und schrie: »Kreuzdonnerwetter, Kerls! — — Die Öffentlichkeit spricht neidig von der Intelligenz im Gefängnis und Zuchthaus. Sie beteuert sogar: Die Blöden läßt man laufen und die Klugen werden verurteilt! Oh wei, oh wei! Fritzi, hilf! Sag' wenigstens, was Du kannst!«

Die Gefangene war bläulich angelaufen vor Lachen. Sie erhob sich und entwich ins Kabinett. Der Transporteur beobachtete sie dienstlich.

Matrose Muck öffnete seine Reisetasche: »Den ganzen Kram kriegt Ihr zu futtern! Zigaretten hab' ich auch! Aber — — Ihr müßt gut aufpassen! Wer's nicht begreifen will, der plärrt, brüllt oder brummt desto kräftiger! Politisches wird nicht gesungen, denn wir brauchen Luft!« Die Gefangene schmiegte sich wieder an ihren Freund. Matrose Muck deklamierte sein Lied. Die Sträflinge interessierte die offene Reisetasche. Sie horchten gebannt. Dann stand der Revolutionär auf: »Also . . . drei — — vier!« Und begeistert sangen die gefesselten Menschen im Takt der rollenden Räder:

»Es gibt nix Schönres uff der Welt als son Brienzer Bürli,
S'het keene Rappe Geld im Sack und nur e meschügges Uhrli,
Oh, simpeli, sampeli su! Oh, fiseli, duseli da!
Es is kee Narretie, e Brienzer Bürli z'sieh, juchhe!
Es is e Narretie, e Brienzer Bürli z'sieh!
Holjoljärü, rüholjjätütü holjä!
Holjoljärü, rüholjätütütü!«

»Bravo, Jungs! haha, gut, gut! Arbeiten Eure Speicheldrüsen wieder? So! — — Nun verschlingt den Limburger und das Brot!«

Der Matrose verteilte die Nahrung. Sein Begleiter erhob sich: »Herr Muck, lassen Sie bitte erst nochmal singen!«

Die Sträflinge schmatzten, Matrose Muck lachte: »Wenn es die parlamentarische Ordnung erlaubt!« Und fragte einen der Sträflinge: »Was willst Du: Singen oder kauen?« Der Strafgefangene biß schnell ins Brot, schaute den Revolutionär mit großen Augen und gepfropften Backen an, grunzte und nickte — zweimal.

Matrose Muck lachte: »Mensch!« Und fragte weiter: »Singen oder rinnschieben? Du, Du! Haha, Herr Wachtmeister! Die Jungs haben Courage, sie wollen singen und essen! Wird gemacht! Aber wehe, wenn einer erstickt. Fritzi, Du füllst die Tonlücken aus! Die Polizisten begleiten! Ja? — Achtung — — drei — — vier.«

Oh, simpeli, sampeli su! Oh, fiseli, duseli da!

Ein Schaffner stand auf dem Trittbrett des eilenden Zuges und lachte durchs offene Fenster ins Schubabteil. Matrose Muck bemerkte ihn: »Mensch, komm rinn! Schrei Dich mit aus!«

Der Schaffner leistete Folge.

Die Schutzleute, der Eisenbahner, sie, er, die Sträflinge gaben nun ihre letzte Kraft her:

»Holjoljärü, rüholjätütütü holjä!
Holjoljärü, rüholjätütütü!«

»Schluß! — Bravo, Jungs! Schnell kaut! Los! Bewegt die Unterkiefer! Macht's wie die Enten: schluckt, schluckt! Himmel und Po. Po. — eilt Euch! — s' ist Zeit! Hier Zigaretten! Los, nehmt Feuer! Zieht! — Feste! So — — Haha! — Ihr armen Teufel! Lacht!«

Die bleichen Gesichter der Sträflinge hatten sich mit Blut gefüllt. Die Menschen richteten sich auf und schauten frei. Da holperte der Zug. Bald lief er in die Halle ein.

»Nürnberg!«

Die Strafgefangenen waren mit ihren Transporteuren ausgestiegen. Der Zug eilte weiter. Grell flimmerte der Nachmittag. Mit Überdruck heizte die Julisonne das Schubkupee. Der Münchner Polizist, welcher den Festungsgefangenen Matrosen Muck transportierte, schwitzte, stöhnte und rückte, als säße er in einem Brutofen. Plötzlich sprang Muck ans Fenster: »Da, da! Schnell, Herr Wachtmeister! Sehn Sie! Dort die Bauernmädel barfuß! Wie ihre Waden, Arme und Gesichter glänzen! Wie das glitzert im Schweiß! Alles Blut geschwellt! Und dort oben Hosen! Servus, Kinder! Servus, servus! Winken, Herr Wachtmeister! Schnell, schnell! Weiter winken, weiter, weiter! Bravo, die Mädels lachen! Ha, das Heu duftet! Sakrament, Sakrament! Ist das eine Lust!«

Der Revolutionär wischte seine Stirne und setzte sich: »Oh lala, Herr Wachtmeister! Was ist? Sie lechzen?«

»Ich brate, Herr Muck!«

»Bei dreißig Grad im Schatten? Haha! Auch ich möchte schlucken wie eine Seezunge. Herr Wachtmeister, nehmen Sie an, wir befänden uns anstatt auf der Reise ins Zuchthaus im Heizraum eines Lloyd-Schnelldampfers. Das Kupeefenster, natürlich rund und im Durchmesser noch einmal so groß, sei eine Feuertür des Dampfkessels. Und der Zugwind hier im Abteil wäre trocken und heiß!«

»Um Gottes willen, Herr Muck!«

»Ja, Herr Wachtmeister! Nur gut aufpassen, Sie waren doch Soldat?!« Matrose Muck war aufgestanden: »Und nun, Herr Wachtmeister, sollen Sie bei dieser Hitze einen Dampfkessel, also drei Feuer bedienen. Sie öffnen diese Feuertür. Dreißig Zentner weiße Glut bestrahlt Ihren Körper. Hier am Boden liegt eine Eisenstange, vier Meter lang, an einem Ende flachgeschmiedet und dick wie eine Reckstange! Setzen Sie die Stange auf dem Feuerrost an und stoßen Sie die Schleuse durch die breiige Schlacke bis nach hinten! Los, los! Himmelsakrament, blecken Sie die Zähne! Kinn hoch! Durchstoßen! Fest! Ho-ruck! Zu-gleich! Nicht nachlassen! Sie müssen heulen vor Wut! Mehr Kraft drauf! Sakrament! Fest! Der Manometer braucht Druck! Ich weiß, die deutsche Kohle schmiert! Aber . . . Ho-ruck! Nochmal! Und nochmal! Bravo! — — Schleuse raus! Hier der Lappen, daß Sie Ihre Finger nicht ganz verbrennen! Raus, raus mit der Schleuse! Feuertür zu! Und nun an die nächste!«

Hilflos pustete und krächzte der Polizist: »O Gott, o Gott ich . . .«

Der Revolutionär lachte: »Bei dreißig Grad im Schatten? Keine Angst! Der Manometer platzt nicht. Das Sicherheitsventil ist festgekeilt. Die Schiffsschraube macht fünf Umdrehungen mehr. Los! Aufgemuckt! Und kräftig gefeuert! Das Schiff muß zittern, daß die Kakerlaks von den Spanten fallen! Arbeiten, arbeiten!«

Der Zug raste, Verspätung einholend. Der Sicherheitsbeamte triefte vor Schweiß. Matrose Muck holte Luft: »Schluß, Herr Wachtmeister! Abtrocknen, abtrocknen! Wir gehen an Deck!«

Der Schutzmann erhob sich, sah nach der Zeit und atmete auf: »Aaah — — Herr Muck, gleich gibt's Bier!«

Der Festungsgefangene kleidete sich an, ballte die Hände und lachte mit ganzer Kraft: »Sakrament, Sakrament! Rollt, Räder! Rollt! Ich habe mich durstig gequasselt! Rollt! Rollt!«

Nach mehrstündigem Aufenthalt in Bamberg bestiegen Matrose Muck und der Polizist die Lokalbahn. Der Tag neigte sich. Der Verurteilte nickte, während der Zug immer tiefer ins Dunkel hastete. Stumm saßen die Fahrgäste. Das Lämpchen an der Wagendecke zitterte. Müde richtete der Festungsgefangene den Blick durch die trübe Fensterscheibe zum sternklaren Himmel.

»Ebrach!«

Die Kleinbahn hielt. Der Sicherheitsbeamte griff sein Gepäck: »So, Herr Muck!«

Schweigsam folgte der Revolutionär seinem Begleiter. Die Nacht war schwül. Starr standen die Bäume. Kröten quakten. Der Schutzmann beschleunigte die Schritte. Eine Kirchenuhr schlug. Matrose Muck staunte. Denn gebleicht vom Monde sah er die schloßartige Fassade des ehemaligen Zisterzienserklosters: das Zuchthaus.

Der Festungsgefangene erschauerte. Laut lachte er auf. Wie Gebrüll verwundeter Tiere schallte drüben das Echo . . .

Beide waren angelangt. Matrose Muck drückte den Knopf der Einlaßglocke. Dumpf brummte drinnen das Torsignal. Und leicht öffnete sich die schwere Pforte.

Kerkerluft! — — Weißübertünchte Heilige aus Stein predigen stumm Ernst. Der Polizist grüßte. Barsch antwortete der Zuchthauspförtner nach dem Eingelieferten: »Die Tür rechts!«

Matrose Muck war in dem Aufnahmeraum. Aber keiner der Gefangenenwärter erwiderte seinen Gruß. Träge

schwang der große Pendel der Standuhr. Elf schwere Schläge fielen. Endlich erhob sich mürrisch ein Aufseher: »Leeren Sie Ihre Taschen in den Hut! Auszieh'n!«
Wie erregt rief der Polizist: »Nicht, Kollege! Er ist Festungshäftling!«
Verlegen trat der Gefangenenwärter zurück. Und bot dem Revolutionär Platz auf der Bank an. Matrose Muck dankte ernst und setzte sich. Ihm gegenüber an der Wand hingen Seitengewehre und Pistolen, die Hand- und Fußschellen und die Ketten. Der Festungsgefangene wandte den Blick ab und sah sinnend zu Boden. Gerührt kam der Polizist auf ihn zu und reichte ihm die Hand: »Aber, Herr Muck, nur den Mut nicht sinken lassen!«
Lächelnd stand der Revolutionär auf: »Ich bin müde!«
Ein Zuchthausbeamter mit einem pfundschweren Bund Schlüssel traf ein und winkte dem Festungsgefangenen. Matrose Muck folgte dem Gefangenenwärter des Zellenbaues durch ein Labyrinth von Kreuz- und ehemaligen Wandelgängen. Plötzlich blieb Matrose Muck stehen: »Hier wimmert ein Mensch!« Und deutete nach einer schmalen Tür. Der Aufseher nickte und erklärte: »Da verbüßt einer Dunkelarrest! Der weiß nicht, daß es Nacht ist!«
Im Nu war der Revolutionär an der Zellentür. Er klopfte und rief: »Es ist Mitternacht, Kamerad!«
Totenstille ...
Der Gefangenenwärter öffnete eine Pforte. Der Festungsgefangene folgte aus dem Bau. Beide gingen durch den mondbeschienenen Garten. Hinten erhob sich aus dem Dunkel grau mit den vielen kleinen Fenstern der Zellenbau. Matrose Muck sog an seiner Zigarette, daß die Asche glühte. Dann frug er: »Das war gewiß die Krankenabteilung?« Lächelnd erwiderte der Aufsichtsbeamte: »Nein, Herr Muck, das war der Bau für die Lebenslänglichen und die Besseren!«
Während der Gefangenenwärter den Zellenbau aufschloß, betonte Muck: »Außer mir sind keine politischen Gefangenen hier?«

Der Wärter drückte gegen die Tür: »Nein, Herr Muck! Aber ein großer Transport ist angemeldet!«

Beide traten ein. Der Beamte schloß wieder zu und öffnete das Gitter, welches die Parterre-Abteilung von dem Haustürplatz trennte. Matrose Muck staunte und grinste: »Wie bei Hagenbeck!« Und schritt in die große Halle, an deren Längsseiten stockweise übereinander die Galerien hervorstanden. Wie Schiffskabinen, in regelmäßigem Abstand lagen die vielen Zellen. Alle standen offen, alle enthielten genau dieselben Gegenstände an dem dafür bestimmten Platz.

»Also, Herr Muck, Sie dürfen sich eine Zelle aussuchen. Hier im ersten, zweiten oder dritten Stock! Auf dieser Seite ist die Sonne!«

Matrose Muck schlüpfte in eine Zelle der bevorzugten Seite. Sein Wärter schloß das Bett von der Wand. Muck öffnete das Klappfenster. Dann wünschte der Aufsichtsbeamte: »Gute Nacht!«

Alois Lindner

In den zaristischen Kerkern des alten Rußland klirrten die Ketten an den Armen und Händen der Märtyrer. Wir alle kennen die Schrecken dieser Gefängnisse aus den Schilderungen der russischen Dichter. Meine Hände sind nicht mit Ketten belastet. An den Füßen der deutschen Revolutionäre in den Zuchthäusern hängen keine eisernen Kugeln. Die vier kalten Steinwände, die uns Tag und Nacht ummauern, das kleine Fenster hoch oben mit den eisernen Gitterstäben — das alles drückt mehr als Ketten und eiserne Kugeln. Die Paragraphen der Zuchthausordnung sind unsichtbare, aber grausame Ketten. Sie fesseln den Leib, sie zerreißen die Seele.

Die Gestalten und Statisten, die in meinem letzten Drama mitgespielt haben, ziehen noch einmal in meinem Geiste vorüber. Sie alle ziehen vorüber, der Soldat an der ungarischen Grenze, der mich verhaftete, der Staatsanwalt, der meine Tat als Mord stempelte, die fetten Gesichter der *Volks*richter. — alles zieht vorüber, einzelne Gestalten aus dem Zuschauerraum schweben vorbei!

Ich erhebe meine Augen, durch das Gitter den fernen Schwalbenflug im blauen Himmel zu verfolgen. Meine Sehnsucht nach der Freiheit, nach der leuchtenden Sonne kennt keine Grenze. In der Nacht, wenn der schlürfende Schritt eines Wächters an unseren Steingräbern vorüberschleicht, presse ich die glühende Stirn an die feuchten Mauern. Oft träume ich auch. Ich fahre auf den vielen Schiffen meiner Seefahrten, die grünen Wogen heben und senken sich, neue Erdteile blühen aus den Fluten — es ist unendliches Licht über der Welt und des Nachts leuchten unendliche Sterne.

Der klirrende Schlüssel rasselt, die Gittertür der Zelle wird aufgeschlossen. Das Traumgesicht wird zerschlagen.

Im engen Hof des Zuchthauses gehen wir stumm im Kreis. Die grauen Sträflingskleider schlottern um die mageren Zuchthäusler. Die Gesichter sind weiß und abgezehrt von Leidenschaften und Lastern.

Eine Stunde im Tag sehen wir den Himmel. Wir wandern im gleichen Schritt, in gleicher Reihe, unter den Zuchthäuslern.

In meiner Zelle hängt ein Kruzifix. Oh, der Staat ist barmherzig! Er hängt in unsere Zelle das Bild des großen Empörers — und drückt uns in christlicher Barmherzigkeit die Gurgel zu.

Ferdinand Meth und Ursula leben auf einem kleinen Bauernhofe in Oberbayern, den sie sich von dem Reste des Kampschen Vermögens erworben haben. Sie leben mitten im Dorf und lernen das Leben der Bauern, in dem sich noch viel von wirklicher Ordnung erhalten hat. In dieser Umgebung wachsen sie über sich selbst hinaus. Denn sie erfahren den Sinn und die Kraft der Gemeinschaft des Volkes, das noch Boden unter den Füßen hat. Sie erleben dabei keine bloße Rückkehr zur Erde, denn die Erde ist nicht genug, sondern gründen ein neues Leben in einer geordneten und gebundenen Wirklichkeit. Sie leben ohne bürgerliches Bedürfnis, fast arm; aber sie können

Wilhelm von Schramm

sich nähren und kleiden, während die Schläge des Schicksals auf die städtische Scheinwelt immer heftiger niederfallen. In strenger Zucht, gemeinsam beratend mit ihren Bauern, alten Kameraden und neuen Freunden, gehen sie, die Vorurteile der bürgerlichen Zeit hinter sich lassend, an einen Neuaufbau ihrer Gemeinde als der ersten Zelle der Volksgemeinschaft.

Im Frühjahr 1921 wird dem Bauern Ferdinand Meth ein Kind von seiner Frau Ursula geboren. Ferdinand ist nicht von dem Bett der Gebärenden gewichen, nachdem sie am Samstag vor Ostern die Wehen überfallen haben. Er gibt ihr in ihrer schweren Stunde die Kraft und Ruhe, die in diesen Jahren in ihm gewachsen sind. Er legt selber den kleinen Sohn in die Arme der Mutter. »Ein Bub,« sagt er dabei. Sie nickt, ohne zu sprechen; sie ist noch schwach. Dann macht sie langsam die Augen auf. Ferdinand setzt sich zu ihr ans Bett. Sie betrachtet das Kind, das jetzt stillliegt, voll Liebe, aber zugleich prüfend. »Mein Kind, dein Sohn«, flüstert Ursula. Sie gibt ihrem Mann die freie Hand. »Wenn er groß ist?« fragt sie dabei. »Dann ist es nicht mehr der Sohn von dir und mir«, sagt Ferdinand, »sondern der seines neuen Volkes und Vaterlandes.«

Wilhelm Weigand

Und sie betraten das hellerleuchtete Wohnzimmer, wo das kleine Söhnchen des Gutsbesitzers Max Hiebler vor einem Spielzeugkasten an dem schweren eichenen Tische saß und spielend einen Haufen bunter Zinnsoldaten in Reih' und Glied stellte.

Ernst Toller

Vom Leben im Gefängnis macht sich der Außenstehende ebensowenig ein Bild wie der Mensch in der Heimat vom Kriege. Der Krieg ist weder eine unaufhörliche Folge von heroischen Kampfbegegnungen, bei der sich der einzelne Soldat in steter gehobener Stimmung befindet, noch eine unaufhörliche Folge quälender Eindrücke. Ähnliches gilt für das Gefängnis. Wie der Krieg Stunden des Aufatmens und des Gesammeltseins kennt, trotz des Ereignisses Krieg, kennt auch das Gefängnis Stunden des Aufatmens und des Gesammeltseins, trotz des Ereignisses Gefängnis. Die hier veröffentlichen Tagebuchnotizen geben Kenntnis von einigen besonders schlimmen Tagen.

Aus Tagebuchnotizen
1. *Juli 1921:* Frau Klingelhöfer fragte mich an, ob ich ein Telegramm mit bezahlter Rückantwort erhalten habe, das sie aus Sorge um ihren Mann (über den wochenlang Schreibverbot verhängt war, ohne daß er seiner Frau davon Mitteilung machen durfte) an mich schickte. Da ich dieses Telegramm nicht bekommen hatte, erkundigte ich mich höflich beim Festungsvorstand. Ich werde zum Werkführer Schneider gerufen und bekomme diese »Eröffnung«: ich müßte wissen, daß, wenn das Telegramm zurückbehalten wäre, ich Benachrichtigung erhalten hätte. Dann liest Schneider den bezeichnenden Satz des Herrn Staatsanwalts Kraus vor: »Tollers Anfrage enthält eine vollkommen unnötige, den Geschäftsgang der Verwaltung ohne jede Veranlassung belastende Vielschreiberei, der ich im Wiederholungsfall durch Briefverbot vorbeugen werde.«

Daudistels Roman beschlagnahmt, trotzdem früherer Festungsvorstand Dr. Vollmann und Regierungsrat Badum das Manuskript »unbeanstandet« passieren ließen. Beschluß: »D. verherrliche Deserteure und Meuterer. Wenn er noch einmal einen derartigen Roman schreibe, würden weitere Maßnahmen gegen ihn ergriffen.« Wer wird in der Festung noch Bücher schreiben können, wenn die Zustände sich nicht ändern! Wahrscheinlich ist das nicht. Die Handhabung des Strafvollzugs hängt von den Machtverhältnissen draußen ab . . .

Vor einigen Tagen wurde Erich Mühsam mit acht Tagen Bettentzug und acht Tage Hofentzug bestraft, weil man . . . in seinen Papieren anläßlich einer Durchsuchung ein Hölzgedicht gefunden hat. Taubenberger, Walter, Ibl erhalten Einzelhaft, acht Tage Bettentzug, Taubenberger auch Bücherentzug! Walter transportiert man morgen nach Donauwörth. Muß zwei Monate absitzen, zu denen er wegen seiner Flucht aus der Festung Oberhaus verurteilt wurde.

Herr Reichsjustizminister Schiffer erklärt im Reichstag: »Der Haftbefehl gegen den Kappisten Jagow ist außer Wirksamkeit gesetzt worden, weil Jagow in seiner Jugend tuberkulös war, kränklich sei, frische Luft und täglich kalte Abreibungen brauche.« Am 27. Juni erklärte Jagow in der Kreuzzeitung in dem von seiner frühern Amtszeit her bekannten Stil: »Laut Berliner Tageblatt vom 24. Juni, Nummer 292, hat der Reichsjustizminister Schiffer ausgeführt: Zum Fall Jagow könne noch kein Verfahren stattfinden, weil Jagow krank sei. Tatbestand: Ich war seit März 1920 nicht einen Tag krank. Jagow.« Wenn ich an die kranken Arbeiter denke, mit denen zusammen ich eingesperrt bin! W. in Eichstätt 39,5 Fieber. mußte auf Befehl des Staatsanwalts, gegen ärztlichen Einspruch, das Krankenhaus verlassen, weil der Staatsanwalt ihn im Verdacht hatte, einen Brief aus dem Krankenhaus geschmuggelt zu haben.

2. Juli: Werkführer Schneider eröffnete mir, daß mein sechs Seiten langer Brief an N. »wegen agitatorischen Inhalts« beschlagnahmt wurde. Aufzeichnungen von drei Wochen. Wenn dieser Brief »agitatorisch« ist, was kann man dann noch an Menschen schreiben! Welche Last wird Briefschreiben hier drinnen! Seiltänzer der Worte wird man. Immer spürt man schon im Schreiben den hämischen Griff des Zensors. Erscheint ihm der Inhalt eines Briefes gar zu harmlos (zum Beispiel: beste Grüße sendet Ihnen . . .), wird der Brief wegen »verschleierten Inhalts« beschlagnahmt. Endlose Quälerei!

3. Juli: Taubenberger fragte den Staatsanwalt, auf Grund welches Paragraphen der Werkführer berechtigt sei, ihm die Bücher vorzuenthalten. Antwort des Staatsanwalts: Fünf Tage Kostentzug . . .

. . . Wollenberg Hof-, Bett-, Kostentzug, weil er vor Regierungsrat Schmauser »anstößige Haltung« eingenommen . . .

4. Juli: Vor einigen Tagen wandte sich Hartig an den Gärtner mit der Bitte um einige Pflanzen (gegen Bezahlung) für seinen kleinen Garten, den er auf dem Hof angelegt. Antwort des Staatsanwalts Kraus: »Abgelehnt. Solche Kulturen vertragen sich nicht mit dem Strafvollzug.« Reichardt bittet um einige kleine Bohnenhölzer (gegen Bezahlung). Antwort des Staatsanwalts Kraus: »Wenn solche unbescheidenen Bitten in Zukunft noch einmal gestellt werden, dann Weiterungen.«

Der »Sozialdemokrat« veröffentlicht ein Lied, das Orgesch-Jünglinge singen:

> Du tapferer Held, du schoßt den Gareis nieder,
> Du brachtest allen uns Befreiung wieder
> Von einem saubern Sozihund,
> Welch Licht in unserer Trauerstund!
> Auch Rathenau, der Walther,
> Erreicht kein hohes Alter,
> Die Rache, die ist nah,
> Hurra, Hurra, Hurra!
> Laßt uns froh und munter sein,
> Schlagt dem Wirth den Schädel ein,
> Lustig, lustig, trallerallala,
> Bald ist Wilhelm wieder da!
> Wenn einst der Kaiser kommen wird,
> Schlagen wir zum Krüppel Dr. Wirth,
> Knallen die Gewehre tack, tack, tack
> Aufs schwarze und das rote Pack.
> Haut immer fest auf den Wirth,
> Haut seinen Schädel, daß er klirrt.
> Knallt ab den Walther Rathenau,
> Die gottverfluchte Judensau.

Ära Kraus

Der Leser kennt den Namen des Staatsanwalts Kraus. Ihn ernannte der deutschnational-völkische Justizminister Roth, der am 8. November 1918 dem Soldatenrat im

Generalkommando seine loyale Mitarbeit angeboten hatte, zum Festungsvorstand von Niederschönenfeld.

Nach dem Gesetz ist Festungshaft »diejenige Form der Strafhaft, bei der die durch die Strafe gebotenen Eingriffe in die persönliche Freiheit sich auf das geringste Maß beschränken.«

Nach dem Gesetz gibt es gegen Festungsgefangene keine Disziplinarstrafen. Nur Sicherheitsmaßnahmen sind erlaubt.

Erinnert sich der Leser an die Festungshaft, die in wilhelminischer Zeit Offiziere und Studenten verbüßten? Erinnert sich der Leser daran, daß Graf Arco, Eisners Mörder, von der bayerischen Regierung begnadigt, während seiner Haft auf einem Gut in der Umgebung Landsbergs landwirtschaftliche Studien, ja, monarchistische Propaganda treiben konnte?

Und nun betrachtet man, wie Herr Kraus, der, gleichsam zur Belohnung für seine Heldentaten in Niederschönenfeld, Oberstaatsanwalt in Augsburg geworden ist, agiert.

Diesem Manne sind meine Kameraden im Zuchthaus Straubing anvertraut. Diesem Manne sind, als Aufsichtsinstanz für alle Gefängnisse seines Bezirkes, viele hundert kriminielle Gefangene anvertraut.

Justizminister Gürtner (den kein Oberreichsanwalt wegen Freiheitsberaubung Fechenbachs zur Rechenschaft zog) ist sein Vorgesetzter. Armes Deutschland.

Herr Oberstaatsanwalt Kraus, als Sie bei einer Bestrafung mit Einzelhaft, die unter irgendwelchem stupiden Vorwand erfolgte, zu mir sagten: »Ich werde Sie schon klein kriegen«, antwortete ich Ihnen: »Welch ein Mut gehört dazu, einen Menschen, den man in seiner Macht hat, physisch klein zu kriegen!« Und ich fuhr fort: »Ich halte Sie nicht für ein Organ des Rechts, vielmehr für ein Organ schlimmster Willkür.«

Was ich damals in Erregung Ihnen zurief, wiederhole ich heute. Ich erwarte, daß Sie sich vor einem außerbayerischen Gericht Gelegenheit geben werden, mich der Verleumdung zu überführen.

Wie Kraus sein Amt auffaßte
Äußerungen (Verkehrston Gebrüll):
Zu Murbök: »Ich werde in Niederschönenfeld Zustände schaffen, daß Sie in voller Sehnsucht an die frühern Zustände zurückdenken.«
»Beschwerden an den Oberstaatsanwalt oder Justizminister nützen Ihnen nichts, das sage ich Ihnen von vornherein!«
Zu Murbök: »Wer innerhalb von vierzehn Tagen mit mehr als einer Bitte kommt, von dem nehme ich drei Monate keinen Wunsch entgegen. Die Bitte bleibt volle drei Monate liegen und wird nicht berücksichtigt, auch wenn Inhalt der Bitte den Fall betrifft, daß Frau oder Eltern gestorben sind.«
»Ich sperre auf Monate Tag und Nacht die Zellen ab mit einer Stunde Hofzeit . . .«
Zu Schiff: »Ich kann mit Festungsgefangenen machen, was ich will. Wollen Sie das bestreiten? Ich bin mit weitgehenden Vollmachten ausgestattet!«
Zu Murbök: »Ich bin Festungsvorstand, Sie Gefangener! Ich befehle, Sie gehorchen. Ich weiß, warum ich hier bin. Ich bin hergekommen, um durchzugreifen, und ich greife durch, wenn es sein muß, mit Waffengewalt!«
Zu Hagemeister: »Widersetzlichkeit bedeutet Tod . . . Wer sich nicht fügt, wird es körperlich zu fühlen bekommen!«
Zu Schiff: »Es ist selbstverständlich, daß die Angehörigen vom Strafvollzug betroffen werden müssen.«

Vorwände zur Disziplinierung von Gefangenen
Männlein wurde am 28. Juli 1921 mit Einzelhaft bestraft, »weil er eine Bewegung mit dem linken Fuß beim Rapport machte, mit der er dem Vorstand seine Nichtachtung bezeugen wollte«. Die Aufhebung der Einzelhaft erfolgte

mit der Bemerkung, »daß er in Zukunft wohl die schuldige Achtung bezeugen und eine derartige Fußbewegung wohl unterlassen werde . . .«

Walter erhielt verschärfte Einzelhaft, weil er beim Betreten des Rapportzimmers die vom zweiten Vorstand gewünschte vorschriftsmäßige »Stellung« nicht eingenommen hat.

Schiff wurde mit Einzelhaft bestraft, weil er im Zellengang einer Furz gelassen und nach der Meinung des Vorstands damit dem am Gitter stehenden Aufseher seine Nichtachtung bezeigen wollte.

Schikanen

Verbot, nach neun Uhr eignes Licht zu brennen oder auf dem erleuchteten Gang zu lesen oder zu schreiben.

Dem Festungsgefangenen Marschall, der an schweren Magenkrämpfen leidet, wird verboten, nachts Licht anzuzünden, um die vom Arzt verordnete Medizin einzunehmen.

Eggenberger und Seffert bitten um Zahnbehandlung. Die Genehmigung wird als besondere Vergünstigung in Aussicht gestellt, wenn sie sich gut führen; E. litt an Kiefereiterung, S. an heftigen Zahnschmerzen.

Anordnungen der Ärzte hatten für Kraus keine Bedeutung. Krankenbrot entzog er nach Gutdünken. Der Anstaltsarzt Dr. Steindl wehrte sich nicht — er sei »in erster Linie Beamter«.

Am 4. Juni 1921 ließ Kraus zwölf Festungsgefangene von dreißig schwerbewaffneten Sipoleuten und einem Dutzend mit Pistolen bewaffneten Aufsehern aus dem Hof »kriegsmäßig« in ihre Zellen treiben, weil sie in einem Schreiben gesetzlichen Vollzug der Festungshaft gefordert hatten.

Vom März bis zum 11. Juni 1921 hatten siebzehn Festungsgefangene Schreib- und Besuchsverbot.

Es erfolgte eine Verringerung der sechsstündigen Besuchszeit auf zwei Stunden, eine Stunde oder sogar eine Viertelstunde.

Entwürdigende Durchsuchung der besuchenden Frauen.
Zensur der Briefe durch Münchener Geheimpolizisten. Dadurch ständige Polizeikontrolle aller in Bayern wohnenden Adressaten. Einer der Geheimpolizisten ermunterte Gefangene zu Spitzeleien.
Taubenberger, Podubetzki, Wollenberg verbot Kraus die Bestellung technischer, philosophischer und allgemeinwissenschaftlicher Werke, mit der Begründung, daß sie nur dazu benutzt würden, den Umsturz zu fördern.
Karpf wurden Bücher wissenschaftlichen und militärischen Inhalts, die er seit Jahren unbeanstandet in Besitz gehabt, bei der Zellendurchsuchung mit der gleichen Begründung beschlagnahmt. Außerdem wurde ihm Verschärfung seiner Strafe und Absonderung angedroht, wenn er sich weiter »mit solchen Dingen« beschäftige.
Androhung dauernder Absonderung des Festungsgefangenen Schiff, weil er wiederholt um ein Bücherregal gebeten hatte.
Ein Schreiben Wollenbergs an den Reichspräsidenten wurde beschlagnahmt, weil es eine Aufhetzung der Reichsregierung gegen Bayern, besonders gegen Niederschönenfeld sowie Bedrohung des Vorstands bedeute und agitatorischen Zwecken diene. Ebenso Beschlagnahme der Eingabe Mühsams an den Reichsjustizminister.
Toller bittet um Besuchserlaubnis für seine Mutter. Antwort von Kraus: »Voraussetzung entsprechendes Betragen.«
Toller bittet um Sprecherlaubnis für seinen Berliner Rechtsanwalt, den er in zivilprozessualer Angelegenheit sprechen mußte. Darauf Kraus: »T. soll das künftig schriftlich abmachen. Nur eine Stunde. In Zukunft werden Rechtsvertreter in Geschäftssachen nicht mehr zugelassen.«
Walter erhält Einzelhaft zwecks Charakterfeststellung am 18. Mai 1921, weil ein Eisen vom Bett los ist. W. beschwert sich am gleichen Tage. Am 20. erhält er acht Tage

hartes Lager, weil er sich beschwert hat. Am gleichen Tage reicht er eine Beschwerde an den Oberstaaatsanwalt ein. Am 25. erhält er, weil er gewagt hat, sich wieder zu beschweren, drei Tage Wasser und Brot. Mühsam, der auf W.'s Geisteszustand aufmerksam gemacht hatte, erhielt Einzelhaft wegen Einmischung und weil er sich Führerrolle anmaße. »Es soll M. Gelegenheit gegeben werden, nachzudenken, ob ihm das zukomme.« Acht Monate später kam W. wegen Geisteskrankheit nach Erlangen. Eine Anfrage Mühsams an den Minister, wie man sich zu verhalten habe, wenn für einen Kameraden Gefahr drohe, blieb unbeantwortet. Dagegen erhielt M. sieben Wochen Einzelhaft. Eine schwere Verschlimmerung seiner Herzkrankheit trat ein.

Am 20. Mai 1931 wollte Toller sein früherer Arzt Dr. Marcuse besuchen. Er wurde, obwohl er eigens aus Ebenhausen nach Niederschönenfels gereist war, von Kraus im Bureau abgewiesen.

Ibl erhielt wegen Unterernährung Milchzusatz. Kraus gab ihm wegen irgendeines Vergehens »Kostentzug«. I. beschwerte sich beim Arzt. Dieser erklärt: »Wenn der Vorstand Wasser und Brot anordnet, bleibt es dabei. Von mir erhalten Sie weiter Milchzusatz. Also als allgemeine Kost: Wasser und Brot. Als Zusatz: Milch.«

Schiff erhielt jahrelang keine Erlaubnis, seine Braut zu heiraten, obwohl sie die Mutter seines Kindes ist. Als Sch. sich an seinen Vater, der Rechtsanwalt ist, wandte und ihn nach der rechtlichen Unterlage für solch ein Verbot fragte, wurde er mit Einzelhaft und Kostentzug bestraft.

Toller schrieb an Rechtsanwalt Kurt Rosenfeld, Berlin, einen Brief, er möge beim Reichspräsidenten Schritte unternehmen, um zu erwirken, daß die Amnestie für die am mitteldeutschen Aufstand Beteiligten auch auf die Festungsgefangenen ausgedehnt werde, die im Münchener »Dynamit«-Prozeß verurteilt waren. Weil T. in diesem Brief geschrieben, die Münchener Genossen fühlten sich zu Unrecht verurteilt, wurde er sofort vor Kraus geführt, der ihm erklärte, sein Brief werde die Festung nicht verlassen, da er eine Kritik der Volksgerichte enthalte. Aus seinem Briefe gehe ferner hervor, daß er sich anmaße, die Rechte anderer Gefangenen zu vertreten, er müsse daher aus Sicherheitsgründen mit einigen Wochen Absonderung (Einzelhaft), Schreib- und Besuchsverbot, bestraft werden.

Kraus und Bewährungsfrist
Zu Karpf: »Wer seine Gesinnung nicht ändert, wird nicht entlassen.«
Zu Murbök: »Wenn ein Gefangener auch vom Gericht Bewährungsfrist erhalten hat, so ist er noch lange nicht frei. Es kostet mich nur eine Zeile an unsern Staatskommissar Kahr, der ganz vorzüglich arbeitet, und der Gefangene wird nach seiner Freilassung aufgehoben.«

Änderung auch im Verhalten der Unterbeamten
Werkführer Fetsch griff am 26. September 1921 Toller tätlich an.
Am 6. Juni 1921 bedrohte er den Festungsgefangenen Hagemeister mit der Pistole.

Kraus und Beschwerden
»Beschwerden sind Vielschreiberei und beweisen hetzerische Unzufriedenheit.«

Zwangsjacke
In modernen Irrenanstalten ist, aus Gründen der Humanität, Anlegen von Zwangsjacken verboten. In Niederschönenfeld, an einem Ort, wo Männer saßen, denen das Gericht ehrenhafte Gesinnung zugestehen mußte, war Anlegen der Zwangsjacke eine »Sicherheitsmaßnahme«. Da nämlich die Strafvollzugsordnung Disziplinarstrafen für Festungsgefangene nicht zuließ, ordnete der Vorstand bei geringfügigen Vorkommnissen ... Sicherheitsmaßnahmen an, zu denen auch Anlegen der Zwangsjacke gehörte.

Ich habe bei dem Gefangenen Schmidt die Folgen gesehen: handbreite blutunterlaufene Schwielen am Leib.

Schmidt kam aus einer Heilanstalt in die Festung. Man brachte ihn nicht zu den anderen Gefangenen, sondern in Einzelhaft. Schmidt beschwerte sich, schrie wohl ein wenig, man . . . schnürte den Ehrenhäftling in die Zwangsjacke und ließ ihn auf dem nackten Zellenfußboden liegen. Man sah so wenig nach ihm, daß er seine Notdurft nicht vorm Abortkübel, der in der Zelle stand, verrichten konnte und sich beschmutzen mußte.

Ich gebe eine Erzählung Fritz Saubers mit seinen eignen Worten wieder. Saubers Verbrechen: Er nahm in München an der entscheidenden Nachtsitzung vom 5. zum 6. April teil, bei der sich bekanntlich — oder nicht bekanntlich — Minister der Regierung Bayerns mit der Ausrufung der Räterepublik einverstanden erklärten. In jener Sitzung wurde der Beschluß gefaßt, Agitatoren zur Aufklärung der Bevölkerung ins Land zu schicken. Sauber war einer von ihnen. Er fuhr — man beachte das wohl: mit Zustimmung vom Landtag gewählter Minister — nach Aschaffenburg und Würzburg, um dort für die Räterepublik zu wirken. Die Würzburger Räterepublik bestand zwei Tage. Weiße Truppen warfen sie nieder. (Nebenbei: Es existieren Verordnungen des Würzburger Vollzugsrates, die von Herrn Seisser, dem späteren Münchner Polizeiobersten, damals Major und Führer des II. Armeekorps in Würzburg, gegengezeichnet sind. Auch er verschmähte es nicht, auf dem »Boden der Tatsachen« Gehalt zu beziehen.) Sauber wurde verhaftet. Vor Gericht beantragte der Staatsanwalt die Todesstrafe!! Das Standgericht verurteilte ihn zu zehn Jahren Festung! Die gleiche Strafe erhielt Hagemeister, über dessen furchtbaren Tod ein anderes Kapitel berichtet.

Sauber erzählt:

»Am 23. Oktober 1923 erhielt ich Besuch von meiner Frau. An diesem Tag wurde ihr Besuch ganz besonders streng überwacht. Im Rapportzimmer des Gefängnisses erklärte mir der Oberwerkführer Fetsch, daß ich mich unter keinen Umständen mit meiner Frau politisch unterhalten dürfe. Sonst würde der Besuch sofort unterbrochen. Diese Ankündigung ist in der Gefängnisanstalt Niederschönenfeld üblich bei besonderer Verschärfung der politischen Lage. Ich habe daraufhin kaum das Familiäre mit meiner Frau besprochen. Der Aufsichtsbeamte Lechleitner, der den Besuch überwachte, prüfte in peinlichster Weise jedes Wort, das zwischen uns gewechselt wurde. Der Oberwerkführer Fetsch kam in den drei Besuchsstunden dreimal, um den Aufsichtsbeamten selbst zu kontrollieren, ob der nichts Anstößiges bemerkt habe, was den Vorwand zur Unterbrechung des Besuches hätte liefern können. Diese Beobachtung veranlaßte mich, noch mehr auf der Hut zu sein, um der von der Verwaltung gewollten Provokation aus dem Wege zu gehen. Als meine Besuchszeit ohne Beanstandung zu Ende war, meine Frau die Gittertore hinter sich hatte, rief man mich ins Rapportzimmer. Dort wurde mir von Fetsch Folgendes eröffnet: ». . Herr Sauber, ich habe Ihnen im Namen des Herrn Vorstandes zu eröffnen, daß Sie nicht wieder nach oben kommen, ich muß Sie absondern.« Ich fragte sofort, was ich mir zuschulden kommen ließ, daß man mich ohne jede Begründung in Einzelhaft sperre. Fetsch erwiderte darauf: »Das kann ich Ihnen nicht sagen, das wird Ihnen morgen früh der Vorstand eröffnen.« Ich gab mich mit dieser Erklärung nicht zufrieden, war ich mir doch bewußt, daß ich mich bei dem Besuch in keiner Weise gegen die sogenannte Ordnung des Hauses vergangen hatte. Mein Protest half nichts, man führte mich ab und schloß mich in Einzelhaft. mit der Bemerkung, daß ich auch kein Licht erhalten würde, ich brauchte mich darum gar nicht zu bemühen. Diese erneute Verschärfung der an sich schon brutalen Disziplinierung der Niederschönenfelder steigerte meine Empörung noch mehr.

Ich teilte diesen Vorgang sofort meinem Mitgenossen Josef Schlaffer durch die Zellentür mit. Dieser befand sich nämlich bereits seit acht Tagen in Einzelhaft. Ich sprach mit ihm auch über die letzten politischen Vorgänge und bemerkte, daß unsere Einsperrung mit ihnen in Zusammenhang zu bringen sei. Weiter protestierte ich gegen die vollkommen ungesetzliche Handhabung des Lichtentzuges und äußerte mich über die außergewöhnliche Verschärfung der Hausordnung. Hierzu möchte ich noch bemerken, daß ich in jener Zeit an starker Erkältung und Nervenzerrüttung litt.

Am nächsten Tag ließ mich nun der Anstaltsvorstand Hoffmann rufen. Als ich ins Rapportzimmer kam, fragte ich ihn, was er von mir wolle, ob er erneut beabsichtige, mich zu quälen, ob er mich vollkommen zugrunde richten wolle. Hoffmann eröffnete mir: ». . . Bei Ihnen wurde ein Exemplar der ›Roten Fahne‹ gefunden. Die Verordnung des Generalstaatskommissariats verbietet sie. Sie wollten damit die Weiterverbreitung der Zeitung ermöglichen.« (Der Generalstaatskommissar Kahr hatte einige Zeit vorher die Verbreitung kommunistischer und sozialrevolutionärer Zeitungen mit Gefängnisstrafe bedroht. Kahrs Erlaß gab dem Festungsvorstand Hoffmann Anlaß zu folgender Verordnung: Alle sozialrevolutionären und kommunistischen Schriften, die sich im Besitz von Festungsgefangenen befinden, müssen sofort abgeliefert werden. Wenn ein Festungsgefangener dem andern eine derartige Schrift leihe, sei das Weiterverbreitung. Er, der Festungsvorstand, würde, duldete er solches, sich selbst strafbar machen.)

»Ich verfüge daher über Sie:
1. Einzelhaft bis auf weiteres.
2. Hofverbot bis auf weiteres.
3. Paketverbot bis auf weiteres.
4. Rauchverbot bis auf weiteres.
5. Zeitungsverbot bis auf weiteres.
6. Entzug des Lesens politischer Bücher bis auf weiteres.
7. Entzug des künstlichen Lichtes bis auf weiteres.
8. Briefverbot bis auf weiteres.
9. Besuchsverbot bis auf weiteres.«
Dies alles wegen des Exemplars der Berliner »Roten Fahne«

Ich muß in diesem Zusammenhang noch berichtigen, daß ich sowohl wie mein Genosse Schlaffer alles anrüchige Material, wie Bücher, Zeitschriften und Zeitungen, bei Erlaß des Generalstaatskommissars an die Verwaltung abgeliefert hatten. Wie nun trotzdem ein Exemplar der »Roten Fahne« — das, nebenbei bemerkt, schon ein halbes Jahr alt war — in die Hände der Verwaltung kam? Ungefähr im Mai 1923 wickelte ich einige leere Flaschen mit der berüchtigten Zeitung ein, um sie gelegentlich meiner Frau bei einem Besuch mitzugeben. Diese Tatsache wurde mir im Oktober 1923 zum Verhängnis. Die »Rote Fahne«, die Oberwerkführer Fetsch erspäht hatte, lag zerknittert als Beweismaterial vor Vorstand Hoffmann. Das war also das Verbrechen! Der vorliegende Tatbestand ließ mich natürlich erst recht nicht zur Ruhe kommen. Ich unterhielt mich täglich über diesen Fall mit Schlaffer durch die Zellentür. Auch sagte ich den Beamten, daß das an mir Verübte vollkommen gesetzwidrig sei, und daß sie für ihre Handlungen gelegentlich zur Rechenschaft gezogen würden.

Mein Sprechen mit dem Genossen Schlaffer und meine Äußerungen gegen die Beamten veranlaßte den Vorstand erneut, mich am 6. Oktober in das Rapportzimmer zu rufen. Dort sagte Hoffmann zu mir: »Sie haben die Ruhe des Hauses gestört, Sie haben in unerhörter Weise die Beamten verhetzt, ich verfüge über Sie: Drei Tage Wasser und Brot.« Ich erwiderte darauf in größter Aufregung: »Du kannst mit mir machen, was du willst, nimm deinen Revolver heraus und schieß auf mich, wenn du Schneid hast!« Darauf sprang Hoffmann auf und rief: »Duzen Sie mich nicht andauernd!« Ich erwiderte: »Du hast wohl die Macht, nicht das Recht!« Daraufhin schrie Hoffmann mit lauter Stimme: »Jetzt aber sofort in die Zwangsjacke mit ihm!« Auf dieses Signal hin sprangen die Aufseher Fetsch, Rüplinger, Heinzel und der im Rapportzimmer anwesende Arzt Steindl auf und befolgten diesen Befehl. Ich selbst ging aus dem Zimmer heraus und wollte auf das Gangfenster zulaufen, um meine Genossen, die im Hof spazierengingen, von dem neuerlichen Vorhaben gegen mich zu verständigen. Dazu kam ich aber nicht mehr. Rüplinger sagte: »Das gibt es jetzt nicht mehr.« Man schob mich in eine Zelle, Rüplinger und Fetsch packten meine Arme, drückten mich auf die Bettkante und schnürten mich mit der Zwangsjacke wie ein Bündel Holz zusammen. Man warf einen Strohsack auf den Boden und legte mich darauf. Ich strengte meine letzten Kräfte an, um durch das offene Fenster den Genossen von meiner nunmehrigen Lage zu berichten. Daraufhin machte ein Beamter auch das Fenster zu. Hoffmann, fünf Beamte und der Arzt standen vor der Zellentür und flüsterten. Sie hielten anscheinend Rat. Nach gänzlicher Erschöpfung meinerseits betraten sie die Zelle, machten die Zwangsjacke auf, und Steindl untersuchte mich. Ich hatte starkes Herzklopfen, trotzdem wurde ich wieder in die Zwangsjacke geschnürt. Hoffmann hielt mit seinem Beamten nochmals Rat und kam nach kurzer Zeit wieder in meine Zelle, stellte sich vor mich hin, und zwar so, daß er mit den Fußspitzen meinen Körper berühren konnte, ähnlich wie man einen Kadaver behandelt. In dieser Stellung rief er mit erhobener Hand mir zu: »Sie haben seit drei Tagen die Ruhe des Hauses gestört! Gegen Sie wird nur noch auf diese Weise die Ruhe und Ordnung des Hauses hergestellt.« Nach dieser Rede verließen die Herren die Zelle. Am Spätnachmittag kamen Fetsch und Rüplinger im Auftrage des Vorstandes und eröffneten mir: »Herr Sauber, nachdem über Sie drei Tage Wasser und Brot verfügt sind, müssen wir Ihnen auch die übrigen Lebensmittel, die Sie noch in der Zelle haben, wegnehmen.« Es wurden mir also auch die wenigen Lebensmittel, die meine Frau mir einige Tage zuvor mitgebracht hatte, weggenommen. Gegen diesen neuerlichen Akt konnte ich mich nicht wehren. Lag ich doch in der Zwangsjacke. Nach diesem Vorgang eröffnete mir Fetsch, daß ich jetzt aus der Zwangsjacke käme. Der Vorstand ließe mir aber nochmals sagen, wenn ich nur einen Laut von mir gäbe, käme ich sofort wieder in die Zwangsjacke. Dieser Zustand wurde gegen mich neun Wochen lang aufrechterhalten, mit Ausnahme des Hofverbots, das nach vierzehn Tagen, des Rauchverbots, das nach sieben Wochen aufgehoben wurde.

Während dieser Zeit wurde ich eines Tages ins Rapportzimmer gerufen, und es wurde mir von Hoffmann eröffnet, daß ich die Absonderung durchbrochen hätte, und zwar dadurch, daß im Hof ein Zettel gefunden wurde, worin ich meine Genossen bat, mir Zeitungen zuzuschmuggeln. Der Zettel war ungefähr 40 Millimeter groß und trug keine Unterschrift. Dieses Beweisstück benützte Hoffmann, um erneut gegen mich vorzugehen. Er verfügte:

1. Hofentzug bis auf weiteres.
2. Weiterbestehen aller übrigen Maßnahmen.

Die Gesamtdauer dieser Maßnahmen betrug neun Wochen. Davon hatte ich vier Wochen Hofentzug. Mit vollkommen zerrütteten Nerven kam ich zu meinen Genossen zurück. Auch konnte ich kein lautes Wort mehr sprechen.

Gesinnung der Wächter in Niederschönenfeld

Als eines Tages die Gefangenen in den Hof geführt wurden, mußten sie die Wahrnehmung machen, daß die Außenwände des Zellenbaues mit Hakenkreuzen bemalt waren. Diese Hakenkreuze konnten nur von den Aufsehern oder patrouillierenden Sipobeamten herrühren, da sonst niemand Zutritt hatte. Am 29. August 1922 beschwerten sich einige Gefangene. Tage später sah man weitere Hakenkreuze an den Wänden, dazu das Kreiszeichen mit dem Punkt in der Mitte, das bei Völkischen soviel bedeutet wie: »Achtung! Hier wohnen Juden!«

Niederschönenfeld in Gefahr

Niederschönenfeld, 9. Februar 1922.
An die Festungsverwaltung!

Ich bitte zu veranlassen, daß mir für meinen Hut, den ich vor dem Verstauben schützen will, einer meiner Kartons ausgehändigt werde.   Toller.

Niederschönenfeld, 10. Februar 1922.
Abgelehnt aus Sicherheitsgründen. Hut kann man auch in Zeitungspapier oder dergleichen einhüllen. Falls er hier nicht benötigt wird, heimsenden.
Hofmann,
I. Staatsanwalt.

Schlechtes Gewissen

Im Jahre 1921 wurde dem Festungsgefangenen Toller eine literarische Erzählung mit dem Titel »Exekution« beschlagnahmt und zu den Akten genommen. Die Erzählung sollte in eine Anthologie aufgenommen werden. Da Toller die Urschrift weggegeben hatte, bat er den Festungsvorstand, ihm wenigstens die zu den Akten genommene Abschrift wieder einzuhändigen. Der Bitte wurde mit folgendem Bescheid geantwortet:

»Bewilligt, wenn Toller sich verpflichtet, niemals von der Tatsache der Beschlagnahme Erwähnung zu tun.«

Niederschönenfeld stürzt Bayern

Am 17. April 1920 brachten die deutschen Zeitungen folgende W.-T.-B.-Nachricht:

»Berlin. Die hiesige bayerische Gesandtschaft teilt mit: In der letzten Zeit haben sich Anhaltspunkte dafür ergeben, daß in der Gefangenenanstalt Niederschönenfeld zum Sturz der Regierung und Einführung der Räterepublik ein anscheinend weitverzweigtes hochverräterisches Komplott angezettelt worden ist. Das in allen Einzelheiten festgelegte hochverräterische Unternehmen sollte nach Entwaffung der Einwohnerwehren ins Werk gesetzt werden. Eine Durchsuchung bei den Gefangenen hat diesen Verdacht bestätigt.«

Niemand wird diese Meldung lesen, ohne den Kopf zu schütteln. Die Meldung barg einen durchsichtigen Zweck.

Müller-Meiningen wollte — Retter des Vaterlandes — die bayerischen Einwohnerwehren vor dem Zugriff der Entente retten. Man verhandelte in San Remo und brauchte

»Fakten«. Im Ausland wird man kaum an die Überzeugungskraft jenes »Faktums« geglaubt haben. Die deutsche öffentliche Meinung, die bürgerliche Presse, nahm, mit geringen Ausnahmen, kritiklos die Meldung hin. Ich erinnere mich an eine Notiz einer Berliner Zeitung, die ungefähr die fettgesperrte Überschrift trug: »Neue Putschversuche Mühsams und Tollers.« Wie man von einem Gefängnis, das von Mauern gegürtet, von Stacheldrahtverhauen und spanischen Reitern umwehrt, mit Kanonen und Maschinengewehren bespickt, von vielfachen Postenketten zerniert war, ein »weitverzweigtes Komplott« anzetteln kann, darüber mag wohl kein Leser nachgedacht haben. Aber es ist in unserer Zeit ja nicht Aufgabe des Lesers, nachzudenken ...

Den Niederschönenfeldern Gefangenen war die Angelegenheit nicht lächerlich. Morgens um 6 Uhr drang ein Haufen Aufseher (man hatte zur Verstärkung Zuchthauswächter herangezogen) in die Zellen, trieb uns aus den Betten, ließ uns nicht einmal Zeit zum Anziehen, jagte uns mit rohen Griffen und Worten in die vollkommen leeren Zellen des Seitenflurs. (Die Zellensärge waren ungefähr 1½ breit, einst hatten sie »jugendlichen Verbrechern« zum Aufenthalt gedient, heute dienen sie wieder gleichen Zwecken.)

Noch in der Zelle wurden wir von den fremden Aufsehern beschimpft. An meine Zellentür trat ein Zuchthauswächter, schob die Klappe des Guckloches mit den Worten fort: »Da ist das rote Schwein.«

Aus den alten Zellen nahm man sämtliche Utensilien der Gefangenen fort und durchsuchte sie peinlich. Nicht einmal das Klosettpapier entging dem Zugriff. Zugeschlossene Koffer wurden aufgebrochen, weil man sich nicht die Mühe nahm, den Gefangenen zu fragen, welcher der vorhandenen Schlüssel das Kofferschloß öffnete. Daß bei der Durchsuchung etliche Gegenstände verschwanden und später nicht wieder zum Vorschein kamen, ist immerhin bezeichnend.

Keiner der Gefangenen kannte die Gründe des Überfalls. Vierzehn Tage strengster Einzelhaft vergingen. Nicht einmal eine Stunde frische Luft durften die Gefangenen atmen. Der »Hofspaziergang« war aufgehoben. Nachrichten von draußen drangen nicht herein. Tageszeitungen bekamen die Gefangenen nicht eingehändigt. Auf dem Wege übers Ausland erfuhren sie, warum man sie wie gefährlichste Banditen behandelte. Damals war es einem Gefangenen gestattet, eine französische Zeitschrift zu lesen. (Später kam das Verbot aller »fremdsprachigen« Zeitungen, Zeitschriften und Bücher.) In dieser entdeckte er die Übersetzung der W.-T.-B.-Meldung, die dem Zensor entgangen war. Als er sie durch das Gitterfenster dem andern zurief, dröhnte der Bau vom Gelächter, und aus dem Gelächter quirlte der Gesang auf: »Der Staat ist in Gefahr, der Staat ist in Gefahr!«

Nach vierzehn Tagen durften die Gefangenen täglich eine Stunde auf den Spazierhof gehen. Bei einer Reihe von Gefangenen wurde die Einzelhaft wegen »neuer Vorbereitungen zum Hochverrat« in Untersuchungshaft umgewandelt. Den Untersuchungsgefangenen erging es besonders schlecht. An ihnen kühlten die Aufseher ihr Mütchen, die nur widerwillig gewissen Formen, die bei Festungsgefangenen schließlich doch nicht zu umgehen waren, beachtet hatten. Monate dauerte die Untersuchungshaft der Gefangenen. Ein eigens von Müller-Meiningen zusammengesetzter Gerichtshof war in Neuburg bestimmt worden, der die Hochverräter aburteilen sollte. (Besondere Richter wurden zu diesem Zweck von München nach Neuburg versetzt.)

Die grenzenloser Willkür preisgegebenen Gefangenen beschlossen nach zwei Monaten, in den Hungerstreik zu treten. Fünf Tage dauerte der Hungerstreik. Am fünften Tage bekamen vier Gefangene, durch die unzulängliche Nahrung vorher geschwächt und zerrüttet, Krämpfe. Man rief den Arzt herbei, der zufällig nicht der amtierende, sondern ein »Zivilstellvertreter« war. Der Arzt lehnte die

Verantwortung für das Leben der Gefangenen ab, und nun entschloß sich der Staatsanwalt (in Wirklichkeit Müller-Meiningen), den Haftbefehl aufzuheben (obwohl am gleichen Tage, ein paar Stunden vorher, ein Gefangener die Mitteilung erhalten hatte, daß seine Haftbeschwerde wegen Verdunkelungsgefahr abgelehnt sei).

Die Worte »Aufhebung des Haftbefehls« werden manchen Leser erstaunen. Alle Beteiligten befanden sich ja bereits in Haft; aber in der Untersuchungshaft konnten den Gefangenen die letzten Rechte der Festungshaft genommen werden. Darum der neue »Haftbefehl«.

Die Gefangenen wurden aus der Haft der Untersuchung nicht in die Freiheit, sondern wieder in die Haft der Festung geführt.

Nach dem Rücktritt Müller-Meiningens, den der völkische Justizminister Roth ersetzte, stellte auf dessen Geheiß der Staatsanwalt das Verfahren sang- und klanglos ein. (Müller-Meiningen aber ist noch heute der Meinung, daß die Einstellung des Verfahrens einen Racheakt gewisser Beamter gegen ihn darstellte.)

Ausweisungsurkunde

F.A./102.
Betreff:
Ernst Toller, led. Schriftsteller,
geb. 1. Dezember 1893 in Samotschin,
preußischer Staatsangehöriger,
dessen Wegweisung aus dem Freistaat Bayern.

Auf Grund der bayerischen Verordnungen über einstweilige Maßnahmen zum Schutze und Wiederherstellung der öffentlichen Sicherheit und Ordnung vom 26. September 1923 und 18. Februar 1924 wird hiermit angeordnet:
1. dem preußischen Staatsangehörigen
Ernst Toller,
lediger Schriftsteller, geb. 1. Dezember 1893 in Samotschin in Posen, z.Zt. in der Festungshaftanstalt Niederschönenfeld,

wird der Aufenthalt in Bayern bis auf weiteres untersagt.
2. Zur Sicherung des Vollzugs der Ausweisung ist Toller über die bayerische Grenze zu stellen.
3. Gebühren bleiben außer Ansatz.
4. Die Kosten des Verfahrens und des Vollzugs hat Toller zu tragen.

Gründe:

Toller wurde mit Urteil des Standgerichts München vom 14. Juli 1919 wegen Verbrechens des Hochverrats zu fünf Jahren Festungshaft verurteilt.

Er war einer der geistigen Führer der Räteregierung und stellte sich anfangs April 1919 als Vorsitzender an die Spitze des Zentralrates. Hier erließ er in dessen Namen und Auftrag eine Reihe von Regierungsverfügungen, insbesondere über die Einrichtung eines Revolutionstribunals und die Bildung einer roten Armee. Schließlich übernahm er selbst den Oberbefehl über die roten Truppen bei Dachau und gab am 26. April als erster unter den Truppenführern der roten Armee die Erklärung ab, daß sie entschlossen seien, unter allen Umständen bis zum letzten Blutstropfen für die Räterepublik gegen die weißen Garden zu kämpfen.

Toller hat nach den Feststellungen seine Gesinnung nicht geändert.

Er bedeutet also nach wie vor eine Gefahr für die Sicherheit des Landes, die nur durch Wegweisung abgewendet werden kann.

Gegen diese Anordnung ist unbeschadet des alsbaldigen Vollzuges Beschwerde zum obersten Landesgericht in München zulässig.

München, den 30. Juni 1924.

Der Staatskommissar
für München — Stadt und Landbezirk.
gez. *Mantel*.

Zur Beglaubigung:
München, den 30. Juni 1924.
Polizeidirektion

Ich packe meine Sachen, die Herren Kriminalbeamten nehmen mich in die Mitte, das Gefängnistor öffnet sich, ich atme die Luft des unvergitterten Himmels. Auf dem Weg zur Bahn patrouillieren radfahrende Landjäger, sie fahren wie Kunstfahrer kleine Bögen und graziöse Achten, auf dem Bahnsteig schreite ich eine Ehrenkompagnie schwerbewaffneter Gendarmen ab.

— Warum so viel Ehre? fragte ich die Kriminalbeamten.

— Ein Attentat auf Sie war geplant, antworten die Herren, die bayerische Regierung weiß, was sie Ihnen schuldig ist, wir sind ein Ordnungsland, fahren Sie mit Gott und behalten Sie unser liebes Bayernland in freundlicher Erinnerung.

APPARAT

BIOGRAPHIEN

AUGSPURG, Anita siehe Heymann, Lida Gustava

BÜHLER, Albert: »1916 bin ich aus der Schule gekommen. Durch das Arbeitsamt erhielt ich eine Stelle bei einem Dachdecker ... Später mit 15 Jahren habe ich dann Kohlen geschleppt. 1918 im November habe ich Grippe bekommen, damals war eine große Grippeepidemie. Ich bin in das Krankenhaus gekommen und war bis Anfang 1919 dort. So habe ich die Revolution nicht miterlebt. Bei Ausbruch der Räterepublik waren wir schon in der Arbeiterjugend (Gewerkschaft).«

CHRISTEN, Theophil, Dr. med., München, Herzog-Heinrich-Str. 15, war ein Freund und Mitarbeiter des Freigeld-Theoretikers und »Volksbeauftragten der Räterepublik Bayern für das Finanzwesen«, Silvio Gesell. Christen veröffentlichte zahlreiche Arbeiten zur Währungsfrage, seine Aufzeichnungen *Aus den Münchner Revolutionstagen* erschienen 1919 im Verlag des Freiland-Freigeld-Bundes, Bern.

DUENSING, Frieda (26. 6. 1864 — 5. 1. 1921). Geboren in Diepholz (Niedersachsen) als Tochter des Ökonomierats Duensing, lebte sie nach dem Jurastudium in Zürich in München, das ihr zur zweiten Heimat wurde. Erst im letzten Drittel ihres bewegten Lebens fand sie nach langer Identitätssuche zur sozialen Praxis und wurde bahnbrechend in der Jugendfürsorge. Nachdem ein Versuch des Pädagogen Kerschensteiner gescheitert war, ihr in München ein Wirkungsfeld zu verschaffen, übernahm sie 1904 die Zentralstelle der Jugendfürsorge in Berlin. 12 Jahre lang leistete sie von dort aus Pionierarbeit. 1911 wurde sie Dozentin der sozialen Frauenschule in Berlin. Ein Lungenleiden zerrüttete ihre Gesundheit. Ein langer Aufenthalt in einem Sanatorium brachte nur vorübergehend Besserung. Trotzdem ging sie 1918 wieder nach München, um als Direktorin in der neugegründeten sozialen Frauenschule zu arbeiten. Mitten in der kräfteraubenden Aufbauphase erkrankte sie Ende Dezember 1920 erneut schwer und starb im Januar 1921.

DAUDISTEL, Albert, geboren am 2. Dezember 1890 in Frankfurt am Main, Schlachtermeistersohn, Vagabund, Matrose, Agent, Kriegsteilnehmer, wurde 1915 wegen Meuterei von einem Kriegsgericht zu zehn Jahren Militärgefängnis verurteilt und nahm nach dem Zusammenbruch des Kaiserreichs an den Kämpfen der »deutschen Revolution« 1918/19 teil: »Ich wirkte in Kiel, in Bremen, in Berlin, in Braunschweig, in Thüringen; und dann fuhr ich nach München. Dort gründete ich im Auftrage der Münchner Räteregierung das berüchtigt gewesene › Zentralkommissariat für politische Flüchtlinge und ausländische Revolutionäre ‹. Dieses Zentralkommissariat hatte die Pflicht, ausgezeichnete revolutionäre Kräfte nach München heranzuziehen und mit ihnen die Räteregierung von innen her zu schützen und zu stützen. Als die Münchner Räteregierung von der Übermacht der weißen Garde niedergeschlagen worden war, bekam ich vom Standgericht wegen meiner Beteiligung an der Räteregierung sechs Jahre Festung. Von dieser Strafe verbüßte ich in der Festung Niederschönenfeld fünf Jahre. Und dort begann ich, erfüllt von meinen Erlebnissen, auf literarischem Gebiet vorzudringen: in meiner Zelle schrieb ich *Die lahmen Götter, Das Opfer* und viele Kurzgeschichten. Und als ich nach fünfjähriger Haft entlassen wurde, schrieb ich unter den schwierigsten Existenzverhältnissen die Romane *Wegen Trauer geschlossen, Eine schön mißglückte Weltreise* und *Noch einmal Frühling*. (Albert Daudistel, *Das Leben eines Arbeiterdichters*, zit. nach Alfred Klein, *Im Auftrag ihrer Klasse*, Berlin 1972). Daudistels Erzählung *Die lahmen Götter* ist eine der ersten Veröffentlichungen eines deutschen Arbeiterschriftstellers und schildert autobiographisch — der Matrose Muck ist Daudistel — den Haftantritt in der Anstalt Ebrach, 1919. Rudolf Leonhard schreibt im Vorwort: »Wenn heute überhaupt schon von › proletarischer ‹ Kunst gesprochen werden darf: hier ist eine Probe davon.«
Daudistels Erstling folgen wesentlich stärkere Arbeiten: *Das Opfer* (1925) und vor allem *Eine schön mißglückte Weltreise* (1926). Die letzte nachgewiesene Veröffentlichung ist der Roman *Der Bananenkreuzer*, Universitas-Verlag, Berlin 1935.
Über Daudistels weiteren Lebensweg schreibt Hansjörg Viesel: »1935 emigriert er nach Prag, 1936 nach Kopenhagen und 1938 nach Island, wo er 1953 in Reykjavik stirbt.« (*Literaten an der Wand*, Frankfurt 1980).

Alfred Klein nennt — wie Wolfgang Emmerich in *Proletarische Lebensläufe*, Reinbek 1975, als Todesjahr 1955.
Eine neue Ausgabe von Albert Daudistels Roman *Das Opfer* erschien 1981 im Damnitz Verlag, München.

FECHENBACH, Felix, geboren am 28. Juni 1894 in Bad Mergentheim, Journalist, Sekretär Kurt Eisners, wurde 1922 wegen Hochverrats zu elf Jahren Zuchthaus verurteilt, aber nach zweijähriger Haftzeit entlassen. Das Fehlurteil wurde 1926 vom Reichsgerichtshof aufgehoben. Veröffentlichungen: *Im Haus der Freudlosen. Bilder aus dem Zuchthaus*, Berlin 1925. *Der Revolutionär Kurt Eisner. Aus persönlichen Erlebnissen*, Berlin 1929.

FRATECO (Pseudonym, nicht aufgeschlüsselt). Der Roman *Der Don Quijote von München* erschien 1934 in Amsterdam, »meinem Sohn gewidmet«. Er beschreibt biographisch-romanhaft Hitlers Aufstieg in der NSDAP. Als Quellen sind u.a. genannt: Caro und Oehme, *Schleichers Aufstieg;* Conrad Heiden, *Geschichte des National-Sozialismus;* Theodor Heuß, *Hitlers Weg;* Harry Graf Keßler, *Walter Rathenau;* Wyndham Lewis, *Hitler;* Weigang von Miltenberg, *Adolf Hitler — Wilhelm III;* Ernst Ottwalt, *Deutschland erwache!*
Im Nachwort schreibt Frateco: »In jeder Hinsicht habe ich mich genau an die historischen Tatsachen gehalten, doch durfte ich dabei den großen Unterschied zwischen dem Werk eines Geschichtsschreibers und dem eines Romanschreibers nicht aus dem Auge verlieren . . . Mögen diese wenigen Seiten dazu beitragen, in dem deutschen Volke idealere Gedanken zu entflammen, damit die Politik, durch die einige gewissenlose Fanatiker das arme deutsche Vaterland in ein Chaos der Leidenschaften gestürzt haben, zukünftig im Geiste und in den Bahnen eines Bismarck, Rathenau, Wirth, Stresemann weitergeleitet wird, zum Heile der Menschheit, zur Verbrüderung der Völker. Sobald dies geschehen sein wird, ist meine Aufgabe vollbracht. Möge mein Werk bald reife Früchte zeitigen. Frateco.«

FREKSA, Friedrich (11. 4. 1882 — 18. 7. 1955). Der in Berlin geborene Sohn eines Großkaufmanns »studierte in Berlin und München, bereiste Europa und lebte die längste Zeit bei und in München als freier Schriftsteller.« (Kosch, *Deutsches Literaturlexikon*, 1927) Dort heiratete er die Lyrikerin Margarete Beutler (*Leb wohl, Bohème*, 1911), Redakteurin der Zeitschrift »Jugend«. Während M. Beutler, die mit Morgenstern, Wedekind und Erich Mühsam befreundet war, nach der Machtergreifung der Nazis den Beitritt zur Reichsschrifttumskammer verweigerte, war Freksa, Frontsoldat im 1. Weltkrieg, entschieden nach rechts in den Dunstkreis des antikommunistischen Geheimbündlers Korvettenkapitän Ehrhardt abgewandert, dessen »*Abenteuer und Schicksale*« er 1924 herausgab. Der phantasiebegabte und satirische Autor (Roman: *Phosphor*, 1909) und Novellist (*Das wehrhafte Fräulein*, 1927) stellte seinen Hang zu neoromantischen Stoffen leider zunehmend zugunsten von politischen Themen zurück. »Den Typus des Nationalrevolutionärs hatte Freksa bereits in seinem Roman *Der Wanderer im Nichts* von 1920 dargestellt, in dem er das ›Vorkriegsleben‹ eines späteren Weltkriegsoffiziers schildert, der in den Nachkriegswirren fällt« (Armin Mohler). In seinem Science-Fiction-Roman *Druso oder die gestohlene Menschenwelt* von 1931 wird antizipatorisch beschrieben, wie die späteren Vernichtungstechniken der Konzentrationslager von einer Fremdrasse an Menschen praktiziert werden. Mitautorin war die Musikerin Gertraud Freksa, eine Verwandte, mit der er häufig zusammenarbeitete.

FREY, Alexander Moritz, geboren am 29. März 1881 in München, Autor zahlreicher Grotesken, phantastischer Novellen und mehrerer Romane, studierte vor dem Ersten Weltkrieg Rechtswissenschaft und Philosophie; begegnete im Herbst 1915 als Sanitätsunteroffizier beim Regimentsstab des 16. bayerischen Reserve-Infanterie-Regiments an der Westfront dem Gefreiten Hitler. Nach dem Krieg, zurück in München, setzte sich die Reihe der Frey äußerst unangenehmen Begegnungen mit dem nun aufstrebenden »Führer« fort: »Durch meine lange Zugehörigkeit zum Hitler-Regiment kannte ich einige Menschen, die in der aufsteigenden nationalsozialistischen Partei bereits eine Rolle spielten. Ich wurde aufgefordert mitzumachen — ich wurde wiederholt aufgefordert. Ich sagte: nein . . . ich machte mir Feinde, denn sie sahen nicht ein, weshalb ein alter Kämpfer und einwandfreier Arier nicht mitmachen wollte.« Frey emigrierte im März 1933 nach Österreich und 1938 in die Schweiz. Er erfuhr das Dasein im Exil in voller Härte. Bei zeitweiligem Arbeitsverbot litt er Hunger und war auf die

Unterstützung von Freunden — unter ihnen Thomas Mann — angewiesen. Frey kehrte, verbittert über die politische Entwicklung, nach 1945 nicht mehr in seine Heimat zurück. Er starb am 24. Januar 1957 in Zürich.

A.M. Freys Werk blieb über Jahrzehnte völlig unbeachtet. Seit 1984 sind drei Romane wiederveröffentlicht worden: Freys berühmtestes Buch *Solneman der Unsichtbare,* das 1914 im Delphin-Verlag München erschien, in der Bibliothek Suhrkamp; der wohl wichtigere Roman *Hölle und Himmel,* 1945 erstveröffentlicht, ist im Gerstenberg Verlag wiedererschienen, mit einem ausführlichen Nachwort von Hans-Albert Walter; der autobiographische Feldsanitätsroman *Die Pflasterkästen* (1929) ist als Fischer Taschenbuch 5101 erhältlich.

Die Novelle *Versammlung* ist vermutlich im November oder Dezember 1918 entstanden (Katrin Hoffman-Walbeck: *Alexander M. Frey,* Frankfurt, Bern 1984), und enthalten in Freys schönstem Geschichtenband, *Spuk des Alltags,* Delphin-Verlag, München 1920.

Weitere Werke: *Dunkle Gänge* (1913), *Kastan und die Dirnen* (1918), *Sprünge* (1922), *Der unheimliche Abend* (1923), *Phantome* (1925), *Robinsonade zu zwölft* (1925), *Viel Lärm um Liebe* (1926), *Arabellas Opferung* (1927), *Das abenteuerliche Dasein* (1930), *Der Mensch* (1940), *Spuk auf Isola Rossa* (1945), *Kleine Menagerie* (1955), *Verteufeltes Theater* (1957).

GODIN, Marie Amelie von, geboren am 7. März 1882 in München, Erzählerin und Übersetzerin (u.a. aus dem Albanischen), schrieb Unterhaltungsromane und Novellen. *Unser Bruder Kain* (1919) war der erste Roman, der sich mit den Ereignissen der Räterepublik befaßte. Amelie von Godin starb am 22. Februar 1956 in München.

Romane: *Benedetta* (1909), *Feinde* (1918), *Der Brennerwirt von Berchtesgaden* (1937), *Der Schuß im Kampenwald* (1955).

GRAF, Oskar Maria, geboren am 22. Juli 1894 in Berg, Landkreis Starnberg. Bäckerlehrling, Ausreißer, Schriftsteller.

Beteiligte sich im Ersten Weltkrieg am Munitionsarbeiterstreik in München, unterstützte die Novemberrevolution und die Regierung Eisner; Grafs Bekenntnis *Wir sind Gefangene* erschien erstmals 1927 im Drei Masken-Verlag, München.

1933 emigrierte Graf über Österreich, die Tschechoslowakei und die

UdSSR in die Vereinigten Staaten, wo er ab 1938 lebte. Er starb am 28. Juni 1967 in New York.
Neben den Gesammelten Werken ist im Süddeutschen Verlag Gerhard Bauers hervorragende Werk-Biographie *Oskar Maria Graf. Gefangenschaft und Lebenslust*, München 1987, erschienen.

HARINGER, Jakob, geboren am 16. März 1898 in der Eisenbahn kurz vor Dresden; expressionistischer Lyriker und Vagabund. Jugend in Traunstein und Salzburg, Kanonier im Ersten Weltkrieg; wurde beim Einmarsch der Weißen in München verhaftet und nach einigen Wochen wieder freigelassen. 1930 ließ Haringer sich in Ebenau bei Salzburg nieder. Als »Kulturbolschewist« verfemt, wurde er 1936 ausgebürgert. 1938 Flucht aus Salzburg über Prag in die Schweiz. Dort zeitweise interniert. Starb am 3. April 1948 in Zürich.
Im Frühjahr 1988 erschien im Residenz Verlag die Werkauswahl »*Aber des Herzens verbrannte Mühle tröstet ein Vers.*« Herausgegeben von Hildemar Holl.

HEYMANN, Lida Gustava (15. 3. 1868 — 31. 7. 1943). Frauenrechtlerin, enge Freundin und Lebensgefährtin von
AUGSPURG, Anita (22. 9. 1857 — 20. 12. 1943) Lehrerin, Schauspielerin, promovierte Juristin (1897 Zürich), gründete 1903 mit den Schwestern Goudstikker das »feministische« Fotoatelier »Elvira«, von Ernst v. Wolzogen in seinem Schwabingroman *Das 3. Geschlecht* (1899) bespöttelt. Kaufte und betrieb mit L.G. Heymann den Siglhof bei Peißenberg. Die engagierten Pazifistinnen kehrten Anfang 1933 von einer Auslandsreise nicht mehr zurück und lebten gemeinsam bis 1943 im Exil in Zürich.

HOFMILLER, Josef (26. 4. 1872 — 11. 10. 1933). Konservativer bayerischer Essayist und Kunstkritiker, hauptberuflich Gymnasiallehrer. »Im ersten Weltkrieg widmete er sich auch der politischen Publizistik, ein kraftvolles Deutschland erstrebend. Von 1919 an trat er in der führenden süddeutschen Zeitung › Münchner Neueste Nachrichten ‹ . . . hervor . . ., ebenso stand er in Verbindung mit dem . . . volkstümlichen › Miesbacher Anzeiger ‹. Zahlreiche Übersetzungen und Ausgaben älterer Werke sicherten ihm weiteste Verbreitung.« Kosch *Biographisches Staatshandbuch*.

KAPFER, Herbert, geb. 1954, Autor, Dramaturg der Hörspiel-Abteilung des Bayerischen Rundfunks; Theaterstücke, Hörspiele, Serien, Funk-Essays, Literatur-Features, Autorenportraits, Lieder, Gedichte; Schiller-Gedächtnispreis-Fördergabe 1983 für das Theaterstück *Zacherls Brot und Frieden*; Stipendium Münchner Literaturjahr 1987; lebt in München

KOTHE, Robert (6. 2. 1869 — 24. 5. 1944). Der Sohn eines Fabrikbesitzers in Straubing machte sein Jura-Examen in Regensburg und ging dann nach München, wo er lautespielendes Mitglied der »Elf Scharfrichter« wurde, die zwischen 1901 und 1902 dreizehn Programme aufführten. Anschließend widmete er sich der Pflege des deutschen Volkslieds, bevorzugt innerhalb der Wandervogelbewegung. Gründer einer Volksmusikschule in Gelsenkirchen und Verfasser einer Lautenschule, begrüßte er die »neue Zeit« im angemessenen Volkston.

KREIS, Julius (31. 8. 1891 — 31. 3. 1933). Münchner Humorist und Zeichner, Volksschullehrer. Schrieb unter dem Pseudonym Justus Guckind'luft lokale Glossen, die »Münchner Spaziergänge«, die auch einen wesentlichen Bestandteil seines Buches *Der umgestürzte Huber* von 1920 ausmachen. »Julius Kreis hat die Kunst besessen, dem Alltag, ja dem Trivialsten des Alltags eine Form zu geben . . . Kaum jemals ist der Alltag mit überlegenerem Humor auf das Wesen seiner Menschlichkeit und zugleich der Volksart gebracht worden.« E.G. Kolbenheyer 1933 im Vorwort zu einer Auswahl aus dem Nachlaß von Kreis, *Ringelspiel des Alltags*.

KURZ, Isolde (1853 — 1944), aus Stuttgart stammende Lyrikerin und Erzählerin, kam 1879 nach München, veröffentlichte im Ersten Weltkrieg den Gedichtband *Schwert aus der Scheide* (1916), und erfuhr am 7. November 1918 staunend aus der Zeitung, »daß wir in dem Freistaat Bayern erwacht waren.« In ihrer 1938 im Rainer Wunderlich Verlag, Tübingen, veröffentlichten Lebensrückschau *Die Pilgerfahrt nach dem Unerreichbaren*, schildert Isolde Kurz die Münchner Revolutionsmonate aus der Perspektive des sich bedroht fühlenden Bürgertums, das endlich den Einmarsch der Truppen General v. Epps als »Befreiung« feiern kann: »Und jetzt das Nachspiel voll Blut und Tränen, über das der Schleier fallen mag. Die gerettete Bürgerschaft gibt sich dem Gefühl des Sieges hin, aber er läßt München als eine Stätte der Trauer zurück, wo noch wochenlang die Drahtverhaue und die spanischen Reiter in den Straßen an die Kampftage erinnern und wo der Fuß in Blut zu treten fürchtet.«

LINDNER, Alois, geboren 1887 in Kelheim an der Donau, Metzger, Matrose, Hausdiener in Chicago, Schankkellner im Münchner Hauptbahnhof, Mitglied der USPD und des RAR (Revolutionärer Arbeiterrat), drang nach der Ermordung Eisners am 21. Februar 1919 in den Landtag ein und verletzte den sozialdemokratischen Innenminister Auer durch mehrere Schüsse. Lindner floh nach Budapest, wurde in Wien verhaftet und schließlich in München zu 14 Jahren Zuchthaus verurteilt. 1928 wurde er amnestiert. Seine Lebensgeschichte erzählt Alois Lindner in der Broschüre *Abenteuerfahrten eines revolutionären Arbeiters* (1924).

LUTZ, Sepp (1899 — 1981), Sohn eines Schlossermeisters aus Volkach, im Ersten Weltkrieg Marine-Freiwilliger, war in der Rätezeit Rotgardist. Seine Lebensgeschichte wurde 1977 von Detlef Michelers auf Band aufgezeichnet.

MAASSEN, Carl Georg von (27. 8. 1880 — 22. 12. 1940). Sammler, Forscher und »grundgescheuter Antiquarius«. Der intime Kenner der deutschen Romantik und insbesondere E.T.A. Hoffmanns genoß in Schwabing einen legendären Ruf als Gourmet, Lebenskünstler und Kaffeebereiter. Politisch äußerst konservativ, vom Lebensstil her aber entschiedener Bohemien, verband ihn eine dauerhafte Freundschaft mit Erich Mühsam, der ihn unverdrossen zur Anarchie zu bekehren versuchte und im Gegenzug von Maassen zur Lektüre vergessener und abseitiger literarischer Werke animiert wurde. Eine satirische Darstellung der unorthodoxen Beziehung gibt Willy Seidels Schlüsselroman *Jossa und die Junggesellen* (1930).

MARTENS, Kurt (21. 7. 1870 Leipzig — 16. 2. 1945 Dresden) Dr. jur., freier Schriftsteller, zog schon vor der Jahrhundertwende nach München, wo er sich mit Thomas Mann anfreundete und eifrig am literarischen Leben teilnahm. Aufsehen erregten sein *Roman aus der Déca-*

dence (1898) und seine *Schonungslose Lebenschronik* (1921 — 24). Aus persönlicher Bekanntschaft mit zeitgenössischen Autoren entstand *Die deutsche Literatur unserer Zeit*. »Kurt Martens war ein Herr. Klar über sich und seine Epoche, in seinen Gefühlen zart und eben deshalb unsentimental, diszipliniert, fast nüchtern, war er im Überschwang der Schwabinger Lebensstimmung eine Ausnahmeerscheinung.« Herbert Günther, *Drehbühne der Zeit*, 1957.
1926 zog Kurt Martens wieder nach Sachsen zurück.

MARUT, RET, Pseudonym des Großen Unbekannten, der als B. TRAVEN bis in die Gegenwart der Literaturgeschichte liebstes Rätsel geblieben ist. Der Herausgeber der im Ersten Weltkrieg zensierten Zeitschrift »Der Ziegelbrenner« amtierte im »Propaganda-Ausschuß des Provisorischen Revolutionären Zentralrats« als Zensor, wurde beim Einmarsch der Truppen Epps am 1. Mai 1919 verhaftet, konnte sich aber in letzter Minute durch Flucht dem Standgericht und der drohenden Erschießung entziehen: »Zwei Soldaten, denen ein Augenblick lang wohl ein Funken Menschlichkeit aufstieg, als sie sahen, wie hier mit dem Kostbarsten was der Mensch besitzt, mit dem Leben, umgegangen wurde, waren an diesem Entkommen nicht unbeteiligt. Ihnen sei an dieser Stelle gedankt für die Erhaltung eines Menschenlebens.« (*Der Ziegelbrenner*)
Literatur:
Ret Marut. *Der Ziegelbrenner*. Verlag Klaus Guhl. Berlin. 1978. Rolf Recknagel: *Beiträge zur Biographie des B. Traven*. Verlag Klaus Guhl, Berlin 1977.
B. Traven: *Die Geschichte vom unbegrabenen Leichnam*. Erzählungen. Diogenes Verlag, Zürich 1982.
Karl S. Guthke: *B. Traven. Biographie eines Rätsels*. Büchergilde Gutenberg, Frankfurt 1987.

MAYRHOFER, Johannes. Katholischer Vielschreiber, der sein Wanderleben als Reiseschriftsteller und durch Vorträge bei kirchlichen Organisationen finanzierte. Sein *Jesuitenroman aus der Gegenwart: S. J.* endet damit, daß der Held Otto Möller das ruchlose Attentat eines verwundeten Franzosen auf den deutschen Kaiser anläßlich eines Lazarettbesuchs verhindert und dabei seine Bestimmung findet: » . . . seine

Lippen bewegten sich noch einmal wie in leisem Gebet, und dann war alles vorüber ... Er war doch › an seinem Platz ‹ gewesen. Excelsior!«

MEYER-LEVINÉ, Rosa, verheiratet mit dem KPD-Mitbegründer und Führer der Räterepublik, Eugen Leviné, der am 5. Juni 1919 hingerichtet wurde.
Veröffentlichungen: *Aus der Münchner Rätezeit*. Berlin 1925; *Leviné. Leben und Tod eines Revolutionärs*. München 1972.

MÜHSAM, Erich (6.4.1878 — 1934), »geb. 1878 zu Berlin, lebte ebenda. Eine rechte Zigeunernatur, trat er 1903 mit einem Gedichtbande *Die Wüste* zuerst vor die Öffentlichkeit ... Sein jüngstes Gedichtbuch *Der Krater* (1908) ist wiederum ein interessantes Dokument dieser bizarren und von Geschmacklosigkeiten nicht freien Natur.« So der fiktive »Dr. Walter Bläsing« 1911 im *Führer durch die moderne Literatur*, den H.H. Ewers, Victor Hadwiger, Peter Hamecher, René Schickele, Artur Silbergleit und — Erich Mühsam selbst gemeinsam verfaßten. Zu Leben und Werk des Anarchisten Mühsam bis zu seiner brutalen Ermordung durch die SS im Juli 1934 existieren zahlreiche Publikationen, darunter H. Hug, *E. Mühsam*, Glashütten i. Taunus 1974; Ch. Hirte, *E. Mühsam*, Berlin 1985; *Ausgewählte Werke*, Berlin 1974; *Streitschriften/Literarischer Nachlaß*, Berlin 1984; *Briefe an Zeitgenossen*, Hg. G. W. Jungblut, Berlin 1978; *Briefe 1900 — 1934*, Hg. Jungblut, Vaduz 1984.

RASMUSSEN, Emil; übersetzt aus dem Dänischen, erschienen u.a. *Jesus. Eine vergleichende psychopathologische Studie* (1905), *Ein Christus aus unseren Tagen* (1906), *Der zweite Heiland* (um 1915), *Das große Chaos. Künstlerroman aus der Kriegszeit* (1920), *Der Beichtteufel* Roman (1920), *Die Flucht vor dem Mann* (1925).

REGLER, Gustav (1898 Merzig/Saar — 1963 Neu-Dehli). Weltkriegsteilnehmer 1917/18. Danach Studium in Heidelberg und München. 1922 Promotion. Mitte der 20er-Jahre Redakteur in Nürnberg. Mitgliedschaft KPD 1928. 1932 erschien der Gefängnisroman *Wasser, Brot und blaue Bohnen*. 1933 emigrierte Regler, kämpfte in Spanien gegen Franco und kam schließlich über die USA im Herbst 1940 nach Mexiko. »Dort sagte er sich 1941 öffentlich vom Kommunismus los ... In der Folgezeit zog sich Regler von jeder politischen Betätigung zurück, und in den Kriegsjahren reifte auch sein Entschluß . . . sich dauernd in Mexiko niederzulassen. Deutschland hat er in den fünfziger Jahren nur noch besuchsweise wiedergesehen, mit einem mexikanischen Paß in der Tasche.« Hans-Albert Walter im Nachwort zu G. Regler; *Vulkanisches Land*, Steidl Verlag, Göttingen 1987.

REICHERT, Carl-Ludwig, geb. 1946, Schriftsteller und Publizist, freier Mitarbeiter beim Bayerischen Rundfunk, seit 1975 als Moderator. Zahlreiche Hörspiele und Drehbücher, Mundartlyrik. Popmusiker in der Gruppe Sparifanakel. Sachbücher: *Red Power* (Piper). *Die Ducks* und *Rock Session* (beide Rowohlt). Zahlreiche Essays zur populären Kultur.

RETZLAW, Karl, Jahrgang 1896, Arbeiter aus Schneidemühl/Preußen, Mitglied des Spartakusbundes, beteiligt an der Novemberrevolution in Berlin, kam am 15. März 1919 nach München; war elf Tage lang stellvertretender Polizeipräsident; floh nach der Niederschlagung der Räterepublik über Plattling, Deggendorf, Hof, Plauen und Leipzig nach Berlin, um für einige Jahre unterzutauchen.

SAILER, Josef Benno. Münchener Lokalschriftsteller. »Josef Benno Sailer, ein bewährter Faschingsstratege, leitete die Münchner Faschings-Zeitung . . .«, die ab 1900 erschien. Außer Ludwig Hollwecks Bemerkung in seinem Buch *Karikaturen*, S. 123, München, o. J. sind als Veröffentlichungen Sailers nachweisbar: *Münchner Humoresken*, 1914, und *Lach oder stirb! Münchner Humor*, 1923.

SCHRAMM, Wilhelm Ritter von, Dr. phil., Militärhistoriker, Erzähler, geboren am 29. April 1898 in Hersbruck, Mittelfranken, war Offizier im Ersten Weltkrieg, wurde am 2. September 1917 Ritter des bayerischen Militär-Max-Joseph-Ordens, und war als Freikorps-Angehöriger »beim Stab, in leitender Stellung« beteiligt an der Niederschlagung der Münchner Räterepublik: ». . . wir hatten eine Anzahl von Toten und viele Verwundete. Die Wut darüber war grenzenlos«, erinnert sich Schramm 1979, »und dann mußten es die büßen, die mit der Waffe in der Hand gefangengenommen wurden, darüber hinaus auch solche, die man als tatverdächtig aufgriff. Vergeblich legte ich mich ins Mittel, als Dinge geschahen, die mich entsetzten.« Schramm erbat seine Entlassung vom Militärdienst und übernahm im Herbst 1919 für etwa zwei Jahre den expressionistischen Buchladen »Die Bücherkiste« in Schwabing: Er vertrat den Ladeninhaber, den legendären Verleger, Bibliophilen und Kommandanten der Roten Artillerie vor Dachau, Heinrich F.S. Bachmair, der wegen Landfriedensbruchs und Aufruhrs zu mehreren Jahren Festungshaft verurteilt worden war. Schramm befreundete sich in dieser Zeit, nach eigenen Angaben, unter anderem mit Oskar Maria Graf: »Ich hatte die Seiten gewechselt, um der Menschlichkeit und dem Erbarmen zu begegnen . . .«

1922 — 1924 war Schramm an Volks- und Bauernhochschulen tätig, 1930 wurde er Redakteur der »Münchner Neuesten Nachrichten« und im April 1933 wegen »nationaler Unzuverlässigkeit« fristlos entlassen. Zur gleichen Zeit erschien im Verlag Kösel und Pustet unter dem Titel *Die Ohrfeige im Graben* ein Band mit Erzählungen Schramms: »Das Kämpferische im Werk dieses Dichters zeigt sich neben der Wahl kriegerischer Stoffe (vergleiche die hier abgedruckten Kriegserzählungen!) und ihrer heldenhaften, sittlichen Durchdringung vor allem in der Darbietung von Entwicklungen, die meist über scharfgeprägte kampfgespannte Gegensätze führen«, schreibt Ferdinand Denk im Vorwort, und kündigt daneben Schramms noch unveröffentlichten Roman *Die roten Tage* an: »Diese Dichtung stellt im Zusammenhang mit den Münchner Revolutionsereignissen nicht etwas Gesichertes und Idyllisches dar, sondern die Entwicklung und schließlich den Kampf um eine christliche Lebensform.« Wolfgang Zorn dagegen nennt Schramms Werk einen »im historischen Rahmen« ungenauen München-Roman, »dessen Helden ein nichthistorischer Führer der republikanischen Schutzwehr aus dem Arbeiter- und Mannschaftsstand mit Zukunftsglauben an einen ›wirklichen‹ deutsch-nationalen Sozialismus, eine Generals- und eine als Geisel getötete Fabrikantentochter waren.« (Zorn, *Bayerns Geschichte im 20. Jahrhundert*, München 1986). Schramm war von 1939 bis 1945 Offizier und »höherer Kriegsberichterstatter.« Nach Kriegsende veröffentlichte er vor allem militärhistorische Arbeiten u.a. *Der 20. Juli in Paris* (1953), *Aufstand der Generale* (1964), *Verrat im Zweiten Weltkrieg* (1967), *Clausewitz, Leben und Werk* (1977). Erinnerungen an das literarische München 1919 — 1924, erschienen 1979 unter dem Titel *Die Bücherkiste*. Schramm starb am 27. Dezember 1983 in Prien/Chiemsee.

STEFFEN, Albert (10. 12. 1884 — 13. 7. 1963). Der Sohn eines Schweizer Landarztes und einer Fabrikbesitzerstochter studierte in Lausanne, Zürich, Berlin und ab 1908 in München, wo er bis 1920 lebte. Als Student hatte er in Berlin Rudolf Steiner kennengelernt. Er wurde dessen Anhänger und Nachfolger als Vorsitzender der Allgemeinen Anthroposophischen Gesellschaft. Ab 1920 lebte er ständig in Dornach, war Redakteur der Wochenschrift »Das Goetheanum«. Nach seinem ersten Roman, der 1907 bei S. Fischer erschien, schrieb er über 70 weitere schöngeistige Werke.

STEINITZER, Alfred, geboren 15.2.1862 in Innsbruck. Zuletzt Oberstleutnant a.D., lebte in den zwanziger Jahren in München, wo er Bücher über Sport, Alpinismus und Kulturgeschichte verfaßte.

TOLLER, Ernst, geboren am 1. Dezember 1893 in Samotschin, Kreis Kolmar, Kriegsfreiwilliger, Pazifist, Revolutionär, Schriftsteller, Führer der Räteregierung, gewählter Abschnittskommandant der Roten Armee an der Front vor Dachau, tauchte bei der Eroberung Münchens durch Freikorps und Reichstruppen unter, wurde am 4. Juni 1919 in Schwabing verhaftet und wegen Hochverrats zu fünf Jahren Festung verurteilt. Als Dramatiker wurde Toller in den zwanziger Jahren weltberühmt, den Nazis war er als Jude, Revolutionär und Schriftsteller verhaßt wie kaum ein anderer. Toller erhängte sich am 22. Mai 1939 im »Mayflower Hotel« in New York.
Ernst Tollers *Gesammelte Werke* erschienen 1978 in fünf Bänden im Carl Hanser Verlag München. Wolfgang Frühwald und John M. Spalek veröffentlichten bei Hanser 1979 den Materialienband *Der Fall Toller*. In der Reihe *Beiträge zur neueren Literaturgeschichte* publizierte Andreas Lixl 1986 im Carl Winter Universitätsverlag Heidelberg die Werkanalyse *Ernst Toller und die Weimarer Republik 1918 — 1933*.

WEIGAND, Wilhelm, (1862 — 1949), Dramatiker, Lyriker, Erzähler, Essayist, Kunstsammler, Mitbegründer der »Süddeutschen Monatshefte« (1904), neben Peter Dörfler und Thomas Mann Mitglied im Beirat zur Vergabe des Münchner Literaturpreises, veröffentlichte 1935 den Roman *Die rote Flut* im Parteiverlag der NSDAP. In seinen Memoiren, die 1940 erschienen, schreibt Weigand dazu: »Ich habe versucht, die

Zeit nach der Novemberrevolte, die Tätigkeit des neuen Staatsoberhauptes und die Wirren der Rätezeit in meinem Roman in genauer Darstellung des Verlaufs, bis zum Einmarsch der Weißen, zu schildern, und möchte hier nur betonen, daß alles, was ich über Eisner berichte, jeder Zug und jede Einzelheit, auf verbürgten Aussagen von Augenzeugen und eigener Beobachtung beruht. Was aber die allgemeine Haltung des Buches betrifft, so lag mir vor allem daran, die Atmosphäre fühlbar zu machen, aus der die Ideologie der Räteherren und die Scheußlichkeiten erwuchsen, deren Schauplatz die Stadt im Laufe eines bösen Monats wurde . . . Die stumpfe Feigheit aber, mit der das Münchener Bürgertum, wenn auch raunzend, die Herrschaft eines land- und rassefremden Literatenklüngels ertrug, vermag nichts zu beschönigen . . .« Erst Hitlers Aufstieg kann Weigand mit München versöhnen: »Indessen hatte das raunzende Münchener Bürgertum doch seine Lehren aus den Zuständen während der Rätezeit gezogen: nur hier konnte denn auch die politische Tätigkeit eines Schicksalsmenschen erfolgreich einsetzen und dann, in langsamem Anstieg, zur Gründung des Dritten Reiches führen.« (*Welt und Weg. Aus meinem Leben*, Bonn 1940).

WOLLENBERG, Erich (1892 — 1976), aus Königsberg/Preußen, Kriegsfreiwilliger im Ersten Weltkrieg, Mitglied des Spartakusbundes, 1919 militärischer Chef der bayerischen Roten Armee, gelang nach der Verhaftung im Mai 1919 mehrmals die Flucht, fand als steckbrieflich Gesuchter Unterschlupf bei dem Lyriker Jakob Haringer in Gmain, war 1923 Leiter des bewaffneten Aufstandes in Bochum, floh 1924 in die Sowjetunion, wurde 1933 aus der KPD ausgeschlossen, floh 1934 nach Prag, 1938 nach Paris, 1940 von Südfrankreich nach Marokko, kam 1946 zurück nach München, arbeitete ab 1950 als Journalist in Bonn, Paris, München und Hamburg. Wollenbergs Reportage *Als Rotarmist vor München* erschien 1929 in Berlin im Internationalen Arbeiterverlag: »Es handelte sich um den unveränderten Abdruck einer Schrift, die ich im Sommer 1924, einige Wochen nach meiner Ankunft im Moskauer Exil, verfaßt hatte, und die dort russisch im Staatlichen Militärverlag der Roten Armee unter dem Titel *V rjadach bavarskoj kranoj armii* erschienen war.«

BIBLIOGRAPHIE

AUGSPURG, Anita: siehe Heymann, Lida Gustava

BÜHLER, Albert in: *60 Jahre Münchner Räterepublik*, Hg. Richard Scheringer, Conrad Schuler, Michael Führer, München o.J.

CHRISTEN, Theophil: *Aus den Münchner Revolutionstagen*. Verlag des Freiland-Freigeld-Bundes, Bern 1919

DAUDISTEL, Albert: *Die lahmen Götter. Erzählungen*. Verlag Die Schmiede, Berlin 1924

DUENSING, Frieda: *Ein Buch der Erinnerung*. F. A. Herbig, Berlin 1922

FECHENBACH, Felix: *Im Haus der Freudlosen. Bilder aus dem Zuchthaus*. J. H. W. Dietz Nachfolger, Berlin 1925

FRATECO: *Der Don Quijote von München. Roman*. De Nederlandsche Keurboekerij, Amsterdam 1934

FREKSA, Friedrich: *Der rote Föhn*. Grethlein & Co., Leipzig/Zürich 1925

FREY, Alexander Moritz: *Spuk des Alltags*. Delphin Verlag, München 1920

GODIN, Marie Amelie von: *Unser Bruder Kain. Ein Roman aus der Münchner Räterepublik*. Askanischer Verlag, Berlin 1919

GRAF, Oskar Maria: *Wir sind Gefangene. Ein Bekenntnis*. Süddeutscher Verlag, München 1978

GRAF, Oskar Maria: *Das Leben meiner Mutter. Erinnerungen*. Verlag Kurt Desch, Wien München Basel 1959

HARINGER, Jakob in: *Literatur an der Wand*, Hg. Hans Jörg Viesel, Büchergilde Gutenberg, Frankfurt am Main 1980

HEYMANN, Lida Gustava: *Erlebtes — Erschautes. Heymann-Memoiren*. Hg. Margrit Twellmann. Anton Hain, Meisenheim am Glan 1972

HOFMILLER, Josef: *Revolutionstagebuch 1918/19*. Karl Rauch Verlag, Leipzig 1939

KOTHE, Robert: *Saitenspiel des Lebens. Schicksal und Werk*. Verlag Knorr & Hirth, München 1944

KREIS, Julius: *Der umgestürzte Huber. Bilder aus der bairischen Weltrevolution.* J. Michael Müller Verlag, München 1920

KURZ, Isolde: *Die Pilgerfahrt nach dem Unerreichbaren. Lebensrückschau.* Rainer Wunderlich Verlag, Tübingen 1938

LINDNER, Alois: *Abenteuerfahrten eines revolutionären Arbeiters*. Neuer Deutscher Verlag, Berlin 1924

LUTZ, Sepp: *Du hast ja nix gehabt. Ein Arbeiterleben in Süddeutschland.* Dirk Nishen Verlag, Berlin 1984

MARTENS, Kurt: *Schonungslose Lebenschronik. Zweiter Teil, 1901—1923.* Rikola Verlag, Wien-Berlin-Leipzig-München 1924

MARUT, Ret: *Der Ziegelbrenner*. Verlag Klaus Guhl, Berlin 1976

MAYRHOFER, Johannes: *Tagebücher eines Weltenbummlers*. Friedrich Pustet, Regensburg, Köln, Rom, Wien 1920

MEYER-LEVINÉ, Rosa: *Leben und Tod eines Revolutionärs*. München 1972

MERKLE, Benno: In SCHMOLZE, Gerhard (Hg.): *Revolution und Räterepublik in München 1918/1919 in Augenzeugenberichten*. Karl Rauch Verlag, Düsseldorf 1969

MÜHSAM, Erich: *in meiner posaune muß ein sandkorn sein. Briefe 1900—1934*. Hg. Gert W. Jungblut. Topos Verlag, Vaduz 1984. Das Original des Briefes ist in Besitz der Universitätsbibliothek München, Nachl. C. G. v. Maassen

MÜHSAM, Erich: *Ausgewählte Werke in zwei Bänden*. Rixdorfer Verlagsanstalt, Berlin 1978

RASMUSSEN, Emil: *Das große Chaos. Münchner Künstlerroman aus der Kriegszeit*. Thespis Verlag, München 1920

REGLER, Gustav: *Das Ohr des Malchus. Eine Lebensgeschichte.* Kiepenheuer & Witsch, Köln 1958

RETZLAW, Karl: *Spartakus. Erinnerungen eines Parteiarbeiters.* Verlag Neue Kritik, Frankfurt 1971

SAILER, Josef Benno: *Des Bayernkönigs Revolutionstage.* Verlag Carl Dürr, München 1919

SCHRAMM, Wilhelm: *Die roten Tage. Roman aus der Münchner Rätezeit.* Michael Beckstein Verlag, München 1933. Auch: Verlag Josef Kösel & Friedrich Pustet, München 1933

STEFFEN, Albert: *Tod eines Politikers. Novelle* in: DIE NEUE RUNDSCHAU. XXX.ter Jahrgang der freien Bühne. 11. Heft, Oktober 1919 Berlin, S. Fischer Verlag. In leicht veränderter Form ist *Tod eines Politikers* auch in Steffens Roman *Lebensgeschichte eines jungen Menschen* enthalten, Verlag für schöne Wissenschaften, Dornach 1955

STEINITZER, Alfred: *Bajuwarische Bilderbogen.* Max Kellerers Verlag, München 1921

TOLLER, Ernst: *Eine Jugend in Deutschland.* Carl Hanser Verlag, München 1978

TOLLER, Ernst: *Justiz. Erlebnisse.* E. Laubsche Verlagsbuchhandlung, Berlin 1927

WEIGAND, Wilhelm: *Die rote Flut. Der Münchner Revolutions- und Rätespuk 1918/19. Roman.* Zentralverlag der NSDAP, Franz Eher Nachf., München 1935

WOLLENBERG, Erich: *Als Rotarmist vor München. Reportage aus der Münchner Räterepublik.* Internationale sozialistische Publikationen, Hamburg 1972

NACHWEISE ZUM TEXT

Rasmussen, 379—391
Mühsam, Briefe 303
Graf, Mutter 485—486
Ret Marut, III 82
Graf, Gefangene 392—397
Sailer, 9—10
Kreis 5
Sailer 10—14
Graf, Gefangene 398
Kreis 6
Sailer 14—16
Steinitzer 43—44
Godin 5—17
Hofmiller 41—45
Kreis 10—13
Merkle, Augenzeugen 151
Hofmiller 111—112
Hofmiller 69
Duensing 222—223
Steinitzer 76
Heymann 166
Kreis 27—29
Frey 245—260
Kreis 25—26
Weigand 57—61
Godin 86
Freksa 28
Weigand 103—104
Martens 174—175
Graf, Gefangene 409—411
Lutz 16—17
Graf, Gefangene 432
Kurz 605—606
Kreis 18—19
Graf, Gefangene 432—435
Godin 101—102

Steffen 1355—1361
Toller, Jugend 116
Martens 181—182
Graf, Gefangene 444—445
Lindner 46—47
Martens 182
Mühsam, Werke 2, 264
Martens 182
Mühsam, Werke 2, 264-265
Hofmiller 161
Schramm 82
Toller, Jugend 119—122
Regler 89—90
Freksa 13
Schramm 37—38
Freksa 137
Weigand 281—284
Regler 97—99
Mayrhofer 121—122
Freksa 13—16
Schramm 19—28
Freksa 60—68
Steinitzer 29
Graf, Gefangene 463
Freksa 89—92
Schramm 45—46
Godin 51—52
Freksa 95—96
Schramm 128—134
Freksa 168—174
Kreis 87
Godin 204
Freksa 186—189
Graf, Gefangene 487—490
Leviné 160
Retzlaw 148

Weigand 377
Retzlaw 150
Toller, Jugend 136—146
Wollenberg 36—38
Weigand 327—328
Toller, Jugend 146—147
Graf, Gefangene 496—497
Schramm 203—209
Toller, Jugend 156—158
Schramm 164
Kothe 198—202
Schramm 209
Graf, Gefangene 498
Regler 102—105
Graf, Gefangene 500—501
Christen 17—22
Bühler 37—38
Schramm 210
Regler 109
Schramm 210
Haringer 686
Schramm 214
Weigand 425—426
Schramm 218—219
Frateco 11—19
Schramm 228—229
Lindner 51—52
Fechenbach 15—21
Daudistel 15—25
Lindner 54—55
Schramm 232—233
Weigand 506
Toller, Justiz 88—104,
111—112, 115—118,
145—146
Toller, Jugend 234

1. Auflage 1988
Erstes bis drittes Tausend
© Weismann Verlag Frauenbuchverlag GmbH, München 1988
Alle Rechte vorbehalten. Printed in Germany (West)
Für die Abdruckgenehmigungen danken wir den in der Bibliographie aufgeführten
Verlagen und Autoren. In einigen Fällen ist es uns nicht gelungen, den
Rechtsinhaber ausfindig zu machen. In diesen Fällen bitten wir um Nachricht an
den Verlag.
Umschlaggestaltung: Michael Keller, München, unter Verwendung einer
zeitgenössischen Karikatur mit dem Titel: »Aber der Geist Lasalles schwebt durch
die laue Frühlingsnacht über das schlummernde München und hält Zwiesprache
mit dem Geist Kurt Eisners.«
Satz: MPM, Wasserburg
Druck: Kösel, Kempten
Bindung: Conzella, Aschheim
ISBN 3 88897 032 6